Bernhard Bayer · Dirk Blümke · Georg Hug · Kerstin Kurzke · Ulrich Wahl

Sterbende begleiten lernen

Das *Celler Modell* zur Qualifizierung
Ehrenamtlicher für die Hospizarbeit

im Auftrag der Malteser Fachstelle Hospizarbeit, Palliativmedizin & Trauerbegleitung
und der Diakonie Deutschland herausgegeben von Dirk Blümke

INHALT

2.2 DIE PRAXISPHASE

2.3 DER VERTIEFUNGSKURS

KAPITEL 3
PLANUNG EINER QUALIFIZIERENDEN VORBEREITUNG EHRENAMTLICHER IN DER HOSPIZARBEIT

KAPITEL 4
ANHANG

VORWORT MALTESER

»... Und jedem Anfang wohnt ein Zauber inne, der uns beschützt und der uns hilft, zu leben.«
(aus: Hermann Hesse: Stufen)

Kaum etwas beschreibt besser die Herausforderung, sich Veränderungen zu stellen und sich zu öffnen für das, was kommen wird, als diese Zeilen von Hermann Hesse. Es bezieht die Herausforderung mit ein, die Befähigung und Qualifizierung von Ehrenamtlichen für die Sterbebegleitung immer weiter zu denken. Die Wirkungsgeschichte des sogenannten *Celler Modells* zeigt, dass sich das Konzept einer dynamisch sich verändernden Bürgerbewegung Hospiz immer wieder neu gestellt und diese ihrerseits durch die eigene Klarheit als ökumenisches Vorbereitungskonzept mit beeinflusst hat. Fast 30 Jahre später wird mit dieser in Teilen völlig neu bearbeiteten Fassung dieser Zauber des Anfanges neu genährt.

Dieses Ihnen vorliegende Kursleitungskonzept zur Qualifizierung Ehrenamtlicher in der Sterbebegleitung musste Antworten finden auf die Fragen nach zeitgemäßen Texten, nach kirchenfernen Sozialisationen, nach Brüchen in den alten Konzepten und nach den Schlüsselkompetenzen in der Sterbebegleitung. Viele Hospizdienste stehen vor der Herausforderung, Ehrenamtliche für die Kinder- und Jugendhospizarbeit und die Erwachsenenhospizarbeit zu qualifizieren, wobei sich Ehrenamtlichkeit wandelt, Anforderungen an Kursleitungen in der Art der Vermittlung und in der Durchführung steigen. Doch es gibt in der Haltung, in der Eigenauseinandersetzung, im Verständnis von Begleitung und Netzwerk viel Gemeinsames. Die gesetzliche Förderung verlangt aber auch nach spezifischer Feldvorbereitung. Aber wie ist das Spezifische zum Gemeinsamen zu gewichten, wie viel sollte jede/r Ehrenamtliche von Familiendynamiken wissen, ohne dass am Ende jede/r alles macht und kann? Die Entscheidung, Beispiele herauszuarbeiten, die sensibel machen für die Bedeutung aller im Familiensystem, macht diese Neuüberarbeitung so charmant und spannend. In der Haltung und Selbstreflexion des eigenen Handelns lassen sich viel weniger Unterschiede als Übereinstimmungen festmachen. Hingegen unterscheiden sich Praxisfelder und in der Regel die Begleitungsdauer signifikant. Hier in der Praxisphase themenspezifische Eigenheiten zu benennen und dort auch zu reflektieren, lässt für einen gemeinsam gestalteten Grund- und Vertiefungskurs genügend Raum. Dort, wo sich die Frage eines integrativen Kurses nicht stellt, ist es dem Autorenteam gelungen, dass sowohl als Erwachsenen- als auch als Kinder- und Jugendhospizdienst die Qualifizierung ohne Brüche durchzuführen ist.

Die Malteser freuen sich, dass es auch in dieser Fortführung gelungen ist, den Geist der ursprünglichen Gemeindeerneuerungsidee als Projekt der Vereinigten Evangelisch-Lutherischen Kirche Deutschlands zusammen mit der Diakonie Deutschland in den nächsten notwendigen Veränderungsschritt zu führen. Damit dokumentiert das Autorenteam zum einen die Verbundenheit mit den Autoren der ersten und zweiten Stunde, Andreas Ebert, Peter Godzik und Elke Schölper, den Referent*innen der VELKD, begeht aber ähnlich wie bei den vorangegangenen Überarbeitungsschritten sprichwörtliches Neuland. Mit der Überarbeitung für die Kinder- und Jugendhospizarbeit war es dem Malteserautorenteam um Bernhard Bayer, Torsten Hillman, Georg Hug, Christa Ruf gelungen, den systemischen Ansatz Familie zu denken und in den Begleitungsrahmen der Kinder- und Jugendhospizarbeit zu übertragen. Methoden wurden angepasst, Texte neu hinzugenommen.

In der Integration der beiden Konzepte von 2004 und 2009 hat nun das neue Autorenteam aus Trainern der VELKD (Diakonie) und der Malteser insbesondere den Vertiefungskurs neu akzentuiert.

Unser Dank gilt: Bernhard Bayer, Dirk Blümke, Georg Hug, Kerstin Kurzke, Ulrich Wahl und dem in der Entstehungsphase leider erkrankten Martin Ostertag sowie dem Berliner Malteser Hospizdienst für das konstruktive und kreative Bearbeiten.

Dr. Franz Harnoncourt
Vorsitzender der Geschäftsführung
Malteser Deutschland gGmbH

Cornelius von Fürstenberg
Geschäftsführender Vorstand
Malteser Hilfsdienst e.V.

VORWORT DIAKONIE DEUTSCHLAND

»Ich war krank und ihr habt mich besucht.«
(Mt 25)

Schwerstkranke und sterbende Menschen sowie deren Zugehörige auf ihrem Weg zu begleiten ist ein grundlegender Ausdruck christlicher Nächstenliebe und hat eine lange Tradition in der Hospizbewegung. Mit der Verabschiedung des Hospiz- und Palliativgesetzes in 2015 hat auch der Gesetzgeber die Bedeutung einer guten Versorgung und Begleitung von Menschen in der letzten Phase ihres Lebens hervorgehoben und gewürdigt. Die Bedeutung des Themas »palliative Versorgung und hospizliche Begleitung« in einer älter werdenden Gesellschaft ist dadurch vielen Menschen neu bewusst geworden.

Eine wichtige Säule der hospizlichen Begleitung bleibt das Ehrenamt. Im Zusammenspiel mit hauptamtlichen Mitarbeitern stehen ehrenamtlich Tätige für die Normalität von Krankheit und Tod. Sie leisten als Alltagsbegleiter*innen einen wertvollen Beitrag zur Steigerung der Lebensqualität der Betroffenen und tragen auch dazu bei, den Hospizgedanken nachhaltig in der Gesellschaft zu verankern. Als »Fachleute fürs Alltägliche« schaffen sie ein Miteinander, in dem sich schwerstkranke und sterbende Menschen und ihnen Verbundene gesehen und wertgeschätzt fühlen.

Ehrenamtlich in der Sterbebegleitung tätig zu sein ist Bereicherung und Herausforderung zugleich. Eine besondere Herausforderung besteht darin, Betroffenen einen (Spiel-)Raum für ihre Einzigartigkeit zu eröffnen, über ihr Leben, aber auch das Sterben und die damit verbundenen Gefühle sprechen zu können (wenn sie es wünschen). Solchen Bedürfnissen können wir nur dann angemessen begegnen, wenn wir ganzheitlich wahrnehmen, respektvoll zuhören und wirklich verstehen wollen.

Ehrenamtlich Tätigen eine angemessene Vorbereitung auf diese anspruchsvolle Aufgabe zu ermöglichen, war von Anfang an Ziel des sogenannten *Celler Modells*. Es dient nun schon seit circa 30 Jahren dazu, Menschen auf ihren ehrenamtlichen Einsatz im hospizlichen Bereich vorzubereiten. Das *Celler Modell* basiert auf der Annahme, dass eine tiefe Auseinandersetzung mit der eigenen Haltung gegenüber den Grenzen des Lebens zusammen mit fachlicher Kompetenz die notwendige Voraussetzung bildet, um Menschen am Ende ihres Lebens gut begleiten zu können.

Die Idee zum Celler Modell entstand im Anschluss an die Lutherische Generalsynode Veitshöchheim und Würzburg 1988, im Rahmen einer ökumenischen Arbeitsgruppe des Gemeindekollegs der Vereinigten Evangelisch-Lutherischen Kirche Deutschland (VELKD). Ziel dieser Arbeitsgruppe war es, Kirchengemeinden darin zu unterstützen, Sterbebegleitung zu einem Schwerpunkt ihrer seelsorgerischen Arbeit zu machen. Gleichzeitig sollten Menschen, die bereit sind, sich in der Sterbebegleitung zu engagieren, einen Raum finden, in dem sie sich auf diesen nicht hoch genug zu schätzenden Dienst vorbereiten können. Hieraus entstand in den Jahren 1989 bis 1992 das Projekt »Sterbende begleiten: Seelsorge der Gemeinde«, das mit der Veröffentlichung des Buches »Verlass mich nicht, wenn ich schwach werde«[1] abschloss.

1 *Andreas Ebert und Peter Godzik (Hrsg.), im Auftrag des Gemeindekollegs der Vereinigten Evangelisch-Lutherischen Kirche Deutschland, EB-Verlag, Berlin 1993.*

Die von Beginn an praktizierte ökumenische Zusammenarbeit wurde mit jährlichen Konferenzen der Multiplikatoren-Trainer fortgeführt und trug zur laufenden Weiterentwicklung und Anpassung des Modells an die praktischen Erfahrungen bei. Die überarbeitete Ausgabe »Sterbende begleiten lernen: Das Celler Modell zur Vorbereitung Ehrenamtlicher in der Sterbebegleitung«[2] reflektierte die gesammelten Erfahrungen mit den Lehr- und Lernprozessen des Curriculums wie die Gegebenheiten der damaligen Hospizarbeit.

Eine weitere Veröffentlichung »Kinder- und Jugendhospizarbeit: Das Celler Modell zur Vorbereitung Ehrenamtlicher in der Sterbebegleitung«[3] wiederum modifizierte die Methoden und Materialien für die speziellen Anforderungen, die sich in der Begleitung von Kindern und Jugendlichen mit lebensverkürzenden Krankheiten stellen.

Seit 2017 setzen die Diakonie Deutschland und die Malteser Fachstelle Hospizarbeit, Palliativmedizin & Trauerbegleitung die von der VELDK begonnene Arbeit gemeinsam fort. Die nun vorliegende, überarbeitete Neuausgabe »Sterbende begleiten lernen: Das Celler Modell zur Qualifizierung Ehrenamtlicher für die Hospizarbeit«[4] stellt eine weitere Entwicklung und Anpassung des Curriculums dar. Es ist den Autoren gelungen, Gemeinsamkeiten und Unterschiede in der Vorbereitung Ehrenamtlicher zur Sterbebegleitung von Jugendlichen und Kindern sowie Erwachsenen so zu berücksichtigen, dass nun auch deren gemeinsame Schulung möglich ist. Abweichende Lernprozesse werden nur dort angeboten, wo eine Spezialisierung unverzichtbar erscheint. Es bleibt das übergreifende Ziel, Ehrenamtliche zu befähigen; sie sollen der Intention der Hospizbewegung, »den letzten Tagen mehr Leben zu geben«, mit ihrer persönlichen Haltung und ihrem konkreten Handeln Ausdruck und Gestalt verleihen können.

Sich ehrenamtlich in der Sterbebegleitung zu engagieren erfordert einen sicheren Umgang mit dem Herausgerufen-Sein aus der Normalität des alltäglichen Lebens. Die Tiefendimension dieser Thematik ist in der christlichen Tradition der Sorge um Kranke verwurzelt. Das Gespräch über existentielle Fragen nach dem »Warum«, »Wozu« und »Wofür« setzen Aufmerksamkeit und die Fähigkeit zur kritischen Selbstreflexion voraus. In diesem Zusammenhang stellt sich auch die Frage nach den notwendigen persönlichen Ressourcen und geistlichen Kraftquellen. Die vorliegende Neubearbeitung möchte eine Hilfe zur Bearbeitung und Vertiefung, aber auch Hilfe zur persönlichen Beantwortung der damit angesprochenen Fragen bieten.

Ich danke allen, die zum Entstehen des Buches beigetragen haben, und wünsche den Leserinnen und Lesern inspirierende und neue Anregungen für ihre Arbeit in der Begleitung Sterbender.

Ulrich Lilie
Präsident Diakonie Deutschland

---

2 *Elke Schölper (Hrsg.) im Auftrag des Gemeindekollegs der Vereinigten Evangelisch-Lutherischen Kirche Deutschland, Gütersloher Verlagshaus, Gütersloh 2004.*

3 *Bernhard Bayer, Thorsten Hillmann, Georg Hug und Christa Ruf (Hrsg.) im Auftrag der Malteser Fachstelle Hospizarbeit, Palliativmedizin & Trauerbegleitung, Gütersloher Verlagshaus, Gütersloh 2009.*

4 *Dirk Blümke (Hrsg.) im Auftrag der Malteser Fachstelle Hospizarbeit, Palliativmedizin & Trauerbegleitung und der Diakonie Deutschland, Gütersloher Verlagshaus, Gütersloh 2018.*

Kapitel 1

Sterbende begleiten lernen – Das *Celler Modell* zur Qualifizierung Ehrenamtlicher für die Hospizarbeit – integriert und doch spezifisch

1. HOSPIZBEWEGUNG

Über die Erwachsenen- zur Kinder- und Jugendhospizarbeit – das *Celler Modell* im Wandel

Die moderne Hospizbewegung nahm 1967 in London mit der Gründung des St. Christopher Hospice für sterbende Menschen durch Cicely Saunders ihren Anfang. Längst ist die Hospizbewegung auch in Deutschland aus der Pionierphase herausgetreten und nimmt einen festen Platz im Gesundheits- und Sozialsystem ein. Mit den Gesetzgebungen von 1998 und insbesondere 2002 bis 2015 wurden die ambulante Hospizarbeit und Palliativversorgung gestärkt. Politisches wie gesellschaftliches Ziel ist die bestmögliche Begleitung und palliative Versorgung an allen Orten, an denen gestorben wird. Hier sind auch nach über 30 Jahren Hospizbewegung in Deutschland in den Einrichtungen der Altenhilfe, der Eingliederungshilfe und im Krankenhaus bestehende gute Ansätze weiterzuentwickeln und auszubauen.

In der Anfangsphase der Hospizbewegung in Deutschland (Anfang der 1970er Jahre in Halle a. d. Saale/Anfang der 1980er Jahre in Westdeutschland) stand die Begleitung erwachsener, schwerstkranker und sterbender Menschen im Mittelpunkt. 10-15 Jahre später rückten die lebensbegrenzt erkrankten Kinder und Jugendlichen in den Fokus der Bewegung.

Wiederum war hier England Vorreiter. Die Angebote der Kinderhospizbewegung wurden auf die speziellen Bedürfnisse von schwerstkranken Kindern und ihren Familien abgestimmt und unterschieden sich teilweise deutlich von der Erwachsenenhospizarbeit. Sister Frances Dominica, eine Nonne und Krankenschwester, gründete 1982 mit dem Helen House das weltweit erste Kinderhospiz. Der Ursprung der Kinderhospizidee geht auf die Versorgung der schwerstkranken Helen und ihrer Familie und dem schließlich jahrelangen freundschaftlichen Kontakt zurück.

In Deutschland nahm die Kinderhospizbewegung 1990 ihren Anfang mit der Gründung des Deutschen Kinderhospizvereins e.V. durch sechs Familien, in denen Kinder mit unheilbaren und lebensverkürzenden Erkrankungen lebten. Das Ziel, ein stationäres Kinderhospiz nach englischem Vorbild auch hier in Deutschland zu errichten, wurde 1998 mit dem Haus Balthasar in Olpe erreicht. Seitdem sind im gesamten Bundesgebiet weitere Kinderhospize entstanden, die eine gute stationäre Versorgung gewährleisten können. Der flächendeckende Ausbau ambulanter Strukturen mit entsprechenden Angeboten durch Kinder- und Jugendhospizdienste hat 1998 mit dem Kinderhospizdienst im Landkreis Esslingen – einer Kooperation zwischen Kirchengemeinde und Maltesern – und einem Begleitdienst der Björn-Schulz-Stiftung in Berlin begonnen, aber ist nach wie vor nicht abgeschlossen.

Kinder- und Jugendhospizarbeit ist ein wichtiger und unverzichtbarer Teil der Hospizarbeit. Sie ist von ihrem Verständnis her eng vernetzt mit der bereits bestehenden Hospizarbeit und Palliativmedizin, orientiert sich an deren Grundlagen und -haltungen und hat dennoch ein eigenständiges Profil. Mit der Kinder- und Jugendhospizarbeit hat sich der Blick auf die Bedürfnisse von Familien mit lebensverkürzend erkrankten Kindern und Jugendlichen erweitert. Mit der Wahrnehmung des Systems Familie rückten auch die Familien in den Fokus, in denen ein Elternteil sterbend und gleichzeitig deren minderjährige Kinder mit im Haushalt lebten. Die Hospizbewegung steht vor der Herausforderung, sowohl die Abschied nehmenden Kinder und Jugendlichen als auch die sterbenden und trauernden Elternteile zu begleiten.

Inzwischen haben sich um die verschiedenen Entwicklungs- und Altersstufen immer weitere notwendige Spezialisierungen, z.B. in Bezug auf dementiell erkrankte oder ALS-erkrankte Menschen, herausgebildet. Im Zuge der Begleitung der Sterbenden rückten die Familien der Schwersterkrankten stärker in den Blick. Die Begleitung der Angehörigen in der Phase des Abschiednehmens bis zur Beerdigung, aber auch die Begleitung der Hinterbliebenen wurden für viele Dienste und Einrichtungen zu einer weiteren wichtigen Säule ihres Arbeitens.

Die Hospizbewegung ist von Beginn an bis heute für eine Enttabuisierung von Sterben, Tod und Trauer eingetreten. Sie setzt sich dafür ein, dass in der Gesellschaft die Themen Sterben, Tod und Trauer als selbstverständlich zum Leben dazugehörig wahrgenommen werden. Dadurch ist die Hospizbewegung in ihren Diensten auch gesellschaftspolitischer Partner, der für eine respektvolle und wertschätzende Kultur im Miteinander eintritt und sich gegen jede Form der Ausgrenzung von Schwachen, von Menschen mit Behinderungen und trauernden Menschen wendet. Ein wichtiges Anliegen der Hospizbewegung ist es, Sterben in Würde zu ermöglichen. Das bedeutet, dass das Sterben weder künstlich verlängert, noch dass dem Sterben assistiert oder es direkt herbeigeführt wird. Die Antwort auf die Ängste vor Kontrollverlust und qualvollem Siechtum der Menschen, die sie im Zusammenhang mit Sterben und Tod haben, ist der Ausbau der hospizlichen und palliativen Begleitung und Versorgung. Es ist eine gesellschaftliche Aufgabe zu gewährleisten, dass schwerstkranke, sterbende und trauernde Menschen nicht alleine gelassen werden.

Aus diesem Grund baut die Hospizbewegung – damals wie heute – wesentlich auf das ehrenamtliche Engagement der Bürgerinnen und Bürger und auf die Mitglieder aus den christlichen Gemeinden. Sterbende und Trauende nicht alleine zu lassen ist eine menschliche wie gesellschaftliche Verpflichtung und zugleich der Urauftrag christlicher Gemeinde.

Um diese Aufgabe mit Herz und Verstand bewältigen zu können, bedarf es einer guten Vorbereitung. Diese macht ein sowohl spezifisches Wissen als auch eine grundsätzliche Auseinandersetzung mit der eigenen Biografie, der eigenen Endlichkeit, des Wissens um Familienstrukturen und die Herausbildung einer tragfähigen Haltung erforderlich.

Daran orientiert sich die vierte große Überarbeitung des sogenannten »Celler Modells«, das ursprünglich von Andreas Ebert und Peter Godzik als Gemeindeentwicklungsmodell der Vereinigten Evangelisch-Lutherischen Kirche Deutschlands (VELKD) konzipiert wurde und mittlerweile ein fester Bestandteil innerhalb der Hospizbewegung selbst geworden ist. Konzentrierte sich die erste Überarbeitung noch unter Peter Godzik auf die Überarbeitung des Kursleiterhandbuches (damals noch neben einer Materialsammlung) unter dem Titel »Verlass mich nicht, wenn ich schwach werde«, ging die zweite Überarbeitung unter Elke Schölper, Referentin der VELKD, grundsätzlich in eine sprachliche und inhaltliche Anpassung und scheute sich auch nicht davor, den Vertiefungskurs neu auszurichten. Die dritte Überarbeitung wurde seitens der Malteser initiiert und unter der Federführung von Bernhard Bayer, Diözesanreferent des Malteser Hilfsdienstes in der Diözese Rottenburg-Stuttgart, an die Belange der Vorbereitung für Ehrenamtliche in der Kinder- und Jugendhospizarbeit angepasst. Die nun vorliegende vierte grundlegende Bearbeitung integriert sowohl die Veränderungen in der Erwachsenenhospizarbeit mit den Anforderungen der Kinder- und Jugendhospizarbeit und hat sich insbesondere dem Vertiefungskurs und der Praxisphase angenommen. Nach wie vor finden sich die Orientierung an der Themenzentrierten Interaktion und die Ausrichtung an biblischen Leitbildern wieder, ergänzt um systemisches Wissen, Übungssequenzen, zeitgemäße Texte und angereichert um das Erfahrungswissen aus 30 Jahren Hospiz- und Palliativarbeit sowie Trauerbegleitung.

2. DAS *CELLER MODELL* – INTEGRIERT UND DOCH SPEZIFISCH

Es ist der Kinder- und Jugendhospizarbeit zu verdanken, dass die gesamte Hospizbewegung inzwischen einen intensiveren Blick auf die An- bzw. Zugehörigen hat. Es geht nicht um Verwandtschaftsgrade, sondern um die Qualitäten der Beziehung. Deshalb gilt es unter systemischen Gesichtspunkten, Kinder und Jugendliche, Ex-Partner, Großeltern oder auch Freunde gerade auch dort mitzudenken, wo sie nicht offensichtlich in Erscheinung treten.

Schulprojekte und Erfahrungen aus Begleitungen haben gezeigt, wie Kinder und Jugendliche die Sterbeprozesse wahrnehmen und darauf reagieren, auch wenn Erwachsene in deren Umfeld dies so nicht sehen (wollen). Unterstützung im Trauerprozess wird von Kindern und Jugendlichen als Vertrauensbeweis bewertet, Missachtung als Vertrauensbruch.

Diese Erfahrungen haben das Autorenteam veranlasst, das Wissen um systemische Familienzusammenhänge und das Todes- und Trauerverständnis in den unterschiedlichen Alters- und Entwicklungsstufen als wichtiges verbindendes Element für die Kinder- und Jugendhospizarbeit und die Erwachsenenhospizarbeit einzubringen. Genauso gehört das Wissen um Demenz und deren Wirkungen heute zu einem Grundwissen von Familie.

An diesen Beispielen wird ersichtlich, dass das Gemeinsame in der Vorbereitung zur Sterbebegleitung von Kindern, Jugendlichen und Erwachsenen auch eine gemeinsame Grundlage verlangt. Der heute notwendigen Auseinandersetzung mit Prävention und Intervention im Kontext von (sexualisierter) Gewalt kann sich auch die Hospizbewegung nicht entziehen. Eine Kultur der Achtsamkeit gegenüber Schutzbefohlenen in allen Altersstufen schließt die Mitarbeitenden wie die Betroffenen mit ein und sollte zu einem Bestandteil unserer Sorgekultur gehören. Denn Hinschauen und Sensibelsein beugen Ausgrenzung und Grenzverletzungen in jeder Form vor.

Zugleich sind kommunikative Grundstrukturen, Selbsterfahrungen mit der Reflexion eigener biografischer Stationen und Erfahrungen von Nähe und Distanz universelle Aspekte, die in jedem Begleitungszusammenhang eine Rolle spielen. Dies lässt sich insbesondere auf den Bereich der Haltung und dessen, was spirituell wie ideell trägt, übertragen.

Das Gemeinsame zu sichern, Unterschiede herauszuarbeiten und voneinander zu lernen machen die Weiterentwicklung des *Celler Modells* aus.

Spezifisch, d.h. unterschiedlich, auch im Sinne einer bedarfsgerechten angemessenen Vorbereitung für die spezielle Begleitungssituation sowohl von Kindern und Jugendlichen als auch von Erwachsenen sind vor allem vertiefende Kenntnisse von Familiensituation und Einsatzbereichen sowie Krankheitsbildern und den in der konkreten Begleitungssituation tätigen Netzwerkpartnern. Hierauf zielen insbesondere die Hinweise für die Praxisphase.

3. STRUKTUR DES *CELLER MODELLS* – HINWEISE ZUM DIDAKTISCHEN UND METHODISCHEN AUFBAU

Das *Celler Modell* bietet einen in sich geschlossenen, in seinen Einheiten aufeinander aufbauenden Kurs. Um den Lernprozess zu gewährleisten, die innere Dynamik des Kurses zu gestalten und zu begleiten, geht das Modell von einem festen Leitungsteam aus, das den Kurs vor Ort durchführt. Das entscheidende Lernen findet in der Gruppe und durch die Gruppe statt. Das Leitungsteam begleitet den Lern- und Entwicklungsprozess der Gruppe und der einzelnen Teilnehmer*innen. Um dies zu gewährleisten, werden die Leitungsteams in zentralen Trainings auf ihre Aufgabe und Rolle vorbereitet.

3.1 Der Vorbereitungskurs vor Ort

Der Kurs erstreckt sich über einen Zeitraum von mindestens sechs Monaten. Hier sollte berücksichtigt werden, dass Ehrenamtliche zunehmend weniger lange in den Diensten sein werden. Er umfasst:

- *einen Grundkurs (9 Einheiten zu je 3 Stunden)*
- *eine Praxisphase (ca. 3 Monate)*
- *einen Vertiefungskurs (9 Einheiten zu je 3 Stunden)*

Das *Celler Modell* bereitet die Teilnehmer*innen auf den Kontakt mit schwerkranken oder sterbenden Menschen und ihrem Umfeld vor; es thematisiert Fragen und Themen, die als Phänomene an der Grenze des Lebens zu beobachten sind. Es setzt bei den Erfahrungen und dem Erleben der Person des/der Begleitenden an, gerade auch bei denen, die der geplanten Hospizarbeit bereits vorausliegen. Alle Einheiten orientieren sich an einem festgelegten Aufbau:

- ***Blick in die Gruppe*** – *Ankommen der Teilnehmer*innen*
- ***Besinnung/Übung*** – *ein erfahrungs- bzw. erlebnisorientierter Zugang zum Thema der Einheit*
- ***Information*** – *Erarbeitung wesentlicher Inhalte*
- ***Abschluss*** – *immer verbunden mit einem Blick auf die Befindlichkeit der Teilnehmer*innen und kreativer Abschlussimpuls*

Der Gesamtkurs gliedert sich wie folgt:

- *Die Inhalte des* ***Grundkurses*** *zielen auf die Handlungsebene der Begleitung. Es geht darum, die eigene Wahrnehmungsfähigkeit zu stärken und einen angemessenen Umgang mit dem, was den Begleiter*innen in ihrer zukünftigen Arbeit begegnet, zu erlernen und zu üben.*
- *Die* ***Praxisphase*** *verschafft den Teilnehmer*innen erste Erfahrungen in der konkreten Begleitungssituation. Fallbezogene Praxisbegleitung und thematische Fortbildungen sind feste Bestandteile der Praxisphase.*
- *Der* ***Vertiefungskurs*** *ist auf eine Auseinandersetzung mit der eigenen Haltung gegenüber Sterben und Tod ausgerichtet. Er thematisiert die inneren Voraussetzungen, die uns im Umgang miteinander, aber auch im Umgang mit den Herausforderungen des Lebens und Sterbens prägen.*

Nach Aufbau, Umfang und Inhalten entspricht der Kurs »Sterbende begleiten lernen – das *Celler Modell* zur Qualifizierung Ehrenamtlicher für die Hospizarbeit« den Empfehlungen des Deutschen Hospiz- und PalliativVerbandes e.V. in seiner Handreichung »Qualifizierte Vorbereitung ehrenamtlicher Mitarbeiterinnen und Mitarbeiter in der Hospizarbeit«, Berlin 2017 (www.dhpv.de).

3.2 Die Trainings für Kursleitungsteams

Die Bundesakademie für Kirche und Diakonie, Berlin, sowie die Malteser Akademie, Ehreshoven, bieten zur Durchführung des *Celler Modells* Trainings für Kursleitungsteams an, in denen das *Celler Modell* inhaltlich und didaktisch vermittelt wird. Voraussetzungen sind u.a., dass künftige Leitungsteams sich auf das prozesshafte Lernen in der Gruppe und mit der eigenen Person einlassen und auch bereit sind, solche Lernprozesse vor Ort zu initiieren. Auch die Trainings für Kursleitungen setzen bei der eigenen Person an, bieten zugleich aber auch Hilfen und Erprobungsmöglichkeiten für die Vermittlung der Inhalte in der Gruppe vor Ort. Die Leitungsteams eignen sich das Kursmaterial in einer Weise an, die es ihnen ermöglicht, das *Celler Modell* den Gegebenheiten vor Ort anzupassen, aus Varianten und Alternativvorschlägen auszuwählen und so »ihren« Vorbereitungskurs zu konzipieren.

3.3 Darstellung des Kurses im Buch

Alle Einheiten des Grund- und Vertiefungskurses sind im Buch detailliert dargestellt:

- *Einleitung für das Leitungsteam*
- *Zielformulierungen für jeden Schritt*

- *tabellarischer Verlaufsplan*
- *didaktisch-methodische Erläuterungen zu den einzelnen Elementen*
- *Überblick über die jeweils zur Einheit zugehörigen Materialien*
- *ggf. weiterführende Literaturhinweise*

Folgende Gestaltung wird verwendet:

- *Verlaufsplan und didaktisch-methodische Erläuterung (»Hinweise zum Verlauf«)*
  (1) oder (2 …) bezeichnet Hinweise im Verlaufsplan, die nachfolgend als didaktisch-methodische Erläuterungen ausgeführt werden. Eine ausführliche Methodenerläuterungen findet sich dort, wo die jeweilige Methode zum ersten Mal Anwendung findet. Die Auflistung aller verwendeter Methoden finden sich im Methodenkompendium.
- *Alternativen und Varianten*
  Alternative bezeichnet in der Regel einen anderen methodischen Zugang, der sich oft in Bezug auf die Gruppe, das Setting und den zeitlichen Ansatz unterscheidet. Variante kann in der Regel bei ähnlichem methodischem Zugang unterschiedliche Darstellungen beinhalten (z.B. verschiedene Texte).

Abkürzungen
TN – meint Teilnehmerinnen und Teilnehmer
EA – meint Ehrenamtliche und Ehrenamtlicher

Kennzeichnung der Materialien
GK x.y – Grundkurs; x – Nummer der Einheit; y – Nummer des Materials
P x – Praxisphase; x – Nummer des Materials
VK x.y – Vertiefungskurs; x – Nummer der Einheit; y – Nummer des Materials

Die den Einheiten zugeordneten Materialien können in Auswahl oder komplett an die TN weitergegeben werden. Nicht verwendete Materialien können durchaus in späteren Zusammenhängen der Hospizarbeit aufgegriffen werden.

Unter *www.sterbende-begleiten-lernen.de* erfahren Sie, wie Sie die zusätzliche Materialsammlung zum Buch entweder gegen ein geringes Entgelt herunterladen oder ebenfalls in Buchform erwerben können.

Kapitel 2
Der Kurs

2.1 DER GRUNDKURS

EINHEIT 1: WIR MACHEN UNS AUF DEN WEG

Vorbemerkung

Wenn die Gruppe sich zu dieser ersten Einheit des Vorbereitungskurses trifft, liegen schon einige Arbeitsschritte hinter dem Leitungsteam und auch hinter den TN. Öffentlichkeitsarbeit und Werbeaktionen, Auswahlgespräche und Informationsabende haben stattgefunden. Nun trifft zum ersten Mal die Gruppe zusammen, die sich gemeinsam auf den Weg der Vorbereitung machen wird.
Diese erste Einheit dient dem Gruppenprozess und der Orientierung des Einzelnen sowohl in der Gruppe als auch in Hinblick auf den Verlauf des Kurses.

Einführung

Zu dieser ersten Einheit des Vorbereitungskurses kommt die Kursgruppe zum ersten Mal zusammen. Neues liegt vor ihnen. Sie lassen sich aufeinander und auf einen gemeinsamen Weg ein. Diese Einheit soll ihnen eine Orientierung darüber geben, was auf sie zukommen wird.
Es sind drei Gruppenkonstellationen möglich: Im Kurs werden EA für die Erwachsenenhospizarbeit oder für die Kinder- und Jugendhospizarbeit qualifiziert. Das Kursmodell bietet aber auch die Möglichkeit, EA gemeinsam in einem sogenannten integrierten Kurs für ihre jeweiligen zukünftigen Aufgaben in einer der beiden Einsatzfelder vorzubereiten.
Je nach Gruppe sollte bei der Gestaltung der Einheiten der Blick auf die zukünftigen Aufgaben, die die EA übernehmen sollen, gerichtet werden.
Bei einem integrierten Kurs sollte auf die Unterschiedlichkeiten von Begleitungen Erwachsener zu Hause, im Heim, im Krankenhaus und in der Begleitung von Familien mit lebensverkürzend erkrankten Kindern und Jugendlichen bzw. in der Begleitung Abschied nehmender Kinder hingewiesen werden.
Diese verschiedenen Aspekte werden immer wieder im Kurs zur Sprache kommen.

Daneben gibt es einen großen Bereich an Gemeinsamkeiten, der eine gemeinsame Vorbereitungszeit sinnvoll macht:

- *Entwicklung einer gemeinsamen (Grund-) Haltung für die Begleitungsarbeit*
- *integratives Verständnis von Begleitung/systemische Sichtweise*
- *Blick auf die Familie – immer sind Angehörige und Zugehörige beteiligt*
- *Blick für die eigene Biografie, den eigenen Hintergrund/Motivation der einzelnen Helferin*
- *Verständnis für Ehrenamt in der Hospizarbeit (in Abgrenzung zum Hauptamt)*
- *eine gemeinsame Identität in der Hospizarbeit*

Der Kurs ist in drei Blöcke aufgeteilt:
- *Grundkurs*
- *Praxisphase*
- *Vertiefungskurs*

Der Grundkurs soll »Fertigkeiten« für die Begleitung vermitteln. Diese werden in der Gruppe geübt und erfahren und lassen sich auf Begleitungssituationen anwenden.
In der Praxisphase sollen erste Erfahrungen in Besuchssituationen gesammelt und reflektiert werden. Dazu werden thematische Weiterbildungen angeboten. Bei einem integrierten Kurs werden hier die TN je nach zukünftigem Einsatzfeld getrennt begleitet und arbeiten an unterschiedlichen Themen.
Der Vertiefungskurs wird an diese Erfahrungen anknüpfen und insofern eine Vertiefung darstellen, als er die eigene Persönlichkeit mit ihren Erfahrungen, Einstellungen, Haltungen usw. reflektiert.
Grund- und Vertiefungskurs leiten ihre innere Struktur in jeweils neun Einheiten aus jeweils einer biblischen Geschichte ab.
Das Leitbild für den nun beginnenden Grundkurs stellt die Geschichte von den Emmausjüngern dar. Diese Geschichte liefert uns das »Bildmaterial«, das wir auf die Situation der Begleitung beziehen. Es hilft, einen roten Faden zu haben, an dem entlang dieser Kurs sich entwickelt. Es sind die Schritte auf dem Weg der Jünger nach Emmaus, auf dem der auferstandene Jesus sich zu ihnen gesellt, die ein Grundmuster für eine Begegnung und Begleitung abgeben können.
Das Hauptmotiv der Geschichte ist der Weg. Ein Weg ist es auch, den die Vorbereitungsgruppe nun gemeinsam einschlägt. Wege werden es auch sein, die wir mit Menschen in der Begleitung gehen. Auf diesen Wegen geschieht ein Fort-Schreiten, ein Voran-Gehen. Es gibt aber auch Haltepunkte, Stationen, Irritationen – und doch geht der Weg weiter.
Auf einen solchen Weg lassen sich die TN mit diesem Kurs ein.

Hinweise für die Leitung
Diese Einheit führt die TN zum ersten Mal in ihrer nun feststehenden Gruppenzusammensetzung zusammen. Daher sollte sie in dem Raum stattfinden, in dem sich die Gruppe auch sonst zusammenfinden wird. Die Leitung bereitet den Raum vor. Ein Stuhlkreis ist gestellt, die Mitte ist gestaltet. Vielleicht findet sich dort eine Gestaltung, die einen Weg symbolisiert.
In vielen Gruppen hat es sich bewährt, die TN dazu aufzufordern, die Mitte zu ergänzen. Möglich sind Texte, Lieder (auf CD oder Smartphone), Gegenstände, Bilder, Bücher.
In der Befindlichkeitsrunde zu Beginn einer Einheit fragt die Leitung: Hat jemand etwas für die Mitte mitgebracht? Die TN stellen vor, was sie mitgebracht haben und was sie damit verbinden. Texte werden vorgelesen, Gegenstände und Bücher vorgestellt, Bilder gezeigt oder herumgereicht. Musik wird gemeinsam angehört, entweder gleich oder im Laufe der Einheit, ggf. als Abschluss.
Manchmal wird von dieser Möglichkeit reger Gebrauch gemacht, manchmal wenig oder gar nicht. Das erfordert eine flexible Planung. Es lohnt sich, dafür Raum zu geben und Zeit zu lassen und ggf. auf eigene Texte, Musiktitel oder Beiträge zu verzichten.
Eventuell notwendige Informationsblätter über die künftigen Termine usw. sind vorbereitet.

In dieser Einheit ist es wichtig, dass die TN sich gegenseitig kennen lernen, etwas von ihrer Motivation zur Teilnahme erfahren, ggf. die Besonderheiten einer gemeinsamen Qualifizierung für die Erwachsenen- und die Kinder- und Jugendhospizarbeit verstehen lernen und sich einstimmen können auf das, was nun beginnen soll.

Ziele

Die TN

- *kennen das Kurssetting*
- *kennen die anderen TN und deren Motivation zu Beginn des Kurses*
- *kennen die Leitbildgeschichte*
- *haben einen Überblick über die Struktur des Grundkurses*
- *wissen um ihre Erwartungen und Befürchtungen im Blick auf den Kurs*

Verlauf der Einheit

DAUER	ZIELE	INHALTE	METHODEN/DIDAKTISCHE HINWEISE	MATERIAL
30'	TN kennen das Kurssetting	• Willkommen in der Gruppe, im Kurs, • auf dem Weg. Team stellt sich vor. • Einführung allgemein (u.a. Gruppenregeln) • Ablauf für den Tag/Hinweise zum Haus und Hausregeln	*(1) Zur Einführung*	Namensschilder, Mitte (Tücher, Kerze, Blumen, Steine)
BLICK IN DIE GRUPPE				
30'	TN kennen die anderen TN und deren Motivation zu Beginn des Kurses	Vorstellungsrunde: Talking Stone-Runde	*(2) Zur Vorstellungsrunde* s. Methoden: Talking Stone	Stein
(30')		**ALTERNATIVE 1:** Vorstellungsrunde mit symbolhaften Gegenständen	*(3) Zu Alternative 1*	symbolhafte Gegenstände
(45')		**ALTERNATIVE 2:** Vorstellung und Austausch im Partnergespräch	*(4) Zu Alternative 2*	
(30')		**ALTERNATIVE 3:** Mein Name	*(5) Zu Alternative 3*	Vorbereitete Namenskarten
20'	**PAUSE**			

DAUER	ZIELE	INHALTE	METHODEN/DIDAKTISCHE HINWEISE	MATERIAL
BESINNUNG/ÜBUNG				
45'	TN kennen die Leitbildgeschichte	Die Emmausgeschichte Bildbetrachtung, anschließend Lesen des Textes Gruppenarbeit: • Beschäftigung mit den Jüngern • Beschäftigung mit Jesus	*(6) Zur Arbeit am Text*	GK 1.3a/b GK 1.4 GK 1.5
(45')		**ALTERNATIVE 1:** Wir (be-)gehen die Geschichte	*(7) Zu Alternative 1*	GK 1.3
INFORMATION				
20´	TN haben einen Überblick über die Struktur des Grundkurses	Leitung erläutert den Transfer vom Text zu den Einheiten des Kurses und stellt die wesentlichen Inhalte vor	*(8) Zum Leitbildtransfer*	GK 1.6: Leitbildtransfer GK 1.7: Die Struktur des Grundkurses
20'	TN wissen um ihre Erwartungen und Befürchtungen im Blick auf den Kurs	Erwartungen und Befürchtungen der TN in Bezug auf den Kurs • Erwartungen (grüne Karten) • Befürchtungen (blaue Karten) • Eine Befindlichkeit pro Karte!	Einzelarbeit TN lesen das Geschriebene vor und heften die Karte an die Pinnwand	Karten Stifte Pinnwand
ABSCHLUSS				
10´	Blick in die Runde	Abschlussrunde	*(9) Zur Abschlussrunde* Talking Stone-Runde Wie geht es mir am Ende dieser Einheit?	Stein
5'	Abschlussritual	Leitung schließt die Einheit mit einem Abschlussritual	*(10) Zum Abschluss*	GK 1.8: Der Laden

Hinweise zum Verlauf

(1) Zur Einführung

Es sind drei Gruppenkonstellationen möglich. Im Kurs werden EA für die Erwachsenenhospizarbeit oder für die Kinder- und Jugendhospizarbeit qualifiziert. Das Kursmodell bietet aber auch die Möglichkeit, EA gemeinsam in einem sogenannten integrierten Kurs für ihre jeweiligen zukünftigen Aufgaben in einer der beiden Einsatzfelder vorzubereiten.

Je nach Gruppe sollte an dieser Stelle noch mal ein kurzer Blick auf die zukünftigen Aufgaben, die die EA übernehmen sollen, gerichtet werden. Bei einem integrierten Kurs sollte hier auf die Unterschiedlichkeiten von Begleitungen Erwachsener zu Hause, im Heim, im Krankenhaus und in der Begleitung von Familien mit lebensverkürzend erkrankten Kindern und Jugendlichen, bzw. in der Begleitung Abschied nehmender Kinder hingewiesen werden. Diese verschiedenen Aspekte werden immer wieder im Kurs zu Sprache kommen.
Es wird bei einer integrierten Gruppe in der Praktikumszeit eine Trennung der Gruppe geben.

Für die erste Zusammenkunft empfiehlt es sich, auf »Gruppenregeln« zu verweisen bzw. diese gemeinsam zu erarbeiten. Diese sollten u.a.

- *das Verhalten untereinander betreffen (z.B. ausreden lassen, Wertungen vermeiden),*
- *für das eigene Sprechen sensibilisieren (z.B. von der eigenen Person in Ich-Form, nicht mit »man« sprechen),*
- *für eigene Bedürfnisse sensibilisieren (z.B. ich achte darauf, was ich über mich sage; ich sage, wenn ich mich unwohl fühle; ich sage, wenn ich eine Pause brauche), d.h. ich nehme Störungen/meine Befindlichkeit wahr,*
- *die Verschwiegenheit für das hier in der Gruppe Gesagte sichern.*

Die Leitung und die Gruppe verpflichten sich zur Einhaltung der Regeln, auch im Bewusstsein, dass nicht jede individuelle Störung aufgelöst werden kann. Die Gesprächsregeln werden in der Einheit »mitgehen« noch einmal thematisiert. Die Leitung muss sich entscheiden, was sie bereits an dieser Stelle schon vereinbaren will, und was ggf. später folgt.

(2) Zur Vorstellungsrunde

Bei diesem ersten Zusammentreffen ist zu vermuten, dass die TN mit durchaus unterschiedlichen Befindlichkeiten und Erwartungen gekommen sind. Wie wird es in der Gruppe sein, wie wird die Leitung arbeiten, was kommt im Kurs auf mich zu, worauf lasse ich mich ein? Diese Unterschiedlichkeiten sollen artikuliert und wahrgenommen werden. Im weiteren Verlauf wird eine gemeinsame Grundlage für die Gruppe erarbeitet, in dem die TN bereits am Arbeitsstil dieser Einheit etwas vom Charakter des Kurses kennen lernen, aber sich auch gegenseitig wahrnehmen und notwendige Informationen erhalten.
Der Talking Stone ist eine gute Möglichkeit, zu Beginn einer Einheit allen TN die Möglichkeit für eine erste Äußerung zu geben (vgl. hier ausführlich auch unter Methoden: Talking Stone).

Die Regeln:

- *Der Stein wird von TN zu TN weitergegeben.*
- *Solange jemand den Stein hat, kann er/sie sprechen.*
- *Jede/r TN übernimmt die Verantwortung dafür, was er/sie den anderen mitteilt.*
- *Alle anderen hören aufmerksam zu.*
- *Es wird nicht diskutiert, kommentiert, nachgefragt.*
- *Der Stein wird an den/die nächste TN weitergegeben.*
- *Der Hüter des Talking Stone (Leitung) kann/muss dann eingreifen, wenn die Regeln verletzt werden.*

Grundsätzlich wird der Stein zweimal herumgegeben. Wer in der ersten Runde nichts gesagt oder etwas vergessen hat, hat in der zweiten Runde noch eine Chance, dies zu äußern. Die Leitung kann jedoch entscheiden, auf diese zweite Runde auch zu verzichten, muss dies aber vorher den TN ankündigen.
Zu Beginn einer Einheit wird der Stein linksherum (vom Herzen weg) gegeben – die Runde wird eröffnet. Wenn am Ende einer Einheit eine erneute Talking Stone-Runde erfolgt, wird sie rechtsherum (zum Herzen zurück) geführt, um den Kreis nun zu schließen.
Es ist gut, wenn tatsächlich ein schöner Stein vorhanden ist und herumgegeben wird, notfalls tut es auch ein anderes Symbol.

(3) Zu Alternative 1
Die TN drücken ihre Befindlichkeit mit Hilfe eines symbolischen Gegenstandes aus.
In der Mitte/in einem Korb/Rucksack o.Ä. liegen verschiedene Gegenstände (mehr als TN da sind), z.B.: Stein, Feder, Gesangbuch, Werkzeuge, Klingel, Blume, Kerze, ein leeres Blatt ...
Die Leitung bittet die TN, einen Gegenstand auszuwählen, in die Hand zu nehmen, der als Symbol entweder für ihre Motivation zu Hospizarbeit oder für ihre Befindlichkeit an diesem ersten Kursabschnitt stehen soll.
Anschließend stellen die TN sich vor. Sie sagen einiges zu ihrer Person und erklären dann, warum sie gerade diesen Gegenstand ausgewählt haben und was er für sie ausdrückt.
Die Reihenfolge der Sprechenden kann sich frei ergeben. Es wird nicht diskutiert, nachgefragt usw.

(4) Zu Alternative 2
Diese Alternative bringt die TN gleich zu Beginn in Kontakt miteinander.
Jeweils zwei TN tauschen sich im Partnergespräch aus: Sie stellen sich gegenseitig vor und erzählen zu ihrer Person, was ihnen wichtig ist. Sie tauschen sich über ihre Motivation für ihr Hospizengagement aus und erzählen einander, welche Erfahrungen von Tod und Sterben sie bereits in ihrer Biografie erlebt haben. Es ist sehr wichtig, darauf hinzuweisen, dass die TN immer die Freiheit haben zu entscheiden, was und wie viel sie erzählen mögen.
Im Plenum stellt dann ein TN den jeweils anderen vor. Dies kann so geschehen, dass sich der jeweilige Sprechende hinter die vorgestellte Person stellt, eine Hand auf deren Schulter legt, und sie in Ich-Form vorstellt. Die vorgestellte TN darf das Gesagte anschließend ergänzen und korrigieren. Nach der Vorstellungsrunde muss den TN die Möglichkeit gegeben werden, kurz im Plenum ihre Erfahrungen mit dieser Übung zu äußern. Diese Partnerübung kann auch gut in die Einheit 2 – »wahrnehmen« – eingebaut werden.

(5) Zu Alternative 3
Die TN sprechen sich in der Regel sehr schnell gegenseitig mit ihren Vornamen an. Daher kann die Vorstellungsrunde auch an den Vornamen ansetzen. Jede/r hat einen Rufnamen bei seiner Geburt bekommen. Sie haben erlebt, wie sie mit diesem Namen gerufen wurden, liebevoll oder auch streng. Manche haben erlebt, wie andere daraus einen Kosenamen oder Spitznamen gemacht haben.
Damit sich die TN hineinfühlen können, wie es ihnen mit ihrem Rufnamen geht, werden sie zu einer Körperübung eingeladen. (Während der Übung spricht die Leitung die TN mit »du« an!)

Anleitung:

- *Stille – je nach Gefühl ca. 30 Sek.*
- *Setze dich ganz entspannt hin. – Wenn du möchtest, schließe die Augen. –*
- *Bleibe ganz bei dir.*
- *Stille – ca. 30 Sek.*
- *Nun stelle dir vor deinem inneren Auge deinen Rufnamen in leuchtender Schrift, in deiner Handschrift geschrieben vor. Schau ihn dir genau an.*
- *Stille – ca. 30 Sek.*
- *Lass deinen Namen durch deinen Körper wandern:*
  - *Wie fühlt sich dein Name an (jeweils ca. 30 Sek. nachspüren lassen)*
    - *im Kopf*
    - *im Hals*
    - *im rechten Arm, in der rechten Hand*
    - *im linken Arm, in der linken Hand*
    - *im Oberkörper – Herzgegend*
    - *im Beckenbereich*
    - *im rechten Bein, im rechten Fuß*
    - *im linken Bein, im linken Fuß*
- *Zum Abschluss nimm deinen Namen in die leicht gewölbte Hand – in die rechte oder linke – und lege die andere Hand beschützend darüber.*
- *Bleibe einen Moment so sitzen und spüre deinem Namen nach.*
- *Nun öffne langsam die Augen und komme zurück in diese Runde.*
- *Streck dich, gähne, wenn dir danach ist. Sei wieder ganz im Hier und Jetzt.*

Danach werden die TN eingeladen, über ihre Erlebnisse zu berichten und sich damit den anderen vorzustellen.

Die Leitung kann zum Abschluss dieser Übung den Einzelnen ihren Namen noch einmal »zueignen«. Damit verbunden ist die Aussage: Du bist du, so heißt du. Das hat Wert. Du hast Wert.
Dazu hat sie Schmuckkarten vorbereitet, auf denen der jeweilige Vorname geschrieben ist. Schön ist auch, die Bedeutung des Namens (Suche in entsprechenden Lexika oder im Internet) hinzuzufügen. Die Karte kann auch noch mit einem Bild und dem Text Jesaja 43,1-4 versehen sein. Dieser Text aus Jesaja wird häufig als Taufspruch verwendet. Dann wird es nicht auf das Volk Israel, sondern auf den einzelnen Menschen bezogen.

(6) Zur Arbeit am Text

Die Ostergeschichte von den beiden Männern, die nach der Kreuzigung Jesu traurig nach Emmaus wandern, bildet die Grundlage des Grundkurses.
Zur Situation: Jesus ist wenige Tage zuvor hingerichtet worden. Die beiden Männer gehören zum Kreis seiner Anhänger. Sie haben all ihre Hoffnung auf Jesus gesetzt, den sie für den Messias hielten. Jetzt ist die Hoffnung zunichte gemacht.
Thomas Zacharias hat einen Holzschnitt zur Emmausgeschichte geschaffen. Anhand dieses Bildes können die TN sich der Geschichte und den darin enthaltenen Erfahrungen nähern. Eine Beschreibung und Deutung des Bildes wird im Material (GK 1.5) angeboten.
(Das Bild ist als Folie erhältlich in: Thomas Zacharias, Farbholzschnitte zur Bibel, 24 Farbfolien mit Erläuterungen, zu beziehen über den Deutschen Katechetenverein: dkv-Buchservice, Preysingstraße 97, 81667 München.)

Zur Methode:

- *Das Bild wird gezeigt.*
- *Die TN sehen sich für ein bis zwei Minuten in das Bild ein.*
- *TN tragen eine Beschreibung des Bildes zusammen (noch keine Deutung). Stichworte dafür sind: Aufteilung des Bildes, Farben, Formen, Linien …*
- *TN versuchen eine Deutung der Elemente und des Gesamten.*
- *Die Leitung liest nun die Geschichte vor (GK 1.3a/b).*
- *TN reagieren und beziehen Geschichte und Bild aufeinander.*

In der anschließenden Gruppenarbeit beschäftigen sich die TN anhand der Fragen mit den Jüngern und mit Jesus.
Im Plenum werden dann offene Fragen beantwortet und anhand der Berichte aus den Gruppen die Begleitungsqualitäten, die auch die Themen der 9 Einheiten des Grundkurses sind, herausgearbeitet.

(7) Zu Alternative 1

Bei der Emmausgeschichte handelt es sich um eine Weggeschichte, die sich besonders gut im »Be-gehen« erschließt.
Je nach örtlicher Gegebenheit können die TN einen Weg gehen, auf dem immer wieder angehalten wird, um die Geschichte Schritt für Schritt frei nachzuerzählen, den jeweiligen Schritt sehr bewusst nachzuvollziehen und auch durch eigene Erfahrungen anzureichern. Zu Beginn können die TN gebeten werden, sich jeweils zu zweit auf den Weg zu einem verabredeten Treffpunkt zu machen und sich dabei weiter kennenzulernen. Auf dem Rückweg zum Versammlungsort der Gruppe erzählt die Leitung dann an 9 Stationen die Geschichte und stellt den Zusammenhang zu den 9 Einheiten des Grundkurses her.

(8) Zum Leitbildtransfer

Anhand der Emmausgeschichte können die Begleitungsqualitäten, die in den neun Einheiten des Grundkurses vertieft werden, herausgearbeitet werden. Es empfiehlt sich, dies in einem freien Vortrag bzw. im gemeinsamen Erarbeiten mit den TN zu tun. Der Text GK 1.6 dient der Hintergrundinformation für die Leitung. GK 1.7 ist zum Austeilen an die TN gedacht.

(9) Zur Abschlussrunde

Die erste Einheit geht zu Ende. Die TN haben sich auf etwas Unbekanntes eingelassen. Am Ende empfiehlt sich eine Schlussrunde, in der nach der momentanen Befindlichkeit gefragt wird.

Der Talking Stone ist eine gute Möglichkeit, zu Beginn oder zum Abschluss einer Einheit allen TN die Möglichkeit zu einer Äußerung zu geben. Jede Einheit des Kurses wird mit einer solchen Runde begonnen und manchmal auch abgeschlossen. Gelegentlich wird die Leitung hier eine konkrete Frage vorgeben. Es ist aber auch sehr sinnvoll, allgemein nach der Befindlichkeit der TN zu Beginn oder Ende einer Einheit zu fragen. Die TN werden je für sich entscheiden, was sie dann sagen (vgl. auch unter *(2)*).

(10) Zum Abschluss

Rituale spielen in unserem Leben eine wichtige Rolle. Auch in der (Sterbe-)Begleitung können sie hilfreich sein. Um das zu erleben und zu erfahren, soll jede Einheit des Vorbereitungskurses auch mit einem Abschluss bewusst gestaltet werden. Dabei hat die Leitung viele Gestaltungsmöglichkeiten: Musik – gemeinsam singen oder hören, ein kurzer Text, ein kleines Ritual – etwas, das eine Einheit beschließt.

Liste der Materialien

GK 1.1 Einführung – Wir machen uns auf den Weg
GK 1.2 Verlaufsplan – Wir machen uns auf den Weg
GK 1.3a Emmausgeschichte (Luthertext)
GK 1.3b Emmausgeschichte (Einheitsübersetzung)
GK 1.4 Holzschnitt von Thomas Zacharias
GK 1.5 Bildbeschreibung zu Thomas Zacharias
GK 1.6 Leitbildtransfer
GK 1.7 Die Struktur des Grundkurses
GK 1.8 Der Laden

EINHEIT 2: WAHRNEHMEN

Einführung

In der Emmausgeschichte ist das Erste, was wir von Jesus erfahren, dass er *wahrnimmt*, dass hier zwei Menschen sind, die Beistand und Begleitung brauchen. Er spürt, wie ihnen zumute ist, und weiß, dass sie sich aus eigener Kraft nicht aus der Verzweiflung befreien können.
Wahrnehmung ist die Voraussetzung für echte Begegnung. Wenn ich mich selbst nicht wahrnehmen kann, kann ich auch andere nicht wahrnehmen. Wenn ich den anderen Menschen nicht wahrnehmen kann, kann ich ihn auch nicht begleiten. Ich laufe sonst Gefahr, ihm gut gemeinte Ratschläge zu geben oder all das zu tun, was meinem eigenen Bedürfnis in einer ähnlichen Situation entsprechen würde. Das kann aber für mein Gegenüber genau das Falsche sein, weil dieser Mensch *anders* ist als ich.
Um andere wahrzunehmen, muss ich meine Wahrnehmungsfähigkeit weiterentwickeln. Das lässt sich auf jedem Waldspaziergang üben. Ich versuche zum Beispiel, sehr bewusst zu *sehen*. Ich bleibe vor einem Baum stehen, betrachte ein einzelnes Blatt, nehme mir dazu Zeit. Ich will nur *sehen*. Oder ich *lausche* und versuche, die verschiedenen Geräusche wahrzunehmen: den Gesang der Vögel, das Rauschen des Windes, Verkehrslärm. Auf ähnliche Weise kann ich alle meine Sinne schärfen: Was sehe, höre, rieche, schmecke, spüre ich?
Zur *Selbstwahrnehmung* gehört, dass ich meine eigenen Gefühle zulassen und ausdrücken kann. Wie ist das, wenn ich traurig oder verzweifelt bin, wenn ich glücklich bin oder erleichtert, wenn ich einsam bin oder Angst habe? Ich mache mir bewusst, wie ich normalerweise mit meinen eigenen Gefühlen umgehe. Kann ich Schmerz und Trauer zulassen? Kann ich mich freuen? In welchen Situationen lache oder weine ich? Nehme ich die Menschen um mich wahr? Weiß ich, wie es meinen Familienangehörigen, meinen Freunden und Nachbarn geht? Wie kann ich andere präziser wahrnehmen, ohne meine eigenen Gefühle und Stimmungen in sie hineinzuinterpretieren?

Hinweise für die Leitung

Diese Einheit geht davon aus, dass Wahrnehmung die Voraussetzung für echte Begegnung ist. Muster unserer Wahrnehmung werden deutlich in den Vexierbildern und Geschichten. Die TN üben, einen hospizlichen Blick auf die begleiteten Familiensysteme zu bekommen. Die Hodler-Bilder zeigen in respektvoller, aber deutlicher Weise die Wirklichkeit des Sterbens eines Menschen aus Sicht des betroffenen Lebensgefährten, die dieser in seinen Bildern zum Ausdruck bringt. Dies gilt auch für die fotografische Begleitung des Sterbens der kleinen Chiara durch ihre Mutter. Die Leiter*innen sollten mit eigener Interpretation zurückhaltend sein und sensibel darauf achten, Wertungen bei sich und in den Äußerungen der TN stehen zu lassen.

Ziele

Die TN

- *werden mit Übungen an »wahrnehmen« herangeführt*
- *lernen, was die Wahrnehmung leitet*
- *haben einen Überblick über die Hospizbewegung und Hospizarbeit*
- *nehmen alle Mitglieder in einer Familie mit einem sterbenden Menschen wahr*
- *nehmen einen Sterbevorgang wahr*

Verlauf der Einheit

DAUER	ZIELE	INHALTE	METHODEN/DIDAKTISCHE HINWEISE	MATERIAL
BLICK IN DIE GRUPPE				
15'	TN werden in ihrer Befindlichkeit wahrgenommen	Wie gehe ich als TN in diese Einheit hinein?	Talking Stone-Runde	Stein
BESINNUNG/ÜBUNG				
5'	Einleitung	Einführung zum Thema	*(1) Zur Einführung*	GK 2.1
20'	TN werden mit Übungen an »wahrnehmen« herangeführt	Hinführung zu den Übungen Übung mit Vexierbildern und »roter Punkt«	*(2) Zu den Vexierbildern*	GK 2.3
(20')		**ALTERNATIVE 1:** Übung: »Aufeinander zugehen«	*(3) Zu Alternative 1*	
(20')		**ALTERNATIVE 2:** Meinen Körper, meine Befindlichkeit wahrnehmen	*(4) Zu Alternative 2*	
(20')		**ALTERNATIVE 3:** Wahrnehmen mit allen Sinnen: fühlen, riechen, schmecken	*(5) Zu Alternative 3*	Diverse Gegenstände, Pflanzen, Gewürze, etc.
10'	TN lernen, was die Wahrnehmung leitet	Zwei Kurzgeschichten zur Auswahl als Impuls zum Thema: Was leitet meine Wahrnehmung?	*(6) Zu den Kurzgeschichten* Vorlesen Rundgespräch	GK 2.4 GK 2.5
INFORMATION				
20'	TN haben einen Überblick über die Hospizbewegung und Hospizarbeit	Ursprünge der Hospizbewegung Definitionen Säulen der Hospizarbeit Versorgungsangebote vor Ort	*(7) Zur Hospizbewegung* Vortrag	GK 2.6
30'	TN nehmen alle Mitglieder in einer Familie mit einem sterbenden Menschen wahr	Kurzgeschichten: • Familie mit einem sterbenden Elternteil • Sterbender Ehemann • Familie mit lebensverkürzend erkranktem Kind Welche Gefühle lösen die Situationen der einzelnen Beteiligten in der Familie bei mir aus?	*(8) Was kennzeichnet die Situation einer Familie?*	GK 2.7 GK 2.8 GK 2.9

DAUER	ZIELE	INHALTE	METHODEN/DIDAKTISCHE HINWEISE	MATERIAL
15'	**PAUSE**			
50'	TN nehmen einen Sterbevorgang wahr	Ferdinand Hodler: Das Sterben von Valentine Godé-Darel	*(9) Zur Arbeit mit den Bildern von Hodler* Bildbetrachtung	GK 2.10
(50')		**ALTERNATIVE FÜR KINDER- UND JUGENDHOSPIZDIENST:** Der Sterbeprozess von Chiara	*(10) Zur Alternative Kinder- und Jugendhospizdienst*	GK 2.11
ABSCHLUSS				
15'	Abschlussritual	Blick auf die Befindlichkeit der TN nach dieser Einheit Abschließen mit gemeinsamem Singen	Talking Stone-Runde Kanon: Herr bleibe bei uns Stille	Stein GK 2.12

Hinweise zum Verlauf

(1) Zur Einführung
Ein Phänomen von »wahrnehmen« ist das Wieder-Erkennen von etwas, was ich früher bereits erlebt habe und in mir trage. Diese Muster helfen mir, Unbekanntes einzuordnen. Aber sie sind auch problematisch. Wahrnehmungsmuster können zu Projektionen werden. Das heißt: Anstatt die anderen und ihre Gefühle wahrzunehmen, nehme ich nur das wahr, was sie in mir auslösen – also meine Gefühle. Gerade in der Begleitung von Sterbenden und ihren Angehörigen muss sehr darauf geachtet werden, welche eigenen Erfahrungen die TN im Laufe ihres Lebens in ihren Familiensystemen gemacht haben und wiedererkennen. Ein erster Schritt zur Zurücknahme solcher Projektionen besteht darin, dass ich sie mir bewusst mache.
Bei der Auswahl der Übungen sollte die Leitung auf einen Wechsel in der Methode und die Beteiligung unterschiedlicher Sinne achten.

(2) Zu den Vexierbildern
Übung »Roter Punkt«: Die Leitung klebt sich einen roten Punkt in die Handfläche und stellt sich mit erhobener Hand vor die Gruppe. Frage an die Gruppe: Was sehen Sie? In der Regel kommt dann die Antwort, dass sie einen roten Punkt sehen. Die Wahrnehmung richtet sich zuerst auf das, was außergewöhnlich ist und auch so präsentiert wird. Erst auf weitere Nachfrage kommt dann: eine Hand, einen Arm, ein Gesicht, eine Person … Unsere Wahrnehmung ist in der Regel vom allerersten Eindruck geleitet. Das ist aber nie die ganze Realität. Erst das genaue Hinschauen erschließt uns, was wirklich vor uns ist. Die Vexierbilder trainieren dieses Hinschauen. Es dauert immer, bis die TN alle dargestellten Bilder sehen. Hierbei spielen die Gestimmtheit und auch die Gefühle eine Rolle, die die Wahrnehmung leiten. Dies kann mit den TN reflektiert werden. Die Schriftbilder machen deutlich, wie das Gehirn etwas auslässt, das überflüssig ist, etwas hinzufügt, das nicht zu sehen ist, und wie es bestimmte Buchstabenkombinationen leichter erkennt als andere.

(3) Zu Alternative 1

Übung: »Aufeinander zugehen«: Anweisung: Konzentrieren Sie sich einige Momente auf diesen Tag: Was haben Sie erlebt, getan, wie war der Weg hierher, wie sind Sie angekommen?
Gehen Sie auf eine/n TN zu und stellen Sie Ihre Empfindungen durch eine Körperhaltung und Ihre Bewegungen dar.
Anschließend wird Feedback gegeben.

1. Die Person, auf die die/der TN zugegangen ist
2. Anschließend die anderen TN
   - *Was sehe ich?*
   - *Wie deute ich es?*
   - *Was löst es in mir aus?*

Im anschließenden Gespräch kommt es darauf an, zwischen den drei Aufgaben gut zu unterscheiden.
Sie werden merken, wie schwer das ist: Wahrnehmung und Deutung fließen leicht ineinander, eigene Assoziationen und Gefühle werden auf die andere Person projiziert.
Nach der Gruppe kommt die darstellende Person zu Wort und beschreibt, was sie darstellen wollte.
Durch diese Übung wird der Unterschied zwischen Eigen- und Fremdwahrnehmung eindrücklich demonstriert.

(4) Zu Alternative 2

Um mein Gegenüber wahrnehmen zu können, ist es wichtig, mich, meinen Körper in seiner augenblicklichen Befindlichkeit und mit seinen Reaktionen wahrzunehmen.
Hier eine einfache, aber aufschlussreiche Übung.
Hinweis: Weisen Sie die TN darauf hin, nur das mitzumachen, was sie mit ihrem gesundheitlichen Status vereinbaren können.
Wichtig ist eine langsame Anleitung mit Pausen zum Nachspüren:

- *guter Stand, Augen möglichst geschlossen – augenblickliche Befindlichkeit wahrnehmen*
- *Kontakt zum Boden spüren – Gewicht verlagern – bewusst machen, dass das ganze Körpergewicht auf den Fußsohlen ruht. Der Boden trägt.*
- *bücken – mit flachen Händen das linke Bein von unten nach oben abklopfen*
  - *den Unterschied zum rechten Bein wahrnehmen*
  - *das andere Bein abklopfen*
- *Bauch und Gesäß abklopfen – spüren, wahrnehmen*
- *Hände auf den Leib legen – Atmung bewusst wahrnehmen*
- *Oberkörper nach rechts beugen – linke Hand über den Kopf nach rechts führen*
- *mit der rechten Hand die linke Flanke kräftig klopfen. Aufrichten – nachspüren den Unterschied zur rechten Seite wahrnehmen*

  - *das Gleiche mit der rechten Seite durchführen*
- *die Hände in die Flanken legen und den Atem wahrnehmen*
- *vorgestreckten rechten Arm, dann linken Arm klopfen – nachspüren*
  - *dann Seitenwechsel*
- *mit der rechten Hand die linke Schulter und Halsseite klopfen – nachspüren*
  - *dann die andere Seite*
- *zum Abschluss mit den Händen, Fingern durch die Haare nach oben streichen*
- *die Arme locker hängen lassen, die Augen schließen, sich spüren und die augenblickliche Körperwahrnehmung mit der Körperwahrnehmung zu Beginn vergleichen.*

Impulsfragen könnten sein:
- *Was habe ich während der Übung an mir wahrgenommen?*
- *Wobei hatte ich die stärkste Empfindung?*
- *Wie geht es mir jetzt?*

(5) Zu Alternative 3
Ergänzend oder als Variante geschieht Wahrnehmen hier über die Sinne. Halten Sie einige Gegenstände bereit, die verschiedene Sinne ansprechen. Den TN werden die Augen verbunden. Die Leitung geht durch den Stuhlkreis und legt jeweils einen Gegenstand in die geöffnete Hand der TN und lässt riechen, fühlen usw. Dabei kommt es nicht auf das Erkennen an, sondern auf die Wahrnehmung der eigenen Reaktionen, Assoziationen usw.
Gegenstände können z.B. sein: ein nasser Schwamm, Federn, ein Stein, eine raue Bürste, Duftölfläschchen, Watte, Gewürze, Pflanzen, der Ton einer Glocke, eine Klangschale …

Anschließend folgt ein Austausch im Plenum:
- *Wie ist es mir während der Übung ergangen?*
- *Was löste die Wahrnehmung in mir aus?*
- *Habe ich etwas Neues über mich erfahren?*

(6) Zu den Kurzgeschichten
Lassen Sie die Kursgruppe nach den ersten Wahrnehmungsübungen im freien Rundgespräch das Thema »Wahrnehmung« vertiefen.
Was leitet meine Wahrnehmung, meine Art wahrzunehmen?
Stellen Sie die Frage zunächst einfach in den Raum. Etwas später können Sie eine der beiden (oder beide) Kurzgeschichten als Impuls in das Gespräch einbringen. Am Ende des Gespräches können Sie die Ergebnisse zusammenfassen, evtl. auch schriftlich an einer Tafel festhalten.

(7) Zur Hospizbewegung
Die TN bekommen an dieser Stelle des Kurses eine Einführung in die Grundlagen und vor allem in die Grundhaltungen der Hospizbewegung und der Hospizarbeit. Sie werden mit der Geschichte und den Inhalten vertraut gemacht und lernen, wie wichtig es ist, mit einer Wahrnehmung ohne Wertung den Sterbenden und ihren Angehörigen zu begegnen. Diese Grundhaltung wird dann anschließend in der Betrachtung von Familiensituationen vertieft.

(8) Was kennzeichnet die Situation einer Familie?
Bei der Begleitung einer Familie mit einem sterbenden Menschen ist immer die Wahrnehmung der Bedürfnisse aller Familienmitglieder notwendig. In diesem Teil der Einheit geht es darum wahrzunehmen, welche emotionalen Reaktionen die Situation der einzelnen Beteiligten bei mir auslösen. Es geht nicht darum, was die Beteiligten brauchen. Dieser Fokus kommt später. Darüber tauschen sich die TN in Partnergesprächen miteinander aus. In der anschließenden Plenumsrunde sollte von Seiten der Leitung herausgearbeitet werden, dass es sich dabei um die persönlichen Gefühle jedes Einzelnen handelt, die bei jedem verschieden sein können und dürfen. Es ist für die Begleitung hilfreich, sich dessen bewusst zu sein.
Die Materialien GK 2.7-GK 2.9 erzählen von unterschiedlichen Familiensituationen, die aus unterschiedlichen Perspektiven wahrgenommen werden. Aus diesen muss die Kursleitung auch nach Zielgruppen auswählen. Bei einem integrierten Kurs ist es möglich, an dieser Stelle an parallelen Familiensituationen arbeiten zu lassen.

(9) Zur Arbeit mit den Bildern von Hodler
Der Schweizer Maler Ferdinand Hodler (geboren 1853 in Bern, gestorben 1918 in Genf) begleitete von 1912 bis 1915 seine Geliebte Valentine Godé-Darel auf ihrem Weg durch die Krankheit und das Sterben. In einer Reihe von eindrucksvollen Zeichnungen und Bildern dokumentiert er die verschiedenen Stationen dieses Weges. Er hat damit einen der großartigsten Bilderzyklen über das menschliche Sterben geschaffen.
Die 14 Bilder sollten in ruhiger Abfolge gezeigt werden, wobei einzelne Erläuterungen zu den Bildern gegeben werden können (siehe unten). Auf keinen Fall sollten die Bildbeschreibungen einfach vorgelesen werden. Die einzelnen Bilder sind so ausdrucksstark, dass sie für sich selbst sprechen und nur hier und da eines erläuternden Hinweises bedürfen.

Zu den Bildern: Sterben und Tod der Valentine Godé-Darel
Bildnisse gemalt von Ferdinand Hodler

Ferdinand Hodler wurde am 14. März 1853 in Bern geboren und starb am 20. Mai 1918 in Genf. Valentine Godé-Darel war seine Lebensgefährtin.

Valentine erkrankt im November 1912 an Krebs. Ihre eigentliche Leidenszeit beginnt 1914. Ab Februar schreitet der Krebs unaufhaltsam fort. Hodler dokumentiert diesen Leidensweg mit einer Reihe von ergreifenden Bildern und Zeichnungen bis zu ihrem Tod im Januar 1915.

Bild 1: *Bildnis Valentine Godé-Darel, 1912*
Das Rot einer leidenschaftlichen Liebe überflutet in zarten Abstufungen das ganze Gesicht, sogar das ganze Bild. Von einer schweren Krankheit ist noch nichts spürbar. Hodler: »Sie sieht aus wie eine byzantinische Kaiserin auf den Mosaiken von Ravenna.«

Bild 2: *Bildnis der kranken Valentine Godé-Darel, 1914*
Dieses Bild unterscheidet sich von dem ersten durch den Wandel der Farben und durch die Stellung des Kopfes. Der Blick ist ganz nach innen gekehrt und macht den Gemütszustand von Valentine deutlich. Aus ihren Augen spricht: Sie ist sich der Schwere ihrer Krankheit bewusst. Hodler ist es gelungen, den ersten Anhauch des Todes auf ihrem Gesicht festzuhalten.

Bild 3: *Valentine Godé-Darel im Krankenbett, Februar 1914*
Valentine, die jetzt an galoppierendem Krebs leidet, liegt nunmehr in der immer erdrückender wirkenden Horizontallage des Bettes. Ihr physisches Leiden und ihre seelische Verlassenheit hat Hodler chromatisch mit ganz kalten und gedämpft warmen Farbtönen zur Geltung gebracht. Die Rosen und die Uhr als Symbole von Leben und Tod deuten das Ende an.

Bild 4: *Die kranke Valentine Godé-Darel, November 1914*
Das Bild zeigt den grausamen Schritt vom Leben fort, dem Sterben entgegen. Zum letzten Male sehen wir ihre Augen. Auf allen späteren Darstellungen sind sie geschlossen.

Bilder 5-8: *Die sterbende Valentine Godé-Darel, 1915*
Die Bilder 5-8 zeigen in beeindruckender Weise nicht mehr das zwar furchtbare, aber irgendwie noch fern liegende Gespenst des Todes, sondern es ist die plötzliche Begegnung mit dem grausamen, dem greifbar gegenwärtigen Gesicht der Agonie, das jetzt zu sehen ist. Der Geist mag versagen, der Körper führt jedoch sein Ringen mit dem Tod weiter fort.

Bild 9: *Der Genfer See mit Wolken von Vevey aus, 1915*

Bild 10: *Sonnenuntergang am Genfer See von Vevey aus, 1915*
An ihrem Todestag entsteht kein Bild von Valentine. Stattdessen malt Hodler zwei Landschaften vom Fenster des Sterbezimmers aus gesehen. In ihnen wird der Prozess des Loslassens deutlich. Er hat die schwere Zeit des Sterbens mit ihr durchlebt. Nun wendet er sich dem Genfer See zu. Diese Visionen der untergehenden Sonne werden zum Gleichnis von Valentines Abschied vom Leben. Die Landschaften sind gleichsam Sinnbilder der Auflösung des Menschen im Kosmos nach dem Tode.

Bild 11: *Die tote Valentine Godé-Darel, 26. Januar 1915*
In diesem Bild wird durch die Farbgebung und die harten Konturen der Übergang vom Leben zum Tod ganz deutlich. Es ist nicht mehr die sterbende, es ist die tote Valentine.

Bild 12: *Die tote Valentine Godé-Darel, 26. Januar 1915*
In der letzten Darstellung der Toten erhebt Hodler das Bild des Todes über das konkret Gegenständliche ins Monumentale und ins Symbolhafte. Kenntlich gemacht durch die auffallend vielen Horizontallinien, wie der plötzlich erstarrte Rhythmus der Himmelswolken und der Meereswellen. Der Übergang in die Ewigkeit ist vollbracht.

Bild 13: *Sonnenuntergang am Genfer See, 1915*
Verglichen mit den Landschaftsbildern, die Hodler am Tage des Todes von Valentine gemalt hat, strahlt dieses Bild eine gewisse Ruhe und Ausgeglichenheit aus. Die parallele Anordnung der Wolkenstreifen ist durch das nun Vollendete wie besänftigt, geläutert und verklärt. Wenngleich ein wehmütiger Ausdruck zu spüren ist, rufen doch die karminroten Farben die Erinnerung an das »rote« Bildnis der Geliebten von 1912 wach.

Bild 14: *Bildnis Valentine Godé-Darel (posthum), 1915*
Sechs Monate nach dem Tod von Valentine malt Hodler noch einmal ihr Porträt aus dem Gedächtnis. Es ist nicht mehr die kranke Frau. Dieses Bild zeigt, dass er die schwere Leidenszeit und den Tod bewältigt hat. Ihr Gesicht ist erleuchtet von leidenschaftlichem Rot. Es ist durch seine Wärme, Ruhe und Klarheit das beeindruckendste der drei Porträts.

Zwei Möglichkeiten zur Besprechung der Hodler-Bilder

1. TN können ihre Eindrücke und Empfindungen während des Betrachtens äußern; dann muss jedes Bild genügend lange projiziert werden. Wichtig ist, dass die Beiträge in Ruhe gehört und nicht diskutiert werden.
2. Die Bilder werden einmal mit kurzen Kommentaren der Leitung gezeigt, danach ein zweites Mal. Dabei können die TN ihre Eindrücke im Stuhlkreis aussprechen. Die Leitung achtet darauf, dass die Aussagen der TN nicht kommentiert und nicht bewertet werden.

(10) Zur Alternative Kinder- und Jugendhospizdienst
Wenn der Kurs nur aus TN besteht, die anschließend in die Kinder- und Jugendhospizarbeit gehen, bieten sich als Alternative die Bilder des Sterbeprozesses von Chiara an. Diese können nach der gleichen Methode wie die Hodler-Bilder betrachtet werden.
Elisabeth Zahnd Legnazzi, 1957 in Bern geboren, seit 1983 freischaffende Künstlerin, und ihr Mann, Remo Legnazzi, verlieren ihre Tochter Chiara, als diese im Alter von sechs Jahren an einem Hirntumor stirbt. Chiara hat die letzten sechs Monate mit ihren Eltern in der Ita-Wegman-Klinik in Arlesheim verbracht, wo die Mutter in dieser Zeit über 400 Porträts von ihrer Tochter machte. 52 davon finden sich im Buch »Chiara – Eine Reise ins Licht«. Die Fotos sind teils schwarz-weiß, teils farbig, werden ohne Bildlegenden präsentiert und zeigen das Hinwelken der kleinen Chiara.

Elisabeth Zahnd Legnazzi schreibt am Ende ihres Buches:
»Der Anblick von Schwerkranken erinnert uns immer auch an die eigene Sterblichkeit. Doch wie der Volksmund sagt: Das einzig Sichere im Leben ist der Tod. Früher oder später sterben wir alle. Der Tod und die damit verbundene Angst vor den bevorstehenden Leiden haben allerdings in unserer modernen Leistungsgesellschaft keinen Platz und werden, so gut es geht, verdrängt. Furcht ist jedoch ein schlechter Wegbegleiter in den Tod. Befasst man sich mit der Angst und setzt sich frühzeitig mit dem Tod auseinander, verliert er seinen Schrecken. Genauso wichtig wie die Vorbereitung auf den eigenen Tod ist es, anderen beizustehen: So wie die Eltern mit ihrer Liebe und Fürsorge dem hilflosen Neugeborenen helfen, in der unbekannten neuen Welt Fuß zu fassen, können wir auch mit Hilfe und Mitgefühl den hilflosen Sterbenden begleiten und versuchen, ihm ein friedliches und würdevolles Sterben zu ermöglichen.«
(Quelle: Nadine Olonetzky [Hrsg.]/Elisabeth Zahnd Legnazzi [Fotografie]: Chiara – eine Reise ins Licht, Scheidegger & Spiess, Zürich 2009)

Liste der Materialien

GK 2.1 Einführung – wahrnehmen
GK 2.2 Verlaufsplan – wahrnehmen
GK 2.3 Vexierbilder
GK 2.4 Ein schwedisches Waldmärchen
GK 2.5 Der Indianer und die Grille
GK 2.6 Geschichte der Hospizarbeit
GK 2.7 Familie mit einem sterbenden Elternteil
GK 2.8 Sterbender Ehemann
GK 2.9 Familie mit einem lebensverkürzend erkranktem Kind
GK 2.10 Sterbende Valerie Godé-Darel
GK 2.11 Das Sterben von Chiara
GK 2.12 Kanon: Herr bleibe bei uns

EINHEIT 3: MITGEHEN

Einführung

In der Emmausgeschichte heißt es von Jesus, er sei »mit ihnen gegangen«. Es tut gut, wenn in einer Notsituation jemand Anderer signalisiert: »Ich bin bei dir, ich begleite dich auf deinem Weg.« Wir Menschen sehnen uns besonders in Zeiten der Trauer und des Leides danach, bemerkt und wahrgenommen zu werden. Weil viele von uns fürchten, andere könnten sich von uns abwenden, wenn wir sie mit unserem Leid »belästigen«, halten wir Trauer und Schmerz oft verborgen. Gleichzeitig hoffen wir, dass derjenige, der unser Leid sieht, sich nicht erschreckt, empört, ängstlich, überfordert oder gleichgültig abwendet, sondern bei uns aushält und mitgeht.

Mutter Teresa und ihre Schwestern in Kalkutta sahen ihre Lebensaufgabe darin, den Ärmsten der Armen wenigstens auf dem Sterbebett zu vermitteln, dass sie als Menschen geachtet wurden.

Sister Francis Dominica, die Gründerin des weltweit ersten Kinderhospizes »Helen-House« in England, lädt die Mutter des schwerstkranken kleinen Mädchens Helen für jeweils einen Nachmittag pro Woche in den Konvent ihres Ordens ein. Helens Mutter beschreibt eine zentrale Erfahrung aus dieser Begegnung mit folgenden Worten: »To talk to somebody outside the hospital and also outside the immediate circle of relatives, someone who wanted to get an idea of what the real Helen was like, was hugely comforting.« (»Sich mit jemanden zu unterhalten, der nicht zum Klinikpersonal und auch nicht zum Kreis der Verwandtschaft gehört hat, jemandem nahe zu bringen, der wissen wollte, wer Helen wirklich war, war stärkend und tröstend.«)

Oft bedarf das Mitgehen keiner Worte. Worte, die zu früh gesprochen werden, weil ihr Sprecher das Schweigen und das bloße Dasein nicht aushält, können verpasste Chancen sein.

Hinweise für die Leitung

Im Kurs üben wir das Mitgehen in kleinen Schritten ein. Es beginnt mit einer Übung zur Klärung der eigenen Rolle. Danach folgen einige elementare Gesprächsregeln für die Gruppe, die dem Gruppenprozess dienen. Um gut mitgehen zu können, braucht es ein Verständnis von dem, was bei Sterbenden, Erwachsenen und Kindern, passiert.

Ziele

Die TN

- *reflektieren ihre eigene Rolle im Blick auf die Zusammenarbeit mit anderen*
- *vereinbaren mit der Leitung gemeinsame Regeln für das Miteinander*
- *kennen mögliche Gefühlszustände im Zusammenhang mit Sterben und Tod bei Erwachsenen*
- *kennen Vorstellungen von Tod und Sterben bei Kindern*
- *kennen die Auswirkungen einer lebensbedrohlichen Erkrankung auf ein Familiensystem*
- *kennen Phasen einer Begleitung*
- *haben ein Verständnis von Begleitung*

Verlauf der Einheit

DAUER	ZIELE	INHALTE	METHODEN/DIDAKTISCHE HINWEISE	MATERIAL
BLICK IN DIE GRUPPE				
10'	TN werden in ihrer Befindlichkeit wahrgenommen	Wie bin ich heute hier? Was ist mir vom letzten Mal noch nachgegangen?	Talking Stone-Runde	Stein
BESINNUNG/ÜBUNG				
5'	Einführung ins Thema »Mitgehen«	Mitgehen – nicht voraus, nicht nach, nicht darüber hinweg, der andere bestimmt den Weg	Vortrag	
30' (20') (10')	TN reflektieren ihre eigene Rolle im Blick auf die Zusammenarbeit mit Anderen	Übung: »Der Weg über dem Abgrund« Einführung durch die Leitung In Gruppen zu je 4 Personen stellen die TN die Szene nach, dann Austausch Gruppenarbeit: Stellen der Szene und Austausch Plenum: Zusammentragen der Ergebnisse	*(1) Zur Übung* Bild stellen Plenum *Variante 1:* Aufteilen in 2 Gruppen	GK 3.3 evtl. 3 lange Bretter
INFORMATION				
15'	TN und Leitung vereinbaren gemeinsame Regeln für das Miteinander	Gesprächsrunde im Plenum • Was ist mir für diesen Kurs an Verabredungen für den Umgang miteinander wichtig? • Ist das für alle annehmbar? • Welche Regeln gelten für das Gespräch?	*(2) Zu den Gesprächsregeln* Sammeln am Flipchart	Flipchart
20'	**PAUSE**			
25'	TN kennen mögliche Gefühlszustände in Zusammenhang mit Sterben und Tod bei Erwachsenen	E. Kübler-Ross Am Flipchart Sterbephasen benennen (Alternative: erarbeiten lassen) Nähere Beschreibung zu einzelnen Phasen, Perspektivwechsel – hineinversetzen in die jeweilige Gefühlsituation – ggf. in Gruppen aufteilen. Was wäre dann für mich hilfreich?	*(3) Zur Arbeit mit Texten* *(4) Zum Text GK 3.4 und GK 3.5* Plenumsgespräch Gruppenarbeit	Flipchart GK 3.4 GK 3.5

DAUER	ZIELE	INHALTE	METHODEN/DIDAKTISCHE HINWEISE	MATERIAL
		Diskussion und Austausch: • Wie muss ich ein solches Erklärungsmodell bewerten/einschätzen für die praktische Begleitungssituation? • Was ist in der *Begleitung von Familien* zu beachten/bedenken? (Angehörige im Blick haben, System)	Plenumsgespräch	
(25')		**ALTERNATIVE 1:** Herzig referieren Gespräch darüber	*(5) Zur Textarbeit* Vortrag Plenumsgespräch	GK 3.6 GK 3.7
20'	TN kennen Vorstellungen von Tod und Sterben bei Kindern	Entwicklungspsychologische Aspekte zu Vorstellung von Sterben und Tod	*(6) Todesvorstellung von Kindern und Jugendlichen* Gruppenarbeit	GK 3.8 GK 3.9 GK 3.10
20'	TN kennen die Auswirkungen einer lebensbedrohlichen Erkrankung auf ein Familiensystem	Erkrankung eines Familienmitglieds hat ganz konkrete Auswirkungen auf die restlichen Mitglieder	*(7) Auswirkungen einer Erkrankung auf das System* s. Methodenhinweis: Textarbeit	GK 3.11 GK 3.12
20'	TN kennen Phasen einer Begleitung	Sechs Phasen im Begleitungsprozess	*(8) Zur Textarbeit* Plenumsgespräch	GK 3.13
5'	TN haben ein Verständnis von Begleitung	Impulstexte zu »begleiten«	*(9) Zu den Impulstexten*	GK 3.14 GK 3.15
ABSCHLUSS				
10'	Abschluss	Blick auf die Befindlichkeit der TN am Ende der Einheit	*(10) Zum Abschluss* Talking Stone-Runde	Stein Musik

Hinweise zum Verlauf

(1) Zur Übung

Das Bild (GK 3.3) zeigt den Weg einer Gruppe über einen Abgrund.

Betrachten Sie in der Gruppe das Bild zunächst eingehend. Dabei kann sich jede und jeder fragen:

- *In welcher der Personen finde ich mich selbst am ehesten wieder?*
- *Führe ich gerne oder lasse ich mich lieber führen?*
- *Wie würde ich die Haltung und Einstellung der vier abgebildeten Personen jeweils benennen?*

Es gilt, eine gemeinsame Aufgabe zu bewältigen: Einer weiß, wo es langgeht; ein Anderer folgt im Vertrauen nach und lädt die Zögernden zum Mitgehen ein; ein Dritter wagt den ersten Schritt in Verbindung mit anderen; ein Vierter wartet noch ab, lässt sich aber in die Menschenkette miteinbeziehen. Halten Sie sich als Leitung bei der Interpretation von Bildern etc. zurück und sehen Sie Ihre Aufgabe in erster Linie darin, einen Raum zu schaffen, in dem die Gruppe sich ausdrücken und aussprechen kann!
Je vier TN stellen das Bild nach. Dabei können die Einzelnen auch unterschiedliche Positionen einnehmen. Anschließend findet ein Austausch statt:

- *Wie ging es mir an welcher Stelle?*
- *Welche Position nehme ich in der Regel ein? Nehme ich sie gerne ein?*
- *Gibt es eine andere, die ich gerne hätte?*

Zu Variante 1:
Die Gruppe teilt sich in zwei Teilgruppen. Jeweils vier TN stellen das Bild nach, die Anderen beobachten. Auch hier können die TN unterschiedliche Positionen einnehmen. Darstellende und Beobachtende tauschen sich aus.
Im Anschluss an die Gruppenarbeit sollten die Wahrnehmungen aus den beiden Gruppen als Ergebnis im Plenum, z.B. auf einem Flipchart, gesichert werden.

(2) Zu den Gesprächsregeln
In der Begleitung gehen wir sowohl mit der ganzen Familie als auch schwerpunktmäßig mit einem aus der Familie. Dieser Weg gestaltet sich individuell. Die begleitende Person passt sich immer wieder an.
Wenn eine Gruppe gemeinsam einen Weg geht, braucht sie dafür eine verlässliche Struktur. Leitung und einige elementare Regeln für das Gespräch befördern das Vorangehen auf dem gemeinsamen Weg. Sofern Gruppenregeln nicht schon in der ersten Einheit erarbeitet worden sind, ist es ein guter Zeitpunkt, dies im Schritt »mitgehen« zu tun.
Die Regeln werden gemeinsam mit den TN erarbeitet und vereinbart. Beispiele für eine Vereinbarung über Gesprächsregeln können sein:

- *Bestimme selbst, wann du reden oder schweigen willst und was du sagst. Versuche, in dieser Sitzung das zu geben und zu empfangen, was du selber geben und erhalten möchtest.*
- *Sprich nicht per »man« oder »wir«, sondern per »ich«.*
- *Wenn mehrere Gruppenmitglieder gleichzeitig sprechen (wollen), ist es empfehlenswert, zunächst eine Einigung über den Gesprächsverlauf herbeizuführen.*
- *Wenn du nicht wirklich dabei sein kannst, d.h. wenn du gelangweilt oder ärgerlich bist oder dich aus einem anderen Grund nicht konzentrieren kannst, unterbrich das Gespräch.*
- *Sei zurückhaltend mit Interpretationen anderer: Sprich stattdessen mehr von deinen persönlichen Reaktionen auf das Verhalten des Anderen.*
- *Beobachte Signale aus deiner Körpersphäre und beachte Signale dieser Art auch bei den anderen TN.*

Wenn die Gesprächsregeln sichtbar im Raum aufgehängt sind, braucht die Leitung auch bei den folgenden Treffen nur jeweils kurz daran zu erinnern. Das aber sollte sie auch tun!

(3) Zur Arbeit mit Texten
Für die Arbeit an längeren Texten bestehen grundsätzlich mehrere Möglichkeiten.
Die Leitung muss sich jeweils für eine entscheiden.
Stillarbeit: Sie lesen den Text in Ruhe. Beim Lesen können Sie die Texte mit Zeichen versehen, um Zustimmung (+), Widerspruch (-) oder Fragen (?) zu markieren. Anschließend Austausch in Gruppen oder im Plenum
Vortrag durch die Leitung (evtl. Kernsätze austeilen)
Texte in Kleingruppen erarbeiten lassen (evtl. auch arbeitsteilig)
Impulse für Kleingruppenarbeit schriftlich festhalten und mitgeben
Nur Vortrag, Texte mit nach Hause geben

(4) Zum Text GK 3.4 und GK 3.5
Elisabeth Kübler-Ross hat hier kurz zusammengefasst, was sie bei der Begleitung Sterbenskranker entdeckt und gelernt hat: dass sie meistens durch fünf Phasen vom Anfang ihrer Krankheit bis zum eigentlichen Tod gehen.
Die TN werden gebeten, sich diesen Erfahrungsbericht in Ruhe durchzulesen und die von Elisabeth Kübler-Ross benannten Stufen zu markieren.
Bewusst wird an dieser Stelle auf eine schematische Darstellung der fünf Sterbephasen verzichtet. Ein solches Schema könnte leicht zu Missverständnissen führen, als verlaufe jedes Sterben in der Reihenfolge dieser Phasen und führe auch immer zur ruhigen Annahme des Todes. Das ist nicht der Fall. Die Begleiter*innen müssen vor dem Missverständnis geschützt werden, als sei die womöglich ausbleibende friedliche Annahme des Todes ein Scheitern ihrer Bemühungen um eine liebevolle Sterbebegleitung.

Mögliche Impulse für das Gespräch oder die Kleingruppenarbeit:

- *Versuchen Sie, diese Stufen zu verstehen und selber zu beschreiben.*
- *Fallen Ihnen Situationen ein, die Sie jetzt besser einordnen können?*

Im Plenum werden die Ergebnisse berichtet und miteinander bzw. durch die Leitung ergänzt mit Hinweisen im Blick darauf, was für die Begleiter*innen hilfreich ist.

(5) Zur Textarbeit
Die Einsichten von Elisabeth Kübler-Ross wurden oft missverstanden, als würden die Phasen gesetzmäßig in immer der gleichen Reihenfolge ablaufen. Emil A. Herzig hat gezeigt, dass seelische Prozesse wesentlich komplexer sind, und er hat versucht, ihre Dynamik zu erfassen.
Wenn Sie sich zur Arbeit an diesem Text entschließen, gelten dieselben Möglichkeiten wie für die Arbeit am Text GK 3.4 von Elisabeth Kübler-Ross. Arbeitshinweise s.o. unter *(3)*.

(6) Todesvorstellungen von Kindern und Jugendlichen
Kinder und Jugendliche haben in verschiedenen Alters- bzw. Entwicklungsstufen unterschiedliche Vorstellungen vom Tod. Sie differieren zu denen von Erwachsenen. Es ist wichtig, diese Vorstellungen zu kennen und sich zu erarbeiten, um mit ihnen dem jeweiligen Alter angemessen über Tod und Sterben sprechen zu können.
Eine Möglichkeit ist es, dass sich verschiedene Arbeitsgruppen die Altersstufen aufteilen, die wesentlichen Punkte herausarbeiten und im Plenum einbringen. Der Text GK 3.10 sollte allen TN als Übersicht nach Hause mitgegeben werden.

(7) Auswirkungen einer Erkrankung auf das System
Jede Erkrankung eines einzelnen Mitglieds hat Auswirkungen. Der Alltag verändert sich für alle im System beteiligten Personen. Hier geht es darum, möglichst konkret die Auswirkungen zu beschreiben und die damit verbundenen Gefühle zu verstehen. Im Material des Grundkurses gibt es eine ganze Reihe unterschiedlicher Familiensituationen. Diese können als Beispiel herangezogen werden, um mit den TN die einzelnen Beteiligten und deren neue Lebenssituation zu beschreiben.
Alternativ zu der Bedeutung der Diagnose eines lebensverkürzend erkrankten Kindes (GK 3.11) kann auch die Beschreibung der Belastungen für eine Familie durch eine lebensverkürzende Erkrankung eines Erwachsenen (GK 6.4) verwendet werden.

(8) Zur Textarbeit
Aus zeitökonomischen Gründen empfiehlt es sich, für die Kernaussagen zu den sechs Phasen der Begleitung Visualisierungen, z.B. auf einer Moderationswand, vorbereitet zu haben.
Zum Einstieg in diesen thematischen Abschnitt können Assoziationen der TN gesammelt werden.

Gesprächsimpuls:
- *Was heißt es eigentlich, eine Familie zu »begleiten«?*

Anschließend sollten die Kernaussagen zu den Phasen im Begleitungsprozess vorgestellt werden. Besonders zu betonen ist dabei die ressourcenorientierte Sicht auf die Begleitung; dies gilt sowohl für die Perspektive der Begleitenden als auch für die der Familie.
Grundsätzlich gelten diese Phasen in einem Begleitungsprozess auch für die Begleitung von sterbenden Erwachsenen und können entsprechend übertragen werden.

(9) Zu den Impulstexten
Zwei Impulse zu dem, was begleiten heißt, stehen hier zur Verfügung. Einmal von dem Theologen Paul Sporken, zum anderen von dem Schriftsteller Albert Camus. Sie können zur Vertiefung für die TN mitgegeben werden.

(10) Zum Abschluss
Diese Einheit enthielt viel Information und Selbsterfahrung. Lassen Sie die TN in einer Talking Stone-Runde wieder bei sich selbst ankommen. Ganz am Ende sollte kein weiterer Text mehr verwendet werden. Hören Sie ein Stück Musik! Nach Möglichkeit eines, in dem ein Soloinstrument oder eine Solostimme begleitet wird – eine sinnliche Erfahrung von »mitgehen« (siehe dazu: Text von Paul Sporken GK 3.14).

Liste der Materialien

GK 3.1 Einführung – mitgehen
GK 3.2 Verlaufsplan – mitgehen
GK 3.3 Der Weg über den Abgrund
GK 3.4 Elisabeth Kübler-Ross: Die Phasen des Sterbens
GK 3.5 Fünf Sterbephasen mit Hinweisen für Begleiter
GK 3.6 Grafik: Die seelische Dynamik
GK 3.7 Herzig: Die seelische Dynamik des Reifeprozesses
GK 3.8 Alter- und entwicklungsspezifische Aspekte
GK 3.9 Todesvorstellungen von Kindern
GK 3.10 Todesvorstellungen von Kindern (Tabelle)
GK 3.11 Bedeutung einer lebensverkürzenden Erkrankung eines Familienmitglieds für die Familie
GK 3.12 Bedeutung der Diagnose für die Familie
GK 3.13 Sechs Phasen einer Begleitung
GK 3.14 Paul Sporken: Begleitung
GK 3.15 Albert Camus: Begleiten

EINHEIT 4: ZUHÖREN

Einführung

In der Emmausgeschichte ist Jesus lange Zeit Zuhörer, bevor er zu sprechen beginnt. Er hört auf eine Weise zu, die den traurigen Jüngern hilft zu reden, das Herz auszuschütten, ihre Trauer in Worte zu fassen. Diese Art des Zuhörens erfordert die Aufmerksamkeit, Konzentration und Präsenz des ganzen Menschen.
Michael Ende erzählt in seinem berühmten Kinderbuch von dem Mädchen Momo, das die Gabe des Zuhörens hat. Zu Menschen, die Probleme haben, sagt man in dieser Geschichte: »Geh doch zu Momo!« Durch bloßes Zuhören hilft Momo ihnen, das loszuwerden, was sie bedrückt. Momo gibt keine Ratschläge; aber sie hört so zu, dass die Menschen am Ende selbst eine Lösung finden. Auch Streithähne schickt man zu Momo. Durch ihre Art des Zuhörens hilft sie den Streitenden, sich auch gegenseitig zuzuhören und auf diese Weise zur Versöhnung zu gelangen. Sogar einen Vogel, der keinen Ton mehr von sich gibt, bringt Momo durch bloßes Zuhören wieder zum Singen.
In dieser Einheit geht es um die alltägliche Situation des Hörens, der wir in ihrem Aktiv- oder Passiv-Sein auf die Spur kommen wollen. Es geht um eine Haltung, die sich aktiv und bewusst auf das Gegenüber einstellt und einlässt.
Häufig verstehen Menschen in einer belastenden Lebenssituation sich selbst nicht mehr und wissen nicht, wie sie ihre Situation lösen können. Je mehr ein Mensch sich gedanklich damit beschäftigt (und auf seine Fantasien und Ängste zurückfällt), desto schwieriger kann dies für ihn werden. Kann ein solcher Mensch sich vor einem Gegenüber ausdrücken, so beginnen sich die Gedanken zu ordnen. So kann es passieren, dass ein Mensch sich ausspricht, ohne eine Antwort zu erhalten, und durch dieses »Veröffentlichen« mehr Klarheit über seine Situation gewinnt und die Lösung selbst findet.
Unser Reden und Handeln, Denken und Fühlen in der Begleitung ergeben sich aus dem, was wir hören und wie wir es verstehen. Hier werden die Weichen für die Begegnung, den Dialog und die Begleitung gestellt. Wir können nur hören, was wir bewusst oder unbewusst zu hören bereit sind. Was wir bewusst oder unbewusst nicht hören wollen, hören wir auch nicht. Behindert wird unser Zuhören vor allem dann, wenn wir selbst emotional so belastet sind, dass wir keinen inneren Raum mehr für unser Gegenüber haben. Zuhören wird auch dadurch erschwert, dass wir uns mit dem Problem des Anderen nicht wirklich auseinandersetzen können, weil es für uns selbst zu bedrohlich ist und wir in unbewusster Schutzhaltung nicht mehr (aktiv) hören, obwohl wir akustisch jedes Wort aufnehmen. Wir machen innerlich zu, auch wenn wir äußerlich den Anschein erwecken zuzuhören. Oder ich weiche dem Thema bewusst aus.

Ziele

Die TN

- *kennen Grundlagen des aktiven Zuhörens*
- *sind sich darüber bewusst, was Gespräche gelingen oder auch misslingen lässt*
- *erkennen, dass eine Botschaft je nach Befindlichkeit unterschiedlich gehört/interpretiert wird*
- *wenden ein Kommunikationsmodell an*

Verlauf der Einheit

DAUER	ZIELE	INHALTE	METHODEN/DIDAKTISCHE HINWEISE	MATERIAL
BLICK IN DIE GRUPPE				
10'	TN werden in ihrer Befindlichkeit wahrgenommen	Wie bin ich heute hier? Was ist mir vom letzten Mal noch nachgegangen?	Talking Stone-Runde	Stein
5'	Einführung ins Thema »zuhören«	Einleitung	*(1) Zur Einführung*	GK 4.1
BESINNUNG/ÜBUNG				
10'	TN kennen Grundlagen des aktiven Zuhörens	Einführung: Was ist aktives Zuhören?	*(2) Zum aktiven Zuhören* Vortrag	
35'		Übung: Kontrollierter Dialog	*(3) Zum kontrollierten Dialog*	
20'	TN sind sich bewusst, was Gespräche gelingen oder auch misslingen lässt	»Standortbestimmung«: Was erwarte ich von einem Zuhörer, damit ich frei reden kann?	*(4) Zur Kartenabfrage* Einzelarbeit auf Karten schreiben Vorstellen im Plenum	Karten Stifte
15'		Was wirkt sich • negativ – Gesprächskiller • positiv – Gesprächsförderer ... auf den Fortgang eines Gesprächs aus?	im Plenum Sammeln am Flipchart	Flipchart GK 4.3
20'	**PAUSE**			
INFORMATION				
5'	TN erkennen, dass eine Botschaft je nach Befindlichkeit unterschiedlich gehört/interpretiert wird	Impuls Austausch im Plenum: Was habe ich gehört/wahrgenommen/erwartet?	*(5) Der Impuls* *(6) Zum Austausch*	
20'		Einführung ins 4-Ohren-Modell – die 4 Ebenen einer Nachricht (Sender)	*(7) Zum Vortrag*	GK 4.4 (Schema) GK 4.5 (Beispiel) GK 4.6 (Unterlagen für die TN zum Mitgeben)
25'	TN wenden ein Kommunikationsmodell an	Einführung: die 4 Ebenen einer Nachricht (Empfänger)	*(8) Zur Übung*	GK 4.7 GK 4.8
ABSCHLUSS				

DAUER	ZIELE	INHALTE	METHODEN/DIDAKTISCHE HINWEISE	MATERIAL
15'	Abschlussimpuls	Textimpuls zum Abschluss		GK 4.9 GK 4.10
	Abschluss	• Wie geht es dir jetzt? • Was möchtest du noch sagen?	*(9) Zur Methode »Blitzlicht«* Blitzlicht	

Hinweise zum Verlauf

(1) Zur Einführung
Zuhören und Verstehen sind in der Intention dieser Arbeitseinheiten die beiden Seiten einer Medaille. So mag beim Erarbeiten der Eindruck entstehen, man rede bei der Einheit »zuhören« über das Verstehen und bei der Einheit verstehen über das Zuhören. Das ist nicht zu vermeiden, dennoch wird versucht, die Kategorien auseinanderzuhalten.

(2) Zum aktiven Zuhören
Wie können wir gut zuhören, so gut, dass das Gegenüber das Gefühl hat, verstanden zu werden, und selber beginnt, Lösungswege für seine Fragen und Probleme zu entwickeln?
Das »aktive Zuhören« ist weniger eine Kommunikationstechnik. Vielmehr geht es um eine Grundeinstellung dem Gesprächspartner gegenüber. Ich höre ihm wirklich zu – statt die Ohren auf Durchzug zu schalten und schon Gegenargumente zu überlegen, während der andere noch spricht.
Die wesentliche Frage ist: Was ist meinem Gegenüber im Moment wichtig? Worum geht es ihm/ihr? Was ist der Kern seines/ihres Anliegens? Was liegt ihm/ihr so sehr am Herzen, das er/sie mitteilen möchte.

- *Der Gesprächspartner steht im Mittelpunkt.*
- *Sie hören ihm konzentriert zu.*
- *Sie haben die Absicht, ihn zu verstehen.*
- *Sie versetzen sich in seine Lage.*
- *Sie sprechen seine Gefühle an.*

Dies kann nur gelingen, wenn Sie eine beziehungsfördernde Grundhaltung leben. Diese ist gekennzeichnet durch:
1. Ich nehme den anderen an, wie er ist.
2. Ich fange da an, wo der andere steht.
3. Ich mache dem anderen ein emotionales Angebot.
4. Ich verzichte damit ausdrücklich auf Argumentieren und Diskutieren.
5. Ich befrage und prüfe meine eigenen Emotionen, die der Andere in mir auslöst.

6. Ich beurteile ihn nicht nach meinen Maßstäben.
7. Ich versuche, ihn aus seiner Entwicklung und Umwelt heraus zu verstehen und zu akzeptieren.
8. Ich orientiere mich an dem, was der andere braucht.
9. Ich sehe im Anderen meinen Gesprächspartner und nicht mein Gesprächsobjekt.

Eine Methode, die dabei hilft, das umzusetzen, ist das »Spiegeln«. Dies bedeutet, dass das vom Gegenüber Gesagte noch einmal wiederholt wird und rückgefragt wird, ob ich das auch wirklich so verstanden habe, wie er es gemeint hat. Dies schärft die Sinne des Zuhörers, sich wirklich auf das Gegenüber zu fokussieren und gibt diesem eine Bestätigung, dass auch wirklich angekommen ist, was er/sie mitteilen wollte. Dies wird mit den TN in der folgenden Übung trainiert.

(3) Zum kontrollierten Dialog

Die Gruppe teilt sich in Dreierteams auf – 2 TN führen einen »kontrollierten« Dialog, ein TN beobachtet und achtet auf die Regeln – in einem zweiten Durchgang wechseln die Rollen, damit jeder TN aktiv die Erfahrung machen kann. Oder: 2 TN führen einen Dialog, Leitung und Gruppe beobachten und achten auf die Regeln. Auch hier sind mehrere Durchgänge möglich.

Zwei TN, die sich freiwillig melden, werden gebeten, ein Streitgespräch zu einem heiteren oder ernsten Thema zu führen, z.B. »Sind Kerzen heilsnotwendig?« oder »Soll man Tote schminken?«, wobei A die Pro-Position vertritt und B die Kontra-Position.

Im Verlauf des Streitgesprächs nennt A ihr/sein erstes Argument. B darf darauf erst antworten, nachdem sie/er das vorgebrachte Argument wiederholt und A auf ausdrückliche Nachfrage bestätigt hat, dass sie/er sich verstanden fühlt.

B bringt nun sein Gegenargument, wobei A es dann wiederholen muss usw.

Wichtig: Darauf achten, dass die Regel strikt eingehalten wird!

Anschließend folgt die Auswertung:

- *Die anderen Gruppenmitglieder geben ihre Eindrücke wieder.*
- *Die beiden Dialogpartner berichten über ihr Erleben.*
- *Zum Schluss äußert sich die Leitung.*

(4) Zur Kartenabfrage

Es geht bei dieser Fragestellung um einen Rollenwechsel: Ich bin nicht als Zuhörer gefragt, sondern als jemand, der einen Zuhörer sucht oder braucht. Aus dieser Perspektive sollen die TN ihre Antworten formulieren.

Die Anzahl der Karten sollte begrenzt werden auf maximal drei pro TN. Pro Karte soll jeweils nur ein Begriff notiert werden – andernfalls wird die Menge so groß, dass sie nicht mehr überblickt werden kann.

Die Karten bleiben während dieser Einheit in der Mitte liegen und werden bei der nächsten Einheit (»verstehen«) wieder in die Mitte gelegt.

(5) Der Impuls
Die Leitung stellt folgenden Impuls in den Raum:
Ein Ehepaar sitzt auf dem Sofa. Sie schauen gemeinsam die Sportschau im TV. Mittendrin sagt der Mann: »Das Bier ist alle!«. Und die Frau antwortet: »Stimmt!«

(6) Zum Austausch
Es schließt sich ein Austausch in der Gruppe an.
Impulsfragen:
Was habe ich gehört?
Was habe ich wahrgenommen?
Was habe ich erwartet?

Diese Runde soll den nächsten Schritt vorbereiten, deshalb darauf achten, dass die vorgegebene Zeit eingehalten wird. Die Leitung kann diese Gesprächsrunde in einem Satz zusammenfassen und damit zum nächsten Schritt überleiten.

(7) Zum Vortrag
Der Psychologe Friedemann Schulz von Thun hat in drei Taschenbüchern unter dem Titel »Miteinander reden« eine spannend geschriebene und allgemein verständliche Psychologie der Kommunikation entwickelt. Er betont darin unter anderem, dass wir beim Zuhören immer gleichzeitig »mit vier Ohren« empfangen.
Er nennt diese Ohren: Sach-Ohr, Beziehungs-Ohr, Selbstoffenbarungs-Ohr und Appell-Ohr.

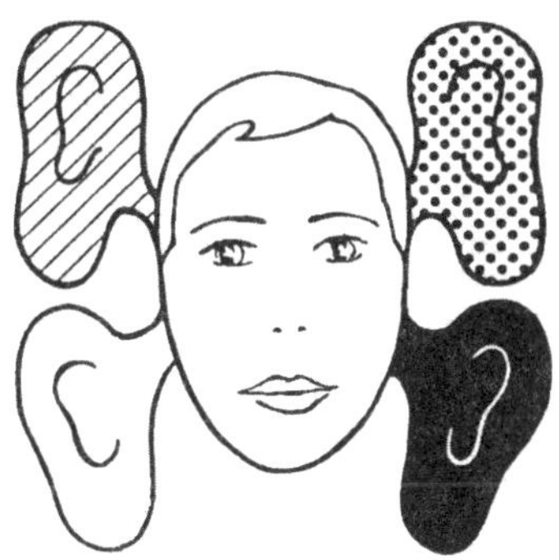

In einem Vortrag wird den TN dieses Modell nahegebracht. Es empfiehlt sich, Band 1 zu lesen (das Buch ist einfach, deutlich und unterhaltsam geschrieben; mindestens jedoch GK 4.6 und GK 4.7) und daraus nach eigenem Stil und Neigung einen Vortrag zu entwickeln.

Sollten Sie sich nicht für das Lesen entscheiden, könnte man jetzt das Ohr-Bild erläutern und auf die Problematik hinweisen:
Der Empfänger einer Nachricht hat prinzipiell die freie Auswahl, auf welche Seite der Nachricht (mit welchem Ohr) er reagieren will. Das kann zu Kommunikationsstörungen führen, wenn der Empfänger auf eine Seite Bezug nimmt, auf die der Sender das Gewicht nicht legen wollte (wie in dem eben besprochenen Gesprächsbeispiel). Auch wirkt es sich störend aus, wenn der Empfänger überwiegend nur mit einem Ohr hört und damit taub ist (oder sich taub stellt) für alle Botschaften, die sonst noch ankommen. (Schulz von Thun, Bd. 1, S. 45f.)
Dies kann mit dem Beispiel GK 4.5 verdeutlicht werden.

(8) Zur Übung
Nach dem Vortrag sollte Erzähltes eingeübt werden.
Anhand von drei Beispielen aus Schulz von Thun und einem Beispiel aus einer Begleitungssituation können Sie mit der Gruppe üben, das Botschaftsgeflecht einer Nachricht zu entdecken (vgl. Schulz von Thun, Bd. 1, S. 31 und 34f.). Für die Begleitung ist der Fokus auf die Selbstoffenbarung wichtig und sollte besonders in den Blick genommen werden.
Zeichnen Sie nacheinander ein Quadrat entsprechend den Abbildungen auf eine Flip Chart-Seite und tragen Sie nur das Phänomen (z.B. Weinen) in das Quadrat ein.
Die TN sollen dann Formulierungen für die Seiten des Quadrats finden. Nach einer Weile schreiben Sie die Vorgaben aus dem Buch daneben.

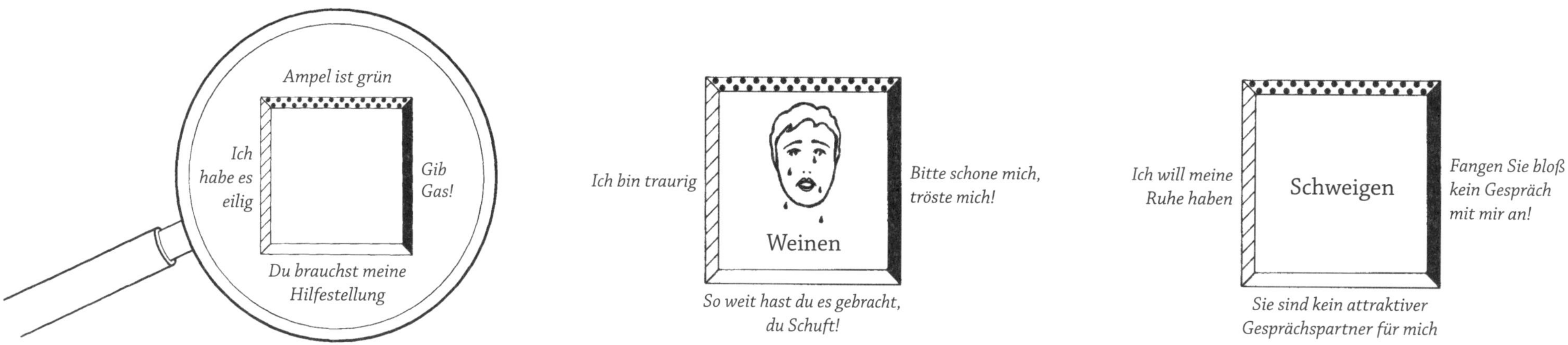

(9) Zur Methode »Blitzlicht«
Die Blitzlichtrunde erlaubt jedem TN, einen Satz zur eigenen Befindlichkeit zu sagen. Anders als bei der Talking Stone-Runde geht es hier nicht darum, sich auszusprechen. Die Runde wird auch nicht zweimal gemacht. (Anm: die Reihenfolge ist beliebig, Stichwort »Blitzlichtgewitter«)

Liste der Materialien

GK 4.1	Einführung – zuhören
GK 4.2	Verlaufsplan – zuhören
GK 4.3	Killer- bzw. hilfreiche Phrasen
GK 4.4	Schulz von Thun: Vier Ohren
GK 4.5	Übung Schulz von Thun: Die freie Auswahl des Empfängers
GK 4.6	Schulz von Thun: Die Anatomie einer Nachricht
GK 4.7	Schulz von Thun: Mit vier Ohren empfangen
GK 4.8	Die 4 Ebenen einer Nachricht – Beispiel
GK 4.9	Momo
GK4.10	Eine Geschichte des Zuhörens

EINHEIT 5: VERSTEHEN

Einführung

Jesus hat den Emmausjüngern nicht nur zugehört; er hat sie auch verstanden. Und die Jünger haben sich verstanden gefühlt – sonst hätten sie ihn nicht später zum Bleiben genötigt. Von Jesus heißt es einmal im Johannesevangelium: »Er musste niemanden etwas fragen, denn er wusste, was in einem Menschen vorging.« Unter den Heiligen der orthodoxen Kirche soll es einige gegeben haben, die die Gabe der »Herzensschau« hatten: Sie verstanden einen anderen Menschen bis ins Innerste ohne Worte. Solch umfassendes Verstehen ist selten und auf eine besondere Gabe der Intuition zurückzuführen. Die eben angeführten außergewöhnlichen Beispiele für diese Gabe zeigen: Verstehen ist noch ein Schritt mehr als Zuhören, obwohl beides ineinander übergeht und Verstehen ohne Zuhören unmöglich ist.
Schon präzises Zuhören und genaues Erfassen dessen, was mein Gegenüber sagt, sind schwierig. Wirkliches Verstehen ist noch schwieriger, weil das bedeutet, auch das zu hören, was mein Gegenüber nicht sagt, die Worte zwischen den Worten wahrzunehmen. Bei diesem Versuch ist die Gefahr groß, eigenes Denken, Wollen und Fühlen in die oder den anderen hineinzudeuten und mein Gegenüber falsch einzuschätzen. Um eine »Verstehende« oder ein »Verstehender« zu werden, ist deshalb so etwas wie ein Läuterungsvorgang nötig, bei dem ich nach und nach zu unterscheiden lerne zwischen eigenen Gefühlen und Vor-Urteilen und dem, was wirklich von meinem Gegenüber herkommt.
Verstehen ist ein umfassender Vorgang, der Gesagtes und Nicht-Sagbares umfasst. Es gibt in der Regel nur wenige Augenblicke im Leben, in denen wir uns wirklich verstanden fühlen oder in denen wir andere wirklich verstehen. Verstehen ist nicht »machbar« und setzt dennoch etwas voraus, nämlich Offenheit und Sensibilität für sich selbst und andere.
Die Begleitung sterbender Menschen und ihrer Angehörigen lässt sich nicht in ein Schema pressen; daher ist die Einheit »verstehen« eher ein Herantasten an das Thema als die Präsentation eines fertigen Konzeptes. Es bleibt eine Ambivalenz von einer hohen Motivation, verstehen und helfen zu wollen, und partieller Ohnmacht und Hilflosigkeit gerade angesichts langer Krankheitsverläufe. Diese Spannung aushalten zu können ist ein wichtiger Beitrag in der Begleitung und soll hier erfahren werden.

Hinweise für die Leitung

Die TN haben in Einheit 4 ein Gefühl für das bekommen, was bei ihnen wie »ankommt«. Nun geht es darum, Angekommenes (= Gehörtes) zu interpretieren (= zu verstehen). Die Einheit zielt darauf, dass die TN die Interpretation einüben. Dabei werden die TN dazu ermutigt, sich selbst zu erfahren – mit ihren Möglichkeiten und Grenzen des einfühlenden Verstehens. Verstehen hängt dabei eng mit den Erfahrungen der Selbst- und Fremdwahrnehmung der zweiten Einheit zusammen.
Den TN soll vermittelt werden, dass Verstehen nicht *machbar* ist und dennoch etwas voraussetzt, nämlich Offenheit und Sensibilität für andere. Es wird einerseits vermittelt, dass Verstehen ein Versuch ist, aus dem Blickwinkel des Anderen eine/seine Situation zu erfassen und darauf eine angemessene Antwort zu finden. Andererseits soll deutlich werden, dass das Verstehen der Betroffenen etwas anderes ist als das Akzeptieren von z.B. Werten oder Verhaltensweisen, die innerhalb der Familie, welche begleitet wird, gelebt werden. Diesen Unterschied für sich wahrzunehmen ermöglicht Verständnis, ohne mit dem Verstandenen einverstanden zu sein bzw. einverstanden sein zu müssen.

Ziele

Die TN

- *werden sensibel für die Situation von Betroffenen nach der Diagnose einer unheilbaren Erkrankung*
- *sind sensibilisiert für die Gefühlswelt der Betroffenen*
- *entwickeln ein Verständnis für das System Familie und die in ihm ablaufenden Prozesse*

Verlauf der Einheit

DAUER	ZIELE	INHALTE	METHODEN/DIDAKTISCHE HINWEISE	MATERIAL
BLICK IN DIE GRUPPE				
15´	TN werden in ihrer Befindlichkeit wahrgenommen	Wie sind Sie heute hier? Was beschäftigt Sie?	*(1) Zur Gestaltung der Mitte* Blitzlicht	Stein
05´	Einführung in das Thema »verstehen«	Einleitung zum Thema »verstehen«	*(2) Zur Hinführung*	GK 5.1
BESINNUNG/ÜBUNG				
20'	TN werden sensibel für die Situation von Betroffenen nach der Diagnose einer unheilbaren Erkrankung	Bildbetrachtung Edvard Munch: Der Schrei Die Leitung stellt es in den Kontext von Betroffenen und Angehörigen nach der Diagnose.	*(3) Zur Bildmeditation* Die TN betrachten das Bild. Das Bild wird in der Stille wahrgenommen und Empfindungen in den Raum hineingesprochen.	GK 5.3
INFORMATION				
05'	TN sind sensibilisiert für die Gefühlswelt der Betroffenen	Die Sprache der Sterbenden – H.-Ch. Piper	*(4) Zum Kurzvortrag*	GK 5.4
45'		H.-Ch. Piper: Die Sprache der Sterbenden ist die Sprache der Befindlichkeit Die Sprache der Befindlichkeit ist die Sprache der – Geschichten – Träume – Symbole – Metaphern	*(5) Zum arbeitsteiligen Arbeiten am Text* Gruppenarbeit	GK 5.5
(45')		**ALTERNATIVE 1:** »Nach innen wachsen« – 8 Bilder	*(6) Zu Alternative 1*	
(45')		**ALTERNATIVE 2:** Die Sprache sterbender Kinder	*(4) Zum Kurzvortrag*	GK 5.6

DAUER	ZIELE	INHALTE	METHODEN/DIDAKTISCHE HINWEISE	MATERIAL
(45')		*Alternative 3:* Die Bedeutung der Diagnose einer lebensverkürzenden Erkrankung beim Kind für die Familie – Die Sicht einer betroffenen Mutter	*(7) Zu Alternative 3*	GK 5.7
20'	**PAUSE**			
5'	TN entwickeln ein Verständnis für das System Familie und die in ihr ablaufenden Prozesse	Einführung durch die Leitung in »Familiensysteme« – Mobile	*(8) Zum Familiensystem*	
50'		Familie stellen, deren Veränderungen im System nachspüren und die Auswirkung erleben, wenn ein/e EA dazukommt. Familie mit sterbendem Erwachsenen	*(9) Zum Rollenspiel*	GK 5.8 GK 5.9
(50')		**ALTERNATIVE 1:** Familie mit einem sterbenden Elternteil		GK 5.10 GK 5.11
(50')		**ALTERNATIVE 2:** Familie mit lebensverkürzend erkranktem Kind		GK 5.12
(50')		**ALTERNATIVE 3** Einführung in die Arbeit mit Genogrammen	*(10) Zur Einführung Genogramme*	GK 5.13
ABSCHLUSS				
5'	Ausklang	Ressourcenorientierte Übung	*(11) Zum Abschluss*	GK 5.14
10'	Offengebliebenes	Was möchten die TN noch sagen?	Talking Stone-Runde	Stein

Hinweise zum Verlauf

(1) Zur Gestaltung der Mitte

Die Karteikarten aus der vorherigen Einheit zum Thema »Was erwarte ich von einem Zuhörer, damit ich frei reden kann?« werden noch vor Beginn der Einheit in die Mitte gelegt. Damit wird die Verbindung zu Einheit 4 erinnert.

(2) Zur Hinführung

Schon präzises Zuhören und genaues Erfassen dessen, was mein Gegenüber sagt, sind schwierig. Wirkliches Verstehen ist noch schwieriger, weil es bedeutet, auch das zu hören, was mein Gegenüber nicht oder wenn, dann in Symbolen, Bildern, Verhalten ausdrückt. Bei diesem Versuch ist die Gefahr groß, eigenes Denken, Wollen und Fühlen in die oder den Anderen hineinzudeuten und mein Gegenüber falsch einzuschätzen. Beim Verstehen geht es darum, nach und nach unterscheiden zu lernen zwischen eigenen Gefühlen und Vorurteilen und dem, was von meinem Gegenüber kommt. Verstehen ist ein umfassender Vorgang, der Gesagtes und Nicht-Sagbares umfasst. Verstehen bleibt immer bruchstückhaft und situationsgebunden. Dahinter steht das ernsthafte Bemühen, sich in das Denken und Fühlen des Anderen hineinzuversetzen.

(3) Zur Bildmeditation

Edvard Munch führt uns mit dem Bild »Der Schrei« die lähmende Angst und Hilflosigkeit eines Menschen radikal vor Augen. Das Bild kann dazu beitragen, sich in das Erleben von Menschen, denen die Diagnose einer lebensverkürzenden Erkrankung eröffnet wurde, einzufühlen.

Edvard Munch (1863-1944) wuchs in der norwegischen Hauptstadt Oslo auf. Sein Vater Christian Munch war ein tief religiöser Militärarzt mit bescheidenem Einkommen. Munchs Vater heiratete mit 44 Jahren die 20 Jahre jüngere Kaufmannstochter Laura Catherine Bjølstad. Die junge Ehefrau gebar ihren Sohn Edvard mit 27 Jahren und starb mit 33 Jahren an Tuberkulose, als Edvard fünf Jahre alt war. Edvard selbst war von schwacher Gesundheit; aber nicht er, sondern seine ältere Schwester Sophie war das nächste Opfer der Schwindsucht. Seine jüngere Schwester Laura war wegen »Melancholie« (heute Depression) in ärztlicher Behandlung. Postum stellten Mediziner auch bezüglich Edvard Munch die Hypothese einer Borderline-Persönlichkeitsstörung (emotional instabile Persönlichkeit) auf, zum Teil in Verbindung mit einer bipolaren Störung (manisch-depressive Erkrankung). Von den fünf Geschwistern heiratete nur sein Bruder Andreas, starb aber schon wenige Monate nach der Hochzeit. Das Elternhaus war kulturell anregend – es sind jedoch die Eindrücke von Krankheit, Tod und Trauer, zu denen Munch in seiner Kunst hauptsächlich zurückkehrt.

Eine ganze Reihe seiner Gemälde greifen das Thema Krankheit, Traurigkeit und Tod auf: »Melancholie«, »Verzweiflung«, »Das kranke Kind«, »Der Tod im Krankenzimmer«. »Der Schrei« (norwegisch »Skrik«, deutsch ursprünglich auch »Geschrei«) ist der Titel von vier Gemälden und einer Lithografie des norwegischen Malers mit weitgehend identischem Motiv, die zwischen 1893 und 1910 entstanden. Sie zeigen eine menschliche Figur unter einem roten Himmel, die ihre Hände gegen den Kopf presst, während sie Mund und Augen angstvoll aufreißt. Munch verarbeitete in dem Motiv eine eigene Angstattacke während eines abendlichen Spaziergangs, bei der er einen Schrei zu vernehmen meinte, der durch die Natur ging.

»Der Schrei« ist das bekannteste Bildmotiv des norwegischen Malers und Teil seines sogenannten Lebensfrieses. Es zeigt beispielhaft, wie Munch in seinen Werken die äußere Natur zum Spiegel seines inneren Erlebens machte, und wird teilweise als Beginn der Stilrichtung des Expressionismus gewertet.

(4) Zum Kurzvortrag

Dieser Text (GK 5.4) von Hans-Christoph Piper dient der Information der Leitung, die daraus einen Kurzvortrag erstellen kann. Mit TN, die sich auf die Kinder- und Jugendhospizarbeit vorbereiten, kann an dieser Stelle alternativ mit dem Text von Elisabeth Kübler-Ross (GK 5.6) gearbeitet werden.

(5) Zum arbeitsteiligen Arbeiten am Text

Pipers Text wird in vier Teile geteilt: Geschichten, Träume, Symbole und Metaphern. Entsprechend den vier Themen teilen sich die TN in Untergruppen auf. (Anm: Die Begriffe Symbol und Metapher sind ggf. zu erläutern.) Die Gruppen erhalten ihren Teil-Text mit folgenden Arbeitsanweisungen ausgehändigt:

Gruppe Geschichten

- *Lesen Sie diesen Text laut.*
- *Die Patientin fragt sich: »Warum erzähle ich Ihnen das jetzt?« Haben Sie darauf eine Antwort?*
- *Kennen Sie ähnliche Geschichten?*
- *Plenum:*
  - *Lesen Sie den ersten Absatz vor.*
  - *Teilen Sie den Anderen Ihre Antwort auf Frage 2 mit.*

Gruppe Träume

- *Lesen Sie diesen Text laut.*
- *Wer ist die Mutter mit den schwarzen Schuhen?*
- *Hat Ihnen jemand einen ähnlichen oder anderen Traum zum Thema Sterben und Tod erzählt?*
- *Plenum:*
  - *Lesen Sie den Text vor bis: »Zwei Tage später stirbt die Frau.«*
  - *Teilen Sie den Anderen Ihre Antwort auf Frage 2 mit.*

Gruppe Symbole

- *Lesen Sie diesen Text laut.*
- *Welche Symbole für Sterben enthält er?*
- *Kennen Sie weitere Symbole für Sterben und Tod?*
- *Plenum:*
  - *Lesen Sie den Text vor von »Eine sterbende Frau wollte …« bis »Ein Atem ist nicht mehr zu bemerken«*
  - *Nennen Sie die Symbole für Sterben und Tod aus dem Text, ggf. auch eigene.*

Gruppe Metaphern

- *Lesen Sie diesen Text laut.*
- *Welche Metaphern (Sprachbilder) enthält er?*
- *Kennen Sie weitere Metaphern für Tod und Sterben?*
- *Plenum:*
  - *Lesen Sie den Test vor bis »Danach verabschiedet die Frau die Seelsorgerin und bittet sie, bald wiederzukommen.«*
  - *Nennen Sie die Metaphern für Sterben und Tod aus dem Text, ggf. auch eigene.*

(6) Zu Alternative 1

Monika Müller, »Nach innen wachsen – der Sterbeprozess des Herrn B., dargestellt in acht von ihm gemalten Bildern«.
Die in dieser Mappe vorgelegten Bilder dokumentieren eindrucksvoll und bewegend den Prozess von der Wahrnehmung einer tödlichen Erkrankung bis kurz vor dem Sterben. In Motiven, Farben und Formen zeigen sie, wie Herr B. über einen Zeitraum von gut zwei Monaten in sein eigenes Sterben hineinwächst. Begleittexte und Anregungen zur Unterrichtsgestaltung ergänzen die reproduzierten Bilder. Die Mappe eignet sich zur intensiven Auseinandersetzung mit dem Thema Sterben und Tod, u.a. im Rahmen von Aus- und Weiterbildung in den Bereichen Hospizarbeit, Palliative Care und Trauerarbeit, wie auch zur individuellen Betrachtung.
Bezugsmöglichkeit: info@monikamueller.com (20,00 €, zzgl. Versand)

Als Methode empfiehlt sich:
Kurze Einleitung zur Genese der Bilder und Vorlesen der Einführung.
Danach Betrachtung der einzelnen Bilder – Assoziation der TN, erst dann Erläuterung der Autorin vorlesen.

(7) Zu Alternative 3

Werden EA auf die Kinder- und Jugendhospizarbeit vorbereitet, ist es sinnvoll, hier die Situation einer Familie mit einem lebensverkürzend erkrankten Kind in der Gruppe bzw. zu diesem Zeitpunkt des Kurses präsent werden zu lassen.

Der Text von Petra Stuttkewitz (GK 5.7) wird von der Leitung vorgelesen.
In der Gruppe arbeiten die TN an folgenden Fragestellungen:

- *Welche Gefühle beschreibt die Mutter?*
- *Welchen Ereignissen können Sie diese zuordnen?*
- *Welche Handlungsstrategien entwickelt die Mutter?*
- *Welche Gefühle sind Ihnen fremd?*

Die Gruppe notiert die Ergebnisse auf einem Flipchartbogen. Ein/e Sprecher/in präsentiert sie im Plenum.

(8) Zum Familiensystem

Jede Erkrankung eines Familienmitgliedes, zumal wenn es sich um eine lebensbedrohliche handelt, betrifft immer alle Mitglieder des Systems. Dies wurde bereits in der Einheit »mitgehen« thematisiert und wird hier noch einmal aufgegriffen, weil es zentral für das Verstehen der Begleitung Sterbender ist, egal, ob es sich um Erwachsene oder Kinder und Jugendliche handelt. Das Bild eines Mobiles macht das sehr anschaulich. Wenn ein Teil nicht mehr seine Funktion erfüllen kann, gerät das ganze Mobile aus dem Gleichgewicht, ganz automatisch. Alle müssen sich neu ausrichten und anordnen, um eine neue Balance zu finden. Dies betrifft das System äußerlich, aber auch das innere Gleichgewicht eines jeden Beteiligten. Auch hier muss jeder eine neue

Balance in sich finden, weil ganz neue Herausforderungen an ihn gestellt werden. Die folgenden Übungen vertiefen das Verständnis für solche Prozesse in den Familien. Insbesondere muss an dieser Stelle reflektiert werden, dass das Dasein von Begleiter*innen und ihre Handlungen immer eine Auswirkung auf die Prozesse in den Familiensystemen hat.

(9) Zum Rollenspiel

Im Rollenspiel in der Form einer Aufstellung geht es zunächst um eine Annäherung an die Situation einer Familie, die mit den Themen schwere Erkrankung, Sterben, Tod und Trauer konfrontiert ist. In den Materialien sind verschiedene Familiensituationen beschrieben, aus denen je nach Zusammensetzung der Gruppe eine Auswahl getroffen werden kann. Die Aufstellung ermöglicht einen Zugang auf der Gefühlsebene und setzt auf die nonverbale Kraft der Ordnung der einzelnen Rolleninhaber zueinander.
Die Methode erfordert Erfahrung und einen sehr sensiblen Umgang mit den TN, die bereit sind mitzumachen. Im Material findet sich in GK 5.8 und GK 5.10 jeweils eine Familiensituation, die mit Anweisungen für die Aufstellung versehen ist. Sollte die Leitung keinerlei Erfahrung besitzen, empfiehlt es sich, die Familiensituationen mit den TN als Textarbeit zu erarbeiten.

Die TN fühlen sich in die unterschiedlichen Rollen gemäß Anweisung ein und stellen sich als Familien zueinander auf. Je nach Fortgang der Erkrankungssituation verändern sie ihre Position zueinander – immer so lange, bis es sich für alle Beteiligten stimmig anfühlt. Dazwischen werden sie von der Leitung des Stellens interviewt – keine Kommentare, keine Wertungen, keine Äußerungen der »Zuschauer«.
Die Familie wird aufgestellt, bevor ein EA dazukommt.
Dann werden die anderen TN in der Gruppe aufgefordert, sich zu überlegen, wie sie sich als EA darzustellen würden. Wer mag, kann es ausprobieren und dem nachspüren, was sie/er dabei empfindet. Sie/er muss nicht agieren, nichts sagen, sondern sich nur hinstellen. Dann werden die anderen Familienmitglieder eingeladen, ihre Position zu verändern, so lange, bis es sich wieder okay anfühlt. Danach werden sie wieder interviewt und geben der/dem EA ein Feedback, was ihr/sein Sich-Hinstellen bei ihnen ausgelöst hat. Ggf. können auch weitere TN aus der Runde eine andere Position ausprobieren, wenn sie dazu eine Idee haben.
Das Aha-Erlebnis für die/den zukünftigen EA besteht darin, dass allein schon das Da-Sein und Kontakt-Aufnehmen eine Wirkung auf alle Beteiligten des Familiensystems haben. Dabei hat sie/er noch nichts gesagt und nichts getan – sie/er ist nur da, und das wirkt sich aus.

Wichtig:

Die TN, die sich bereit erklärt haben mitzumachen, dürfen zu jeder Zeit sagen, dass sie nicht mehr mitmachen möchten/können. Sie dürfen die Situation dann sofort verlassen.
Die Leitung sorgt nach dem Stellen dafür, dass jede/r sich wieder gut von seiner/ihrer angenommenen Rolle löst. Dabei helfen Ausschütteln des Körpers und eine bewusste Ansprache mit dem Vornamen durch die Leitung.

(10) Zur Einführung Genogramme

An dieser Stelle können die Grundlagen der Genogrammarbeit vorgestellt werden. Die TN erhalten eine Arbeitsunterlage (GK 5.13), anhand derer sie ihr persönliches Genogramm erstellen.
Wenn diese als Hausaufgabe erstellt werden, muss zu einem späteren Zeitpunkt darauf eingegangen werden. Dies kann gut in die Einheit »weitergehen« eingebaut werden.

(11) Zum Abschluss

Die TN haben sich in dieser Einheit intensiv – gefühlsmäßig wie auch kognitiv – der Situation von Familien mit einem sterbenden Angehörigen angenähert. Bei der Unterstützung von Familien in einer dauerhaften Krisensituation ist es für Begleitende gerade entscheidend, die eigenen Ressourcen zu pflegen und weiterzuentwickeln, um hilfreich als Begleiter*in zu arbeiten.
Als Maxime für die gesamte Vorbereitungszeit und während der aktiven ehrenamtlichen Mitarbeit in einem ambulanten Hospizdienst sollte dem Schweren bewusst auch das Leichte entgegengesetzt werden, um Balance zu erhalten.
Dazu eignet sich die Baum-Übung (GK 5.14). Die Leitung achtet darauf, den TN genügend Zeit zu lassen, den Bildern nachzuspüren.

Liste der Materialien

GK 5.1 Einführung – verstehen
GK 5.2 Verlaufsplan – verstehen
GK 5.3 Bildmeditation Edvard Munch: Der Schrei
GK 5.4 Piper: Die Sprache der Sterbenden – Teil 1
GK 5.5 Piper: Die Sprache der Sterbenden – Teil 2
GK 5.6 Kübler-Ross: Die geheime Sprache der Kinder
GK 5.7 Situation einer Mutter
GK 5.8 Familie 1 mit einem erwachsenen Sterbenden
GK 5.9 Familie 2 mit einem erwachsenen Sterbenden
GK 5.10 Familie 1 mit sterbendem Elternteil
GK 5.11 Familie 2 mit sterbendem Elternteil
GK 5.12 Familie mit lebensverkürzend erkranktem Kind
GK 5.13 Genogramm als familienorientierte Technik
GK 5.14 Ressourcenorientierte Übung

EINHEIT 6: WEITERGEHEN

Einführung

Als Jesus mit den Jüngern in Emmaus angekommen ist, tut er so, als wolle er weitergehen. Dadurch zeigt er, dass er die Eigenständigkeit der beiden achtet. Er gibt ihnen die Chance, selbst zu bestimmen, wie viel Distanz oder Nähe sie wollen oder brauchen.
Solches »probeweises Loslassen« ist in jeder Begleitung wichtig. Es gibt erstens dem Begleiteten die Möglichkeit, sich aus einer Beziehung zurückzuziehen, wenn er sie im Moment aus irgendwelchen Gründen nicht wünscht oder braucht. Es bewahrt zweitens die Helferin oder den Helfer davor, sich unersetzbar zu machen. In allen helfenden Berufen und in jeder Helferrolle lauert die Gefahr, einen Menschen, der Hilfe braucht, unbewusst zu benutzen, um das eigene Selbstwertgefühl zu stärken. Gerade weil es wichtig ist, dass sich Menschen rufen lassen, falsch verstandenen Individualismus oder blanken Egoismus hinter sich zu lassen und sich für andere zu engagieren, ist es nötig, dass Helfer*innen immer wieder die eigenen Motive überprüfen. Für diesen Prozess ist eine Austauschgruppe eine wichtige Hilfe. Im Vertiefungskurs (Einheit 3) werden wir ausführlich auf Chancen und Gefahren der Helferrolle eingehen. In einigen Materialien dieser Einheit wird ausdrücklich dazu ermutigt, ganz da zu sein – und gleichzeitig immer in der Bereitschaft zu leben, ganz loszulassen.

Hinweise für die Leitung

In dieser Einheit, in der Mitte des Grundkurses, soll – dem Leitbegriff entsprechend – darüber nachgedacht werden, wie die zurückgelegte Wegstrecke erlebt wurde und was es für das Weitergehen braucht. Wird damit der Gruppenprozess der TN beleuchtet, so geht es doch in einer weiterführenden Abstraktion um die »Gruppe«, die sich etwa aus dem erkrankten Kind, Geschwistern, Eltern, weiteren Angehörigen, Pflegepersonal und EA zusammensetzt.
Die Einheiten 6 und 7 gehören wiederum eng zusammen. Weitergehen oder Bleiben ergeben sich aus dem Moment der (un-)bewussten Entscheidung. Insofern beleuchten beide Einheiten das, was auf uns einwirkt und zu einer Entscheidung kommen lässt.
In der Auseinandersetzung mit den Bedingungen und Auswirkungen der Begleitung nehme ich eigene Grenzen wahr, die ein Indikator dafür sind, ob ich bei einem Menschen bleiben kann oder weitergehe. Hier stellt sich die Frage, wie belastbar ich bin. Gibt es auch Situationen, in denen ich ungefragt bleibe, obwohl es für die Begleiteten hilfreich wäre, wenn ich ginge?
Die Überprüfung der eigenen Motive soll helfen, zu einer klaren Standortbestimmung in der Begleitung zu kommen. Das kann zu schmerzlichen Erkenntnissen führen!

Ziele

Die TN

- *reflektieren ihren bisherigen Weg in und mit Hospizarbeit*
- *schätzen ihre eigenen Kräfte realistisch ein und wissen, wo sie Unterstützung und Hilfe anfordern können*
- *kennen Belastungen in einer Familie*
- *setzen sich mit Krisen in der Begleitung bei anderen und sich selbst auseinander und kennen ein Erklärungsmodell*
- *erkennen Möglichkeiten, eigene Kräfte zu erneuern*

Verlauf der Einheit

DAUER	ZIELE	INHALTE	METHODEN/DIDAKTISCHE HINWEISE	MATERIAL
BLICK IN DIE GRUPPE				
10'	TN werden in ihrer Befindlichkeit wahrgenommen	»Wie bin ich hier?«	Talking Stone-Runde	Stein
5'	Einführung in das Thema »weitergehen«	Einleitung zum Thema	*(1) Zur Einführung*	GK 6.1
10'	TN reflektieren ihren bisherigen Weg in und mit Hospizarbeit	Zwischenbilanz: Wir sind gemeinsam einen Weg gegangen – wie habe ich bisher mitgehen können?	*(2) Zur Einzelarbeit* Fragen auf Flipchart Einzelarbeit	Flipchart 3 Karten mit unterschiedlichen Farben Pinnwand, Pinnadeln, Überschriftkarten
20'			Präsentation im Plenum	
10'			Reaktionen und kurzes Gespräch über das Gesamtergebnis	
BESINNUNG/ÜBUNG				
35'	TN schätzen ihre eigenen Kräfte realistisch ein und wissen, wo sie Unterstützung und Hilfe anfordern können	Eine alte Fabel als Einstieg für folgende Impulsfragen: • Welches Verhalten wird hier »belächelt«, auf eine liebevolle Weise kritisch betrachtet? • Kann ich mich selbst mit meinem Verhalten darin wiedererkennen? • Welches Problem des Helfens wird hier thematisiert? Zusammentragen der Ergebnisse	Text 2-mal vorlesen Gruppenarbeit *(3) Zu den Ergebnissen* Plenum	GK 6.3 Kopie mit Fragen
20'	**PAUSE**			
INFORMATION				
35'	TN kennen Belastungen in einer Familie	Blick auf die Belastungen der beteiligten Personen Zusammentragen der Ergebnisse	*(4) Zu Belastungen in Familien* Kleingruppen Plenum	Familiensituationen aus den Einheiten »wahrnehmen« oder »verstehen« GK 6.4

DAUER	ZIELE	INHALTE	METHODEN/DIDAKTISCHE HINWEISE	MATERIAL
	TN setzen sich mit Krisen in der Begleitung bei anderen und sich selbst auseinander und kennen ein Erklärungsmodell	**ALTERNATIVE 1:** Belastungen in einer Familie unter dem Blick eines Modells zur Bewältigung von Krisen »Drama-Dreieck« – dient zur Lösung von Barrieren	*(5) Zu Alternative 1*	
(25')		1. Dramadreieck vorstellen Situation in einer Begleitung	Vortrag	GK 6.5
(15')		2. Übung zum »Drama-Dreieck« Opfer – Retter – Verfolger	Stationenlauf	GK 6.6
20'	TN erkennen Möglichkeiten, eigene Kräfte zu erneuern	Hinführung: Bernhard v. Clairvaux 1. Krafträuber 2. Kraftquellen Kraftquellen auf Tropfen schreiben, je Kraftquelle 1 Tropfen Kraftquellen auf den Tropfen benennen und in die Mitte auf den Fluss legen Ritual der Würdigung: Herumgehen – Musik – Tanz	*(6) Zur Einführung* *(7) Kraftquellen und Krafträuber* Ideen sammeln Einzelarbeit Präsentation im Plenum *(8) Zur Würdigung*	GK 6.7 Flipchart Blaues Papier in Tropfenform
ABSCHLUSS				
15'	Abschlussritual	Wie gehe ich nach Hause?	Talking Stone-Runde	Stein

Hinweise zum Verlauf

(1) Zur Einführung

Die Einheit »weitergehen« nimmt zunächst die Kursgruppe selbst und ihren gemeinsamen Weg in den Blick.

Die Leitung führt in diese Thematik ein und lädt dann das Plenum zu einem ersten Austausch ein:
- *Wir sind gemeinsam einen Weg gegangen – habe ich mitgehen können?*

(Vgl. auch die Einleitung zu dieser Einheit.)

(2) Zur Einzelarbeit
Die TN reflektieren in Einzelarbeit ihren Weg in und mit dieser Kursgruppe. Sie notieren je einen Faktor auf einer Karteikarte. Drei verschiedene Farben von Karten stehen für drei Aspekte:
- *Was hat meinen Weg befördert?*
- *Was hat ihn behindert?*
- *Was brauche ich, um in der Gruppe gut weitergehen zu können, und was ist mein Beitrag dazu?*

Jede/r liest Karten vor und ordnet sie in drei Spalten an die Pinnwand nach folgenden Kategorien: befördert – behindert – benötigt

Sollte hier etwas Wichtiges für den Gruppenprozess zutage treten, muss die Leitung entscheiden, ob diesem Thema und Votum hier mehr Raum gegeben werden soll. Wenn ja, hat das Konsequenzen für den weiteren zeitlichen Verlauf! Wenn nein, kann eine Störung auch in einem Einzelgespräch bearbeitet werden.

(3) Zu den Ergebnissen
Das Fazit für die Begleiter*innen kann lauten: »Nicht alles selber machen«, »Es kommt auf dich an, aber es hängt nicht von dir ab«.
Hier ist der Hinweis auf die Netzwerke um Begleitete und Begleitende angebracht – andere Professionen, Supervision. Weder in ihrem Engagement im Hospizdienst noch in den Familien werden sie alleine gelassen.

(4) Zu Belastungen in Familien
Der ausdrückliche Blick auf die Belastungen der Beteiligten in einem Familiensystem dient dazu, sich bewusst zu machen, was es für die Familie schwer macht, immer wieder weiterzugehen. Dies soll und muss mit aller Wertschätzung dafür wahrgenommen und angeschaut werden, wie es die Beteiligten schaffen, Tag für Tag klarzukommen.
Das führt dann auch zu der Frage, wie es dem/r Begleiter/in dabei geht. Ein ehrlicher Blick darauf, was er/sie aushalten kann, ist immer wieder notwendig, um die eigenen Kräfte bzw. Grenzen einschätzen zu können und zu wissen, wo er/sie Unterstützung holen kann. Immer wieder ist es geboten, innezuhalten und zu überprüfen, ob das Maß an Engagement für die Begleiteten und auch für die Begleitenden noch stimmig ist, oder ob eine Neujustierung und Veränderung nicht letztendlich für alle Beteiligten hilfreicher wären.

Die TN bekommen einen Text, der eine Familiensituation beschreibt. Dazu kann eine Situation aus den zahlreichen Beschreibungen von Familien, die im Material zu den Einheiten »wahrnehmen« und »verstehen« hinterlegt sind, verwendet werden. Die Auswahl richtet sich nach der Zusammensetzung der Gruppe (Erwachsenenhospizarbeit/Kinderhospizarbeit). In einem integrierten Kurs können an dieser Stelle auch Fokusgruppen gebildet werden.

TN lesen die Texte in Ruhe. Beim Lesen können sie die Texte mit Zeichen versehen, um Zustimmung, Widerspruch oder Fragen zu markieren. Anschließend tauschen sie sich in Dreiergruppen über die Texte und die dazu gemachten Anmerkungen aus.
Impulsfragen können lauten:

- *Welche Situationen/Belastungen werden hier beschrieben?*
- *Was bedeutet die Erkrankung in dieser Familie für:*
  - *Partnerschaft*
  - *Kinder (Geschwister)*
  - *Wohnen*
  - *die/den Kranke/n?*
- *Was wären Hilfen für die einzelnen Beteiligten?*
- *Wo liegen mögliche Belastungen für die Helfenden?*

Zum Schluss erfolgt ein kurzer Austausch im Plenum über die Arbeit in den Kleingruppen.
Die Ergebnisse werden ggf. von der Leitung ergänzt. GK 6.4 dient dabei als Grundlage und kann ausgeteilt werden.

(5) Zu Alternative 1
Je nachdem, wie intensiv bereits (z.B. in der Einheit »mitgehen«) auf Belastungen in Familien geschaut wurde, kann hier auch als Variante mit dem Fokus auf Bewältigung der Krise gearbeitet werden.
Dazu bietet sich das Erklärungsmodell »Dramadreieck« als Hilfe an. Eine Zusammenfassung finden Sie in GK 6.5

(6) Zur Einführung
Wer den Belastungen der Begleitung immer wieder ausgesetzt ist, muss gut auf sich achten, wenn er nicht ausbrennen bzw. in der Offenheit dem Betroffenen gegenüber nachlassen will. Manch sprichwörtlich gewordene Redewendungen weisen darauf hin: »Wer nicht genießt, wird ungenießbar« oder »Wer sich selbst nichts Gutes tun kann, kann auch anderen nichts Gutes tun«. Es gibt vieles, das uns unsere Energie nimmt, z.B. unklare Absprachen in der Begleitung, Überschätzung der eigenen Kräfte, Konflikte im eigenen privaten Umfeld ...
Bevor die Kraftquellen angeschaut werden, sollten auch die Krafträuber benannt sein, allerdings nur am Flipchart gesammelt und nicht in die Mitte gelegt werden.

Bereits vor knapp 1000 Jahren war das Wissen um den guten Umgang mit sich selbst bekannt.
Davon spricht der Text von Bernhard von Clairvaux (GK 6.7), der an dieser Stelle gelesen werden kann. Anschließend soll kein Gespräch darüber stattfinden, sondern mit einer Frage übergeleitet werden:

- *Was gönnen Sie sich?*
- *Was tun Sie sich Gutes?*
- *Wodurch schöpfen Sie (neue) Kraft?*
- *Woher beziehen Sie die Kraft, andere in ihrer schwierigen Situation zu begleiten und ihnen zu helfen?*

Bei der anschließenden Einzelarbeit bleibt die Gruppe im Kreis.

(7) Kraftquellen und Krafträuber
Die Leitung stellt schon in der Vorbereitung in Tropfenform zugeschnittenes Papier zur Verfügung (ggf. auch rundes Papier).
Schon vor Beginn der Einheit kann ein blaues Tuch als »Fluss« zur oder durch die Mitte gelegt werden.
Die TN machen sich ihre Kraftquellen bewusst und notieren je eine auf einem Tropfen. Diese werden dann in der Mitte abgelegt.

(8) Zur Würdigung
Die TN umwandern nun die Mitte, lesen in Ruhe. Wer mag, kann etwas zu den eigenen Kraftquellen sagen. Die Leitung kann dann auch zu einem Moment des Stillwerdens und Innehaltens einladen. Alle schauen auf die Fülle der Quellen und spüren die Energie dieser Angebote. Dazu kann leise Musik laufen. Die Runde unbedingt mit dem Hinweis schließen, dass es eines ist, um Kraftquellen zu wissen, und etwas anderes, sie auch zu nutzen.

Diese Einheit kann auch mit einer Übung enden, die das »Auftanken« symbolisiert und darstellt:
Die TN tanzen einen »Schreittanz« um eine brennende Kerze und einen Strauß Blumen herum. Sie hören auf die Musik des Kanons D-Dur von Johann Pachelbel. Die linke Hand ist mit der offenen Handfläche zur Mitte ausgestreckt und nimmt die Kraft des Lichtes auf. Diese Kraft wird bewusst als Wärmestrom durch den eigenen Körper geleitet und mit der rechten Hand in den Rücken des Nächsten weitergegeben. Die so im Kreis Stehenden gehen im Rhythmus der Musik (rechts beginnend) jeweils drei Schritte vor und einen (wiegenden) Schritt zurück.
Durch diesen Schreittanz wird deutlich: Wir setzen bewusst und behutsam Schritte nach vorn und nehmen uns zwischendurch immer wieder zurück. Aber die Progression (das Weitergehen) überwiegt die Regression.

Liste der Materialien
GK 6.1 Einführung – weitergehen
GK 6.2 Verlaufsplan – weitergehen
GK 6.3 Eine alte Fabel

GK 6.4 Belastungen in einer Familie
GK 6.5 Einführung in das Dramadreieck
GK 6.6 Übung: Dramadreieck
GK 6.7 Bernhard von Clairvaux: Gönne dich dir selbst

Weitere Impulstexte:
GK 6.8 Zwei Gedichte
GK 6.9 Mögliche Kraftquellen für Begleiter

EINHEIT 7: BLEIBEN

Einführung

Als Jesus und die beiden Jünger Emmaus erreichen, schickt er sich an, sie zu verlassen. Sie aber bitten ihn zu bleiben. Noch können sie seine Gegenwart nicht entbehren. Noch sind sie nicht gestärkt genug, um allein zu bleiben.
Diese Einheit geht von der Erkenntnis aus, dass die Entscheidung, in einer belastenden Situation auszuhalten und bleiben zu wollen, Mut und Kraft, aber auch eine innere und äußere Klarheit erfordert. Eine Familie zu begleiten und bei ihr zu bleiben, das Auf und Ab der Gefühle, die Hoffnung auf Genesung des Kranken oder Sterbenden und die Verzweiflung, wenn die Hoffnung zerschlagen wird, mitzuerleben – das ist ein Entschluss, der immer wieder erneuert werden muss und der immer wieder ins Wanken geraten kann.
Einer Situation entfliehen zu wollen ist häufig in Unkenntnis und Unsicherheit über das, »was man noch tun kann/muss«, begründet. »Bleiben« wird möglich, wenn Kenntnisse über den Umgang mit der gesamten Familie eines Schwerstkranken oder Sterbenden und die eigene Sicherheit in der Begegnung mit Sterbenden und ihren Angehörigen zugenommen haben.
Dahin möchte diese Einheit führen. Die Einheit »bleiben« will einerseits erfahren lassen, wie wir in einer Situation aushalten können, und andererseits Anregungen liefern, wie unser Aushalten wirklich ein Aushalten und nicht ein bloßes Durchhalten werden kann.
Dennoch gilt: Wenn wir merken, wir können nicht bleiben, heißt das, dass wir an eine Grenze gekommen sind. Es ist wichtig, darum zu wissen; nur so kann ein Umgang mit den Grenzen gefunden werden.

Hinweise für die Leitung

Die Einheiten 6 und 7 gehören eng zusammen. Weitergehen oder bleiben ergeben sich aus dem Moment der (un-)bewussten Entscheidung. Insofern beleuchten beide Einheiten das, was auf uns einwirkt und zu einer Entscheidung kommen lässt.
In der Auseinandersetzung mit den Bedingungen und Auswirkungen der Begleitung nehme ich eigene Grenzen wahr, die ein Indikator dafür sind, ob ich bei einem Menschen bleiben kann oder weitergehe. Hier stellt sich die Frage, wie belastbar ich bin. Gibt es auch Situationen, in denen ich ungefragt bleibe, obwohl es für die Begleiteten hilfreich wäre, wenn ich ginge? Die Leitung sollte an dieser Stelle die Bedeutsamkeit des scheinbaren Widerspruches bewusst machen: Nur wer die (innere) Freiheit hat, gehen zu können, kann wirklich bleiben.

Ziele

Die TN

- *setzen sich mit ihren Gefühlen in schwierigen Begleitungssituationen auseinander*
- *kennen Handlungsmöglichkeiten, in der Begleitung zu bleiben, auch in schwierigen Situationen*
- *reflektieren ihren eigenen Anspruch an das »Bleiben« angesichts des nahen Todes*

Verlauf der Einheit

DAUER	ZIELE	INHALTE	METHODEN/DIDAKTISCHE HINWEISE	MATERIAL
BLICK IN DIE GRUPPE				
10'	TN werden in ihrer Befindlichkeit wahrgenommen	Wie bin ich hier? Was ist mir von dem letzten Mal nachgegangen?	Talking Stone-Runde	Stein
5'	Einführung ins Thema »bleiben«	Hinführung durch die Leitung	Vortrag	GK 7.1
BESINNUNG/ÜBUNG				
10'	TN setzen sich mit ihren Gefühlen in schwierigen Begleitungssituationen auseinander	Gedicht »Im Angesichts des Todes«	*(1) Zum Gedicht* • Lesen/Hören des Gedichtes • kurze Stille • noch einmal Lesen/Hören des Gedichtes	GK 7.3
20'		Partner-Übung: »Gelähmt und stumm« Austausch zu zweit	*(2) Zur Übung* Partnerübung	evtl. Decken
25'		Zusammenfassen der Erfahrungen der TN in ihren unterschiedlichen Rollen Transfer in Begleitungssituation	Plenumsgespräch	
20'	**PAUSE**			
INFORMATION				
45'	TN kennen Handlungsmöglichkeiten, in der Begleitung zu bleiben, auch in schwierigen Situationen	Was ist sinnvolles Bleiben in einer Begleitung? – Einführung durch die Leitung Welche Handlungsmöglichkeiten fallen Ihnen ein, die den einzelnen Beteiligten in der Familie helfen könnten? Was verstehen Sie unter »Da-Sein« in dieser Familie? Präsentation im Plenum Gespräch über das Gesamtergebnis	*(3) Zur Einführung* *(4) Zur Kleingruppenarbeit* Kleingruppenarbeit *(5) Aspekte unserer Möglichkeiten* Plenum	GK 5.11 Karten, je Person eine Farbe Pinnwand Überschriftkarten

DAUER	ZIELE	INHALTE	METHODEN/DIDAKTISCHE HINWEISE	MATERIAL
(45´)		**ALTERNATIVE 1:** Was ist sinnvolles Bleiben – ausgehend von der eigenen Lebenserfahrung? Persönliche Erfahrungen des »Bleibens« u.a. mit Hilfe von Ritualen in schweren Lebenssituationen	*(6) Zu Alternative 1* Einzelarbeit Partnerarbeit Plenum	Karten Stifte Pinnwand
35'	TN reflektieren ihren eigenen Anspruch an das »Bleiben« angesichts des nahen Todes	Wir begleiten Menschen beim Sterben. Was ist hilfreiches Bleiben angesichts des nahen Todes?	*(7) Zur Hinführung* Gruppenarbeit Plenum	GK 7.4
ABSCHLUSS				
10'	Abschlussrunde	»Was möchte ich der Gruppe noch sagen?« Abschlussimpuls: Gebet/Lied	Talking Stone-Runde	Stein GK 7.5 GK 7.6

Hinweise zum Verlauf

(1) Zum Gedicht
Dieser Impuls lebt davon, dass eine innere Spannung entsteht. Während des Vorlesens des Gedichtes kann das 7. Bild der Hodler-Serie – alternativ ein Bild aus der Serie mit den Bildern von Chiara – gezeigt werden. Die TN werden sich erinnern. Nach einigen Momenten des Sich-Einsehens lesen Sie das Gedicht langsam vor. Die anschließende Stille muss wirklich ausgehalten werden, bevor das Gedicht ein zweites Mal gelesen wird.

(2) Zur Übung
Dies ist eine Partnerübung. Person A ist gelähmt und stumm, kann aber mit den Augen kommunizieren. Sie möchte dem Besucher/der Besucherin (B) einen Wunsch signalisieren. Zum Beispiel, dass das Fenster geöffnet werden soll. Der Wunsch ist Person (B) nicht bekannt. Wie kann B diesen herausbekommen?
Person A sollte auf einer Decke liegen, ggf. auch eine Nacken- oder Kopfunterlage anbieten. Alle Paare bleiben im Raum. Nach fünf Minuten werden die Rollen gewechselt.
Anschließend tauschen sich die beiden Partner aus:
- *Bin ich willkommen?*
- *Wie nah darf/soll ich kommen?*

- *Ist Körperkontakt möglich (Hand geben, streicheln usw.)?*
- *Was will der kranke Mensch mir sagen?*
- *Was bedeuten der Ausdruck seiner Augen, die Gesten, die Körperhaltung?*
- *Wie reagiere ich, und wie ist die Gegenreaktion?*
- *Wie geht es mir mit der/dem anderen?*

Im Plenum wird dann der Transfer zu (schwierigen) Situationen in der Begleitung hergestellt:
Welche Situationen machen es uns schwer in der Hospizbegleitung – aus Perspektive des Begleitenden, der Begleitungssituation und des Begleiteten – z.B. bleiben, ohne Resonanz zu erhalten, trotzdem in voller Aufmerksamkeit da sein; Dimension des Scheiterns (»ich halte es nicht mehr aus«).

(3) Zur Einführung
Bei diesem Impuls geht es darum, die TN bei ihrer Vorstellung von sinnvoller Begleitung abzuholen.
Die Situation der Familie Krause, die die TN evtl. bereits in der Einheit »verstehen« kennengelernt haben, eignet sich gut für diese Übung.

Stellen Sie ihnen kurz die einzelnen Akteure vor. Die TN sollen dann nachspüren, zu wem sie sich hingezogen fühlen und welche Handlungsmöglichkeiten für ein sinnvolles Bleiben in dieser Familie ihnen zu den einzelnen Familienmitgliedern einfällt. Als weiterer Impuls können Sie an die vier Grunddimensionen des Menschen erinnern: Körper, Psyche, soziale Bedürfnisse, Spiritualität.

(4) Zur Kleingruppenarbeit
Dieser Schritt soll die inneren Bilder der TN über das, was sie in einer Begleitung gern tun möchten und was sie hoffen, tun zu können, zum Ausdruck bringen. Dabei sind die Bedürfnisse aller Familienmitglieder im Blick zu halten.

Die TN reflektieren folgende Fragen zunächst für sich selbst – oder in einer Kleingruppe – und halten entsprechende Stichworte auf Karten fest (pro Karte ein Stichwort):

- *Welche Handlungsmöglichkeiten fallen mir ein, die der Familie helfen könnten? Notieren Sie bitte jeden Vorschlag einzeln auf eine Karte. Denken Sie dabei an alle Bedürfnisse der Familie: körperlich, psychisch, sozial, spirituell.*
  - *Frau Krause (rote Karten)*
  - *Herrn Krause (blau)*
  - *Kindergarten-Kind (gelb)*
  - *Teenie-Kind (grün)*
  - *Junge Erwachsene (lila)*
- *Was verstehen Sie im Blick auf eine dieser Familien unter »da-sein«?*

(5) Aspekte unserer Möglichkeiten
Die Leitung legt entsprechende Überschriftkarten – körperlich, psychisch, sozial, spirituell – in die Mitte bzw. hängt sie an eine Pinnwand. Diesen Stichworten ordnen die TN nun ihre Karten zu. Im anschließenden Gespräch können dann die Aspekte von psychosozialer Begleitung, die die EA ja in Zukunft leisten möchten, besonders herausgearbeitet werden.

(6) Zu Alternative 1
Als Alternative kann hier auch an die Lebenserfahrung der TN angeknüpft werden. Jede/r hat schon in seinem/ihrem Umfeld Krisen erlebt und war herausgefordert, als Angehöriger oder als Freund*in dabeizubleiben:

- *im Freundeskreis ist jemand verstorben*
- *ein Angehöriger musste auf eine Diagnose warten*
- *die Firma hat einen Freund/Familienangehörigen entlassen*
- ...

Die TN werden eingeladen, sich an solche Ereignisse in ihrem Leben zu erinnern und in einer Einzelarbeit zu reflektieren:

- *Wie konnte ich hilfreich sein?*
- *Was hat mir da geholfen durchzuhalten?*
- *Wann bin ich an Grenzen gekommen, und wie bin ich damit umgegangen?*

Danach suchen sie sich einen Austauschpartner und erzählen sich gegenseitig ihre Erfahrungen. Dabei sammeln sie auf Karten, was ihnen geholfen hat, damals gut bleiben zu können – je Karte ein Stichwort.
Im Plenum werden diese dann vorgestellt und ebenfalls den vier Dimensionen – körperlich, psychisch, sozial, spirituell – zugeordnet.

(7) Zur Hinführung
Wenn der Tod naht und es in die Sterbezeit hineingeht, sind alle noch einmal besonders gefordert. Auch die EA. Ein Mann spricht aus, wie es ihm angesichts des nahen Todes geht. Die TN bekommen den Text (GK 7.4) und tauschen sich in der Gruppe über folgende Fragen aus:

- *Wie bleiben Sie?*
- *Schauen Sie auf den Mann, die Frau und die drei Kinder.*
- *Was würde in dieser Situation helfen?*
- *Was ist Ihr Anspruch an sich selber als begleitende Person?*

Anschließend werden die Berichte aus den Gruppen im Plenum gesammelt und von der Leitung ggf. ergänzt. Entscheidend ist sicher, mit welcher Haltung wir da sind. Wie und was sprechen wir noch? Was können wir an Hilfen anbieten? Hier kann auch der Hinweis auf kirchliche Rituale für schwerstkranke Menschen eingebracht werden: Krankenkommunion, Letztes Abendmahl.
Zum Abschluss kann der Bericht des Mannes ergänzt werden. Er schreibt weiter:
»Kurz nach der Diagnose kamen meine Familie und ich das erste Mal in Kontakt mit dem Hospizdienst der Malteser – genauer mit deren Kinderhospiz- und Familienbegleitdienst.
In den vielen Gesprächen, die wir alle – ich, meine Frau und die Kinder – dort mit den Aktiven über die Monate geführt haben, stießen wir vor allem auf eines: Verständnis für unsere Ängste, für Tränen, Wut und Verzweiflung.
Die Mitarbeiter des Malteser Hospizdienstes können mich nicht heilen – niemand kann das derzeit –, aber sie sind für mich und vor allem für meine Familie da. Es ist ein Ort geworden, an dem wir Probleme und Fragen abladen können und Antworten bekommen. Antworten, die geprägt sind von Erfahrung, Fachkenntnis, Mitgefühl und Sorge um uns.«

Liste der Materialien

GK 7.1 Einführung – bleiben
GK 7.2 Verlaufsplan – bleiben
GK 7.3 Gedicht: im angesicht des todes
GK 7.4 Ein Mann kurz vor dem Sterben
GK 7.5 Ein altes Kirchengebet
GK 7.6 Lied: Bleibet hier

EINHEIT 8: ABSCHIED NEHMEN

Einführung

Die Freunde Jesu, die seine Gegenwart in ihrem Haus in Emmaus gerade eben erst beglückt erfuhren, müssen ihn wieder gehen lassen. Er entschwindet ihnen; und sie können den Moment nicht festhalten und haben zugleich die Gewissheit, dass er lebt.
Zum Leben gehört das Abschiednehmen. Jeder Abschied ist ein kleiner Tod – sagt der Volksmund –, und der Tod fordert mehr als alles andere unsere Fähigkeit heraus, Abschied zu nehmen. Im Verlauf einer tödlichen Erkrankung kommt der Punkt, an dem der Patient Abschied nehmen muss: von seinem Leben, seinen Beziehungen. Auch die Angehörigen nehmen Abschied. Sie müssen aber den geliebten Menschen – das Kind, den Vater, die Mutter u.a. – nicht vergessen. Die Beziehung kann in anderer Form weitergehen. Sie kann verwandelt werden. Dies ist nicht etwas, was von außen herangetragen werden kann, dies kommt aus dem Menschen, der mit dem Verlust leben lernt, selbst und kann Ergebnis eines längeren Prozesses sein.
Es gibt ein Ende der Begleitung. Auch hier gilt, dass die Beziehung verwandelt werden kann. Dieser Moment des Abschiednehmens ist von entscheidender Bedeutung. Beide verabschieden sich voneinander – Begleiter und die Familie. Wie dieser Abschied gestaltet wird, sollte gut bedacht sein. Ein gemeinsamer Bezug – die Erinnerung an den Verstorbenen – kann alle weiterhin verbinden, auch über den Abschied hinaus.

Hinweise für die Leitung

In dieser Einheit wechseln Übung und Reflexion einander ab. So soll verhindert werden, dass es ein bloßes »Reden über ...« gibt; die Erfahrungsebene wird angesprochen, das Wollen und Nichtwollen, das Können und das Scheitern. Alles kann den Anderen in der Gruppe mitgeteilt werden in dem Maß, in dem jemand von sich reden will. Rituale nach dem Sterben eines Menschen sind in unserer Zeit vielfach verloren gegangen. Deshalb geht es in dieser Einheit zunächst um gegenseitige Information und dann um Überlegungen, welche Rituale den Zurückbleibenden helfen können, den Verstorbenen gehen zu lassen.
Nicht immer ist es den EA möglich, in einem Ritual vom Verstorbenen Abschied zu nehmen; die Umstände in dessen Familie lassen dies manchmal nicht zu. Was kann die/der EA dann für sich selbst tun? Diese Frage sollte bedacht werden.

Auch die Einheiten 8 und 9 bilden eine Einheit; sie eignen sich für ein Wochenende zum Abschluss des Grundkurses.

Ziele

Die TN

- *nehmen sich in der aktuellen Situation mit ihrem Körper wahr*
- *machen sich die Bedeutung von Abschiedserfahrungen in ihrem Leben bewusst*
- *setzen sich mit geplanten und ungeplanten Abschieden in der Begleitung auseinander*
- *kennen die Bedeutung und den Sinn von Ritualen im Sterben*

Verlauf der Einheit

DAUER	ZIELE	INHALTE	METHODEN/DIDAKTISCHE HINWEISE	MATERIAL
BLICK IN DIE GRUPPE				
10'	TN werden in ihrer Befindlichkeit wahrgenommen	Wie bin ich heute hier? Was ist mir vom letzten Mal noch nachgegangen?	Talking Stone-Runde	Stein
5'	Einleitung zum Thema »Abschiednehmen«	Einführung durch die Leitung	*(1) Zur Hinführung* Vortrag	GK 8.1
BESINNUNG/ÜBUNG				
10'-15'	TN nehmen sich in der aktuellen Situation mit ihrem Körper wahr	Körperentspannung nach Jacobson – im Sitzen	*(2) Zur Körperentspannung*	
(10'-15')		**ALTERNATIVE 1:** Übung »Vertraue«	*(3) Zu Alternative 1*	
5'-10'		Auswertung der Übung	Plenum	
5'	TN machen sich die Bedeutung von Abschiedserfahrungen in ihrem Leben bewusst	Eine Übung zum Abschiednehmen	*(4) Zur Übung*	
40'		Übertrag: Was sind gelungene bzw. misslungene Abschiede?	Gruppenarbeit Plenum	Flipchart
40'	TN setzen sich mit geplanten und ungeplanten Abschieden in der Begleitung auseinander	Geplante und ungeplante Abschiede in der Hospizbegleitung Was kommt auf die EA zu? Wie können sie gut damit umgehen? Zusammentragen der Ergebnisse	*(5) Zu geplanten und ungeplanten Abschieden* Gruppenarbeit (eine Gruppe je Bereich) Plenum	Flipchart Stifte Karten
20'	**PAUSE**			
INFORMATION				
30'	TN kennen die Bedeutung und den Sinn von Ritualen im Sterben	Wenn ein Mensch/ein Kind gestorben ist – Rituale Diskussion im Plenum – Was nützen sie? Habe ich so etwas schon erlebt?	*(6) Rituale, wenn jemand gestorben ist*	GK 8.3

DAUER	ZIELE	INHALTE	METHODEN/DIDAKTISCHE HINWEISE	MATERIAL
ABSCHLUSS				
15'	Abschluss	Was möchte ich der Gruppe noch sagen?	Talking Stone-Runde	Stein
10'	Abschlussritual	Meditative Übung, Text oder Kanon	*(7) Zum Abschluss*	GK 8.4 GK 8.5 GK 8.6 GK 8.7

Hinweise zum Verlauf

(1) Zur Hinführung
Bereits in der Einführung sollte auf die Ambivalenz des Abschiednehmens hingewiesen werden. Es gehört zu jedem Leben – manchmal ersehnen wir es, manchmal fällt es unendlich schwer und ist schmerzlich (vgl. die Einführung zu dieser Einheit).

(2) Zur Körperentspannung
Bei der Progressiven Muskelentspannung nach Jacobson sollte man sich flach auf den Rücken legen; sie kann aber auch im Sitzen durchgeführt werden. Entstehen bei der Übung Schmerzen, muss die Spannung sofort gelöst werden. Die Übung wird mit reduzierter Kraft wiederholt. Zu Beginn der Muskelentspannung den einzelnen Übungen ungefähr zwei Minuten nachspüren. Mit zunehmendem Training kann diese Zeit bis auf 30 Sekunden verkürzt werden.
Das richtige Atmen ist das A und O des Muskeltrainings. Ein entspanntes Atmen ist nur durch Bauchatmung zu erreichen. Man legt eine Hand auf den Bauch, den Daumen etwa in Höhe des Bauchnabels. Beim tiefen Atmen sollte sich der Bauch leicht heben, Schultern und Brustkorb bewegen sich dabei nicht. Beim Ausatmen senkt sich der Bauch.

Bitte locker hinsetzen. Die Hände auf die Oberschenkel legen. Kopf und Schultern fallen entspannt nach vorne. Die Augen schließen.

Füße
- *Zehen so weit wie möglich zu den Fußsohlen biegen*
- *Zehenfaust zweimal öffnen und schließen*
- *Muskelkraft beim Biegen zur Fußsohle hin verstärken*
- *Zehen so fest es geht anspannen (4 Sekunden)*
- *Spannung abrupt lösen (spüren, wie die Spannung nachlässt)*
- *möglichst wenig denken; kommt ein Gedanke, wird er ohne Widerstand aufgenommen und sofort wieder verabschiedet*

- *Zehen in Richtung Fußrücken ziehen und mit so viel Kraft wie möglich auseinanderspreizen*
- *Spannung 2-4 Sekunden halten. Spannung abrupt lösen*
- *Füße mit Kraft strecken, wie zu einem Fußspitzentanz (Fuß und Bein bilden eine Linie)*
- *Spannung 2-4 Sekunden halten. Spannung lösen. Übung wiederholen*

Beine
- *Ferse mit aller Kraft heben (Zehen bleiben auf dem Boden)*
- *Spannung 2-4 Sekunden halten*
- *Ferse fallen lassen und entspannen (1 Minute)*
- *Ferse fest auf den Boden drücken. 2-4 Sekunden halten*
- *ruckartig Spannung lösen. Übung wiederholen*

Oberschenkel
- *Beine leicht anheben. Muskeln 2-4 Sekunden spannen*
- *Beine plötzlich fallen lassen und entspannen. Nachspüren*
- *Anspannung wiederholen*

Becken
- *Gesäßmuskeln anspannen (Pobacken zusammenkneifen)*
- *Spannung 2-4 Sekunden halten. Spannung lösen. Nachspüren*
- *Beckenboden anspannen (Schließmuskel von Darm und Blase anspannen, wie beim Zurückhalten von Stuhl oder Urin). 2-4 Sekunden halten*
- *Spannung lösen. Nachspüren*

Bauch
- *Bauch so weit wie möglich vorwölben*
- *Spannung 2-4 Sekunden halten. Plötzlich lösen*
- *Bauch nach innen ziehen*
- *Spannung 2-4 Sekunden halten. Plötzlich entspannen*

Rücken
- *Kreuz hohl durchdrücken, Schulterblätter spüren*
- *Spannung 2-4 Sekunden halten. Loslassen. Wiederholen*

Schultern

- *Schultern nach vorne spannen. 2-4 Sekunden halten*
- *Spannung plötzlich lösen. Nachspüren. Wiederholen*
- *Schulterblätter zusammenziehen. 2-4 Sekunden halten*
- *Loslassen. Nachspüren. Wiederholen*
- *Schultern so hoch wie möglich zu den Ohren ziehen. 2-4 Sekunden halten*
- *Schultern mit einem Ruck fallen lassen. Wiederholen*

Arme

- *Hände zu Fäusten ballen. Fäuste gegen die Oberarme ziehen. Bizeps kräftig anspannen. 2-4 Sekunden halten*
- *Loslassen. Arme auf die Oberschenkel fallen lassen. Nachspüren. Wiederholen*

Wenn bei dieser Übung die Arme etwas zittern, ist dies eine ganz normale Reaktion.

Gesicht

- *Augenbrauen zusammenziehen. Augen zukneifen. Mund verziehen (grimassieren). 2-4 Sekunden halten*
- *alle Spannungen abrupt lösen. Mund dabei etwas öffnen. Entspannen. Wiederholen*

Ganzer Körper

- *alle Muskelgruppen gleichzeitig anspannen. 2-4 Sekunden halten*
- *Spannung plötzlich lösen. Nachspüren. Wiederholen*
- *räkeln, gähnen, strecken und die Augen öffnen*

(3) Zu Alternative 1

Bei dieser Übung geht es darum, das Sich-Anvertrauen körperlich zu erfahren. Unangenehme Gefühle und Zustände wie Angst oder Schwindel werden losgelassen und durch Beine und Füße in den Boden abgegeben.

- *Stelle dich aufrecht und nimm mit deinen Füßen Bodenkontakt auf.*
- *Richte deine Augen auf einen Gegenstand, der in Augenhöhe drei bis vier Meter von dir entfernt ist.*
- *Strecke deine Arme in Schulterhöhe waagerecht nach vorn. Die Finger sind gestreckt.*
- *Gib in den Knien etwas nach und schließe die Augen (wenn möglich!).*
- *Bleibe dreißig bis vierzig Sekunden in dieser Haltung stehen.*
- *Gib Unsicherheit, Schwindel oder gar Angst durch die Füße an den Boden ab.*
- *Öffne die Augen und atme kräftig aus.*

- *Wiederhole diese Übung mit dem Zusatz, dass du jetzt auf der Stelle marschierst, das heißt, abwechselnd das linke und das rechte Bein anhebst.*
- *Erweitere die Übung: Gehe mit ausgestreckten Armen und geschlossenen Augen geradlinig durch den Raum. Setze dabei einen Fuß genau vor den anderen (»Gänseschritt«).*
- *Öffne die Augen, lasse die Arme sinken und atme entspannt aus.*

Die Wirkung der Übung beschreibt der Autor so:
»Die gleichgewichtserhaltenden Stationen deines Körpers stabilisieren sich und arbeiten besser zusammen. Die wichtigsten Informationen an das Gehirn kommen von den Gleichgewichtsorganen der Innenohren und der Augen.
Diese Gleichgewichts- und Koordinationsübung dient der Überbrückung bzw. dem Ausgleich von Defiziten in diesen Bereichen. Dein Standort festigt sich, Schwindel nimmt ab, und auch im Gehen verlierst du nicht den sicheren Kontakt zum Boden.«
(Diese Übung »Vertraue« stammt aus: Peter Dyckhoff, Atme auf. 77 Übungen zur Leib- und Seelsorge, S. 30, © 2014 Verlag Herder GmbH, Freiburg/Br.)

(4) Zur Übung
Abschiednehmen hat viele Facetten. In einer kurzen Übung werden die TN an die Gefühle, die sie mit Abschieden bisher hatten, herangeführt, die dann in der Gruppe und im Plenum besprochen werden.

Anleitung:
- *Gehen Sie durch den Raum und probieren Sie gezielt verschiedene Abschiede aus.*
- *Begrüßen – bewusst verabschieden – einfach weitergehen – ignorieren*
- *Wie erging es Ihnen?*

Kleingruppen:
- *Gefühlt gelungene und misslungene Abschiede (persönliche Erfahrungen – wie ging es mir da?)*

Sammeln im Plenum

(5) Zu geplanten und ungeplanten Abschieden
In der Hospizbegleitung machen die EA die Erfahrung, dass Abschiede von dem Begleiteten und aus der Familie sehr unterschiedlich verlaufen können. Nicht immer empfinden sie es dann im Nachhinein als ein »gutes« Abschiednehmen aus der Familie. Sie setzen sich im Folgenden mit möglichen Abschiedsszenarien auseinander und reflektieren, was auf sie zukommen kann und welche Hilfen es gibt, gut damit umzugehen.
Bei einem integrierten Kurs empfiehlt es sich, hier nach den zukünftigen Einsatzfeldern zu trennen, da es jeweils sehr spezifische Situationen gibt.

Was machen Abschiede aus? (Abstrahieren) – »Was lerne ich daraus?« Was passiert, wenn es einfach geschieht?
Getrennte Gruppen:

1. *Erwachsene*
2. *Kinder/Familien*

Gespräch mit Kursleitung, Ideen gemeinsam auf Karten sammeln.

a) Wodurch kann eine Begleitung enden (Umstände)?
Bewusstmachen von unterschiedlichen Zeitpunkten der Verabschiedung in einer Begleitung (Hilfe wird nicht mehr gewünscht/gebraucht, Wegzug, Tod, Ende mit der Beerdigung, EA geht in Urlaub ...)
Hinweis Kursleitung: Immer ist der Austausch mit der Koordinator*in des Hospizdienstes wichtig, keine Beendigung einer Begleitung durch EA ohne Absprache!

b) Wie kann sich die Begleitperson auf die unterschiedlichen Abschiedssituationen vorbereiten?
Einübung in eine Haltung, dass jede Begegnung die letzte sein könnte (immer bewusst verabschieden); umgehen lernen mit Unabgeschlossenem; bewusstmachen von nicht vorhersehbaren Umständen, die eine Begleitung beenden können (z.B. die Familie will oder kann nicht mehr); Wissen darum, dass ich trauern darf.

c) Wie kann ein Abschied – unabhängig von den verschiedenen Umständen – gestaltet werden?

- *Was brauchen Sie von anderen? Von den Koordinator*innen des Hospizdienstes? – Rituale, Kraftquellen ...*
- *Individuelle Rituale: Schiffchen, Briefe ...*
- *Gruppenrituale: Abschiedsrituale des Hospizdienstes*

Die Ergebnisse auf die Frage c) werden auf Karten festgehalten und anschließend im Plenum zusammengetragen.

(6) Rituale, wenn jemand gestorben ist
Wenn Angehörige, Pflegepersonal oder Begleiter einen Menschen im Sterben begleiten, so ist der Moment des Sterbens ein einschneidender Augenblick. Wenn der letzte Atemzug getan ist, ist die Begleitung an ihr Ende gekommen. Für den Verstorbenen ist jetzt nichts mehr zu tun. Er oder sie ist tot, alle Anderen aber leben, sind die »Hinterbliebenen«. Verabschieden wird jetzt in besonderer Weise notwendig.
An dieser Stelle fragen wir danach, wie dieser Moment gestaltet werden kann. Wenn wir nicht einfach gehen, nicht fluchtartig das Sterbezimmer verlassen oder den Leichnam wegbringen lassen wollen, können (kleine) Rituale helfen, Abschied zu nehmen und Abschied zu geben. In den Religionen und Kulturen der Welt gibt es dafür zahlreiche Beispiele, die die TN kennen sollten.

Noch dringlicher wird die Frage des Abschiednehmens, wenn Angehörige oder Begleiter im Moment des Todes nicht anwesend waren. Vielleicht sind sie gerade einmal hinausgegangen oder zu Hause gewesen, als der Tod eintrat. Oft sind gerade damit subjektiv Schuldgefühle verbunden, die, von außen gesehen, nichts mit »Schuld« zu tun haben. Umso wichtiger ist es dann, dem Abschiednehmen und -geben eine Form zu geben.

Im Plenum sammeln die TN »Gestaltungsmöglichkeiten«, Rituale, die sie für den Moment nach dem Tod kennen, erlebt haben oder sich vorstellen können. Dabei sollten je nach Gruppe auch Abschiedsrituale für Kinder und Jugendliche im Blick sein. Es folgt ein Rundgespräch über den Sinn solcher Formen und Rituale – auch bezogen auf das, was mir selbst möglich ist und mir als EA hilfreich wäre.
In den Materialien sind unter GK 8.3 einige Beispiele und Hinweise gegeben. Geben Sie diese Materialien den TN mit.

(7) Zum Abschluss
Nach den vielen Texten und Informationen empfiehlt es sich, den Abschluss mit anderen Mitteln zu gestalten. Hier sind einige Materialien angegeben. Der Text GK 8.4 von Otto Betz eignet sich gut dafür, den TN mit nach Hause gegeben zu werden.

Liste der Materialien

GK 8.1 Einführung – Abschied nehmen
GK 8.2 Verlaufsplan – Abschied nehmen
GK 8.3 Rituale am Sterbebett
GK 8.4 Otto Betz: Einübung ins Abschiednehmen
GK 8.5 Janosch: Der Tod und der Gänsehirt
GK 8.6 Kanon: Ausgang und Eingang
GK 8.7 Richard Rohr: Vorübung zur Kontemplation

EINHEIT 9: AUFSTEHEN

Einführung

Am Ende der Emmausgeschichte stehen die Jünger auf und laufen zurück nach Jerusalem. Obwohl Jesus vor ihren Augen verschwunden ist, ist er bei ihnen; er ist in ihnen. So können sie sich in Bewegung setzen. Ihnen ist wieder eine Zukunft eröffnet. Abschied und Zukunft – das sind auch angesichts des Todes zwei Aspekte des einen Momentes.

Die Zukunft sieht angesichts des Todes eines Menschen anders aus. Der Verstorbene ist zwar tot, aber er begleitet uns auf andere Weise. Ruthmarijke Smeding spricht von der Regenbogenzeit. Es ist wieder möglich, sich dem Leben zuzuwenden – so wie die beiden Jünger das in der Emmausgeschichte tun. Wenn ein Mensch stirbt, ist das für alle Beteiligten ein tiefer Einschnitt; ihr Leben ist anders als vorher. Egal, wie ihr Verhältnis zum Verstorbenen war: Die Angehörigen empfinden eine Lücke, sie sind verunsichert und manchmal mit den Dingen des täglichen Lebens überfordert.

Existenzielle Fragen melden sich: Wie soll es weitergehen? Warum lässt er mich allein? Wo ist sie jetzt? In Angehörigen und Begleitern tauchen unterschiedliche Gefühle auf, die in ihrer Intensität manchmal schwer zu begreifen sind: Traurigkeit, Wut, Angst um die eigene Existenz, Perspektivlosigkeit, Erleichterung über erfahrene Begleitung ...

Die Frage nach dem Sinn des Todes eines Menschen, nach dem Sinn des Leids, nach dem Sinn des eigenen Lebens kann plötzlich im Raum stehen, ebenso wie die Fragen: Wo komme ich her? Wo gehe ich hin? Ist mit dem Tod alles aus? Werden wir uns irgendwann, irgendwo wiederbegegnen?

Dass die Toten auferstehen, bekennen Christen – ganz besonders im Gottesdienst. Wie das ist oder einmal sein wird, weiß keiner. Aber im christlichen Glauben sind Hoffnungen lebendig, die Menschen im Lauf der Jahrhunderte gestärkt und getröstet haben. Sie verbinden sich mit der Auferstehung Jesu, die von den ersten Jüngern unmittelbar nach seinem Tod erfahren und weitergesagt wurde (vgl. die Emmausgeschichte). In dieser Einheit informieren wir über christliche Vorstellungen vom Leben nach dem Tod, schauen aber auch auf Bilder und Vorstellungen in anderen Religionen. Auch das »christliche Abendland« verfügt über ein breites Spektrum von Bildern und Symbolen, von denen keines Anspruch auf ausschließliche Wahrheit erheben kann. Was für einen Menschen hilfreich ist, welche Hoffnungsbilder ihn tragen, entscheidet letztlich jede/r für sich.

Wir sollten daran denken, dass das Sterben eines Menschen Eindrücke hinterlässt, die oft schwer wiederzugeben sind. Jeder einzelne Mensch verarbeitet sie auf seine Weise.

Hinweise für die Leitung

Im Austausch über eigene Erfahrungen kann sich das Selbst- und Weltverständnis der ganzen Gruppe weiten und reicher werden. Gespräche über »Leben und Tod« sollten in der Gruppe in einer Offenheit geführt werden, die es jedem/jeder TN ermöglicht, die eigenen Gedanken zu äußern.

Die Einheit spannt über die Themen Trauer, Hoffnungsbilder, Rituale und Rückblick auf die gemeinsam bis hier gegangene Wegstrecke den Bogen zur Praxisphase. Vor dem Aufstehen wird es nach dem Innehalten und dem Würdigen von Trauer praktisch. Was passiert in der Praxisphase, wie wird sich das bisherige gemeinsame Gruppensetting verändern? Kommt es im integrierten Kurs zur Trennung nach den Tätigkeitsfeldern Kinder- und Jugendhospizarbeit sowie Erwachsenenhospizarbeit, oder geht es lediglich um den Schritt in die Praxis bei unveränderter Gruppenzusammensetzung?

Ziele

Die TN

- *werden sensibilisiert für die Trauer nach dem Verlust eines Menschen*
- *vergegenwärtigen sich Bilder und Vorstellungen zur Frage einer Hoffnung über den Tod hinaus*
- *kennen Rituale für die erste Zeit der Trauer*
- *blicken auf ihren Weg im Grundkurs zurück*

Verlauf der Einheit

DAUER	ZIELE	INHALTE	METHODEN/DIDAKTISCHE HINWEISE	MATERIAL
BLICK IN DIE GRUPPE				
10'	TN werden in ihrer Befindlichkeit wahrgenommen	Wie bin ich hier? Gibt es noch Reste vom letzten Mal?	*(1) Zum Blick in die Gruppe* Talking Stone-Runde	Stein
10'	Einführung ins Thema »aufstehen«	Einführung der Leitung in das Thema und kurzer Rückblick auf den Grundkurs Die Karten mit den Namen der einzelnen Einheiten liegen in der Mitte	Vortrag	GK 9.1 Karten
BESINNUNG/ÜBUNG				
25'	TN werden sensibilisiert für die Trauer nach dem Verlust eines Menschen	Trauer bei Erwachsenen Herbert Grönemeyer: »Der Weg« oder Eric Clapton: »Tears in Heaven«	*(2) Zur Trauer bei Erwachsenen*	GK 9.3 GK 9.4
(25')		**ALTERNATIVE 1:** Trauer bei Kindern Film »Papierflieger«	*(3) Zu Alternative 1*	Film (GK 9.5 GK 9.6 GK 3.9)
40'	TN vergegenwärtigen sich Bilder und Vorstellungen zur Frage einer Hoffnung über den Tod hinaus	Vorstellungen vom Leben – Sterben – und Leben nach dem Tod: Hoffnungsbilder der Religionen	*(4) Zu Hoffnungsbilder*	GK 9.7 GK 9.8
(40')		**ALTERNATIVE 1:** Malen von Hoffnungsbildern	*(5) Zu Alternative 1*	Papier Stifte
20'	**PAUSE**			

DAUER	ZIELE	INHALTE	METHODEN/DIDAKTISCHE HINWEISE	MATERIAL
INFORMATION				
20'	TN kennen Rituale für die erste Zeit der Trauer	Individuelle und gesellschaftliche Rituale	*(6) Zu den Ritualen*	GK 9.9
ABSCHLUSS				
15'	TN blicken auf ihren Weg im Grundkurs zurück	Wie stehe ich heute zum Schluss des Grundkurses auf?	*(7) Zur Abschlussrunde* Talking Stone-Runde	Stein
15'		Absprachen für Praxisphase		
10'	Abschlussritual	Schlussritual Musik – Tanz – symbolische Handlung		GK 9.10

Hinweise zum Verlauf

(1) Zum Blick in die Gruppe

Werden die Einheiten 8 und 9 im Zusammenhang etwa an einem Wochenende oder langen Tag durchgeführt, dann reicht hier eine kurze Blitzlichtrunde aus. Sie erlaubt jedem/jeder TN, einen Satz zur eigenen Befindlichkeit zu sagen. Anders also als bei der Talking Stone-Runde geht es hier nicht darum, sich auszusprechen. Die Runde wird auch nicht zweimal gemacht.

(2) Zur Trauer bei Erwachsenen

Beide Songs sprechen von den Gefühlen in der Trauer eines Erwachsenen nach dem Verlust eines geliebten Menschen. Sie erzählen davon, was in einem trauenden Menschen passiert, welche Fragen ihn umtreiben und welchen Gefühlssituationen er sich ausgesetzt fühlt.

In einer Gruppenarbeit oder auch gleich im Plenum werden Antworten gesammelt auf folgende Fragen:

- *Was passiert nach dem Tod?*
- *Welche Gefühle verbinden sich mit dem Verlust eines geliebten Menschen?*
- *Wie unterscheidet sich Trauer von Kindern und Erwachsenen?*

(3) Zu Alternative 1

Als Alternative für den Einstieg in einem Kurs mit EA für die Kinder- und Jugendhospizarbeit bietet sich auch der Kurzfilm »Papierflieger« (15 Min) an. Er zeigt, wie ein Junge (Jan) im Kindergartenalter nach dem Tod seines Freundes trauert und wie er mit Hilfe seiner Umwelt Stück für Stück lernt, mit dem Verlust zu leben. Die TN sollen den Film unter folgender Fragestellung betrachten:

- *Wie zeigt Jan seine Trauer?*
- *Wer hat Jan wie geholfen?*

Anschließend werden die Antworten gesammelt und ergänzt mit Informationen zur Frage:
Wie unterscheidet sich Trauer von Kindern und Erwachsenen?

Der Film »Papierflieger« ist als DVD-ROM erhältlich bei: Katholisches Filmwerk GmbH, Frankfurt/Main (www.filmwerk.de).

Für Variante 1 und Variante 2 gilt:
Wenn die Leitung sich zu wenig informiert fühlt, um über Trauer bei Kindern und bei Erwachsenen zu sprechen, kann sie sich jemanden dazuholen, der/die entsprechende Kompetenzen hat. Es kann an dieser Stelle des Kurses allerdings nur ein erster Einblick in Trauer und Trauerprozesse gegeben werden. Eine Vertiefung ist an einem weiteren Kursabend bzw. Fortbildungstag, ggf. in der Praxisphase, notwendig. Hilfreich sind sicherlich die Ausführungen zum Trauermodell nach Ruthmarijke Smeding (GK 9.5), zur Trauer in der Familie von William Worden (GK 9.6) und der Text über die Todesvorstellungen von Kindern (GK 3.9).

(4) Zu Hoffnungsbilder
Anhand des Textes GK 9.7 kann die christliche Vorstellung vom Leben nach dem Tod, aber auch Alternativen dazu, gut vermittelt werden. Die Leitung gibt anhand des Textes eine Einführung in das Thema und lädt dann die TN ein, sich zu Grundhaltungen (Schilder am Boden – GK 9.8), die ein Mensch zu einem Leben nach dem Tod einnehmen kann, zu stellen.
In Kleingruppen, ggf. mit Partneraustausch, vertiefen sie ihre Sicht und berichten anschließend im Plenum.

Einführung der Leitung, dann:
- *Glaubenssätze vorlesen, entsprechende Schilder auf dem Boden verteilen*
- *Welches Hoffnungsbild spricht mich am meisten an? (Aufstellung der TN)*

Einzelarbeit: Jeder hat 10 Minuten Zeit, für sich zu notieren: An was glaube ich? Welche Vorstellung habe ich von Leben und Tod? Was kommt danach? Welche Hoffnung trägt mich?
- *Partneraustausch*
    - *Austausch über den eigenen Glauben (ggf. überlegen Sie: Was würde ich dem Kind sagen?)*
    - *Gemeinsamkeiten*
    - *Unterschiede?*
    - *Was tut mir gut – wie der andere sich verhält, wenn ich über meinen Glauben spreche?*

(5) Zu Alternative 1
Die TN werden eingeladen, ihr persönliches Hoffnungsbild zu malen. Erfahrungsgemäß brauchen die TN immer eine extra Motivation dazu, wenn sie

ein Bild gestalten sollen. Viele haben Scheu davor und fürchten, dass sie sich blamieren könnten. Die Leitung muss hier darauf hinweisen, dass es nicht um »Kunst« geht und keinerlei »künstlerische« Qualität bewertet wird. Kein Bild wird in irgendeiner Form bewertet, weder von der Leitung noch von der Gruppe. Wichtig ist allein der Prozess, der Zugang zu den inneren Bildern, den das Malen dem Einzelnen ermöglicht. Das Ergebnis ist dann auch nur für die betreffende Person wichtig, und sie allein entscheidet, ob und wie viel sie davon in der Gruppe preisgeben möchte. Die Erfahrung vieler Gruppen bestätigt, dass in der Regel alle TN, die sich nicht nachhaltig dagegen sträuben – auch das ist zu respektieren –, eine überraschende, bereichernde Erfahrung machen können.

(6) Zu den Ritualen
Die TN sammeln Rituale in der Abschiedszeit (Beerdigung) und in der Trauer, die sie kennen. Diese werden ergänzt durch die Leitung (eine Hilfe dabei ist GK 9.9). Wichtig ist auch, auf Rituale anderer Glaubensrichtungen und Religionen zu schauen, da nicht alle Menschen, die begleitet werden, Christen sind. Hospizarbeit bedeutet im Blick auf die spirituelle Begleitung Sterbender und ihrer Angehörigen:

- *Anerkennung vieler verschiedener Hoffnungsbilder!*
- *Es macht Sinn, dass ähnliche Glaubenszugänge in Begleitung zueinanderkommen.*
- *Wissen um die Rituale meiner Glaubensgemeinschaft, aber auch um die anderer Konfessionen und Religionen (Islam, Judentum ...).*

Dieser Teil kann mit dem Gedicht »Steh auf« (GK 9.10) abgeschlossen werden, wenn dieser Text nicht für den Abschluss der Einheit insgesamt verwendet wird.

(7) Zur Abschlussrunde
Mit dieser Einheit geht der Grundkurs zu Ende. Entsprechend dem Thema »aufstehen« sollen die TN Gelegenheit haben zu sagen, wie sie an diesem Abend am Ende des Grundkurses aufstehen – und in die Praxisphase hineingehen (Talking Stone-Runde – rechts herum).

Liste der Materialien

GK 9.1	Einführung – aufstehen
GK 9.2	Verlaufsplan – aufstehen
GK 9.3	Herbert Grönemeyer: Der Weg
GK 9.4	Eric Clapton: Tears in Heaven
GK 9.5	Hug: Trauermodell nach Smeding
GK 9.6	Trauer in der Familie
GK 9.7	Vorstellungen vom Leben nach dem Tod
GK 9.8	Schilder für die Gruppenarbeit zu Vorstellungen nach dem Tod
GK 9.9	Rituale in der Trauer
GK 9.10	Christa Spilling-Nöker: Steh auf

2.2 DIE PRAXISPHASE

1. GRUNDSÄTZLICHES

1.1 Zielsetzung der Praxisphase

Die TN sollen

- *konkrete Begleitungserfahrung machen: z.B. mit kranken, pflegebedürftigen Kindern, Jugendlichen und/oder (alten) Menschen*
- *Begleitungserfahrungen in der (Kurs-)Gruppe unter fachlicher Begleitung reflektieren*
- *sich über praxisrelevante Themen weiterbilden*

Die Praxisphase sollte einen Zeitraum von mindestens drei Monaten umfassen. Diese Zeit hat für die einzelnen TN des Vorbereitungskurses entscheidende Bedeutung. Diese »vereinzeln« sich und erleben sich zum ersten Mal in dieser Rolle im Einzelkontakt zu einem Menschen und dessen Umfeld, den sie begleiten. Mit diesen Erlebnissen und Erfahrungen kommen sie als Gruppe wieder zusammen. Innerhalb der Gruppe werden die Erfahrungen der Begleitung unter fachlicher Leitung reflektiert und ausgewertet (Fallbesprechungen, Supervision). Aus beidem – der Begleitungserfahrung und ihrer Reflexion – ergeben sich weitergehende Fragestellungen und Themen, die in den praxisbezogenen Weiterbildungen oder im Vertiefungskurs aufgegriffen werden.

Wie die Praxisphase im Einzelnen gestaltet wird, hängt maßgeblich von den Interessen, der Bedarfslage vor Ort und den zur Verfügung stehenden Möglichkeiten ab.
Sofern der Hospizdienst die gesetzliche Förderung (nach §39a SGB V, Abs. 2) in Anspruch nehmen will, müssen bestimmte Grundbedingungen in der Vorbereitung der EA erfüllt sein:

- *Das bedeutet, dass die EA auf ihr jeweiliges Einsatzfeld vorzubereiten sind.*
- *War ihr Vorbereitungskurs bisher gemischt zusammengesetzt, d.h. mit TN, die sowohl in die Erwachsenenbegleitung als auch in die Kinder- und Jugendbegleitung gehen wollten, ist in der Praxisphase ein zielgruppenorientierter Einsatz im jeweiligen Praxisfeld erforderlich.*
- *War im Grundkurs das gesamte Familiensystem im Blick, gilt es in der Praxisphase, besonders die Perspektive der (schwer) erkrankten Kinder und Jugendlichen einerseits, der (schwer) erkrankten Erwachsenen andererseits zu erleben. Das heißt, dass sowohl der Ort des Praktikums als auch die praxisrelevanten Themen diesbezüglich ausgewählt und nachgewiesen sein müssen.*

Die Vorbereitungszeit umfasst nach dem *Celler Modell* den Grundkurs, die Praxisphase und den Vertiefungskurs. Dabei wird für die Praxisphase ca. ein Drittel der Vorbereitung veranschlagt. Aufgrund der Organisation der Einsatzfelder, die von Praktikumstagen, -wochen bis hin zu Besuchen über Monate variieren können, kann es zu unterschiedlichen Einsatzverdichtungen kommen, die von Ort zu Ort abweichen. Die oben genannten Ziele der Praxisphase sind davon unberührt.

In jedem Fall sollte berücksichtigt werden, dass es sich hier um die Vorbereitung »Ehrenamtlicher« handelt. D.h., die Termindichte während der Praxisphase muss gut mit den TN abgesprochen werden und soll ihre Möglichkeiten nicht überfordern.
Ferienzeiten bergen eine gewisse Schwierigkeit bei der Organisation der Einsatzorte. Einrichtungen für Kinder und Jugendliche, aber auch Einrichtungen der Altenhilfe oder Eingliederungshilfe sind in den Sommerferien teilweise geschlossen oder personell eng besetzt, so dass die Betreuung von Praktikant*innen meist abgelehnt wird bzw. im Vorfeld sicherzustellen ist. Dies sollte insbesondere bei der zeitlichen Planung des Praktikums beachtet werden.

1.2 Vorbereitung der Praxisphase für die Kursteilnehmenden

Zum Ende des Grundkurses oder zu Beginn der Praxisphase treffen sich die TN mit dem Leitungsteam und/oder der Leitung des Hospizdienstes.

Die TN werden informiert über:

- *die Ziele der Praxisphase*
- *die Einsatzmöglichkeiten im Praktikum, z.B. über die jeweiligen Einrichtungen*
- *den Umfang der Begleitungen*
  Anmerkung: z.B. eine Begleitung mit ca. 10 Besuchen mit in der Regel zwei Stunden Besuchszeit pro Woche, die in Abhängigkeit zu den Rahmenbedingungen variieren kann
- *die Absprachen mit dem jeweiligen Ort des Praktikums*
- *die Problematik der Beendigung des Praktikums*
- *Fragen des Versicherungsschutzes, der (Fahrt-)Kostenerstattung und der Schweigeverpflichtung während des Praktikums*
- *bereits geplante Termine während des Praktikums:*
  - *Fallbesprechungen/Supervision*
  - *thematische Fortbildungen*
  - *sonstige Treffen.*

Die TN werden erinnert an Vereinbarungen zu Beginn der Vorbereitungszeit:

- *Verschwiegenheit*
  Anmerkung: Es empfiehlt sich eine schriftliche Schweigepflichtserklärung, da dies zunehmend eine Bedingung seitens der Einrichtungen sein wird.
- *Verbindlichkeit der Teilnahme an den Veranstaltungen des Praktikums*

2. DAS PRAKTIKUM

Ziele des Praktikums:

- *Das Praktikum soll Begleitungserfahrungen ermöglichen. Dazu gehört:*
  - *in Kontakt mit den zu Begleitenden zu kommen,*
  - *diesen zu halten,*
  - *die Situation mitzutragen*
  - *sowie die Begleitumstände und Rahmenbedingungen von Begleitung zu erleben.*
- *Die Erfahrungen in der und rund um die Begleitung (u.a. Ort der Begleitung, Vorbereitung auf die Begleitung, (Vor-)Informationen) sollen in kleinen Gruppen, in der Regel in der Vorbereitungsgruppe, reflektiert werden. Dazu gehört insbesondere, die eigene Rolle als begleitende Person in den Blick zu nehmen.*

Begleitung Erwachsener:
Im Bereich der Begleitung von Erwachsenen bieten sich Praktikumsstellen u.a. im Pflegeheim, in Einrichtungen der Eingliederungshilfe, je nach Vorkenntnissen auch auf der Palliativstation, im stationären Hospiz oder bei ambulanten Diensten an.

Begleitung lebensverkürzend erkrankter Kinder und Jugendlicher:
Im Bereich der Begleitung von Kindern, Jugendlichen und Familien ist es sinnvoll, frühzeitig nach geeigneten Praktikumstellen zu suchen. Es gibt weniger entsprechende Einrichtungen, oder sie sind aufgrund der Entfernung nur schwer erreichbar. Praktikumsstellen können u.a. über den Sozialdienst einer Kinderklinik, über eine Einrichtung der Eingliederungshilfe oder eine sonderpädagogische Einrichtung bzw. Förderschule gefunden werden.

Hinweis:
Familien, die ihr krankes Kind zu Hause pflegen und betreuen, sind in der Regel nicht als Einstieg in die Begleitungserfahrung heranzuziehen. Es ist zu vermeiden, dass sie zu »Anschauungsobjekten« werden, da sie verständlicherweise möglichst wenige und verlässliche Begleitpersonen für einen längeren Zeitraum brauchen.

Da das Ziel ist, grundsätzlich eine Erfahrung von Begleitung zu machen, sind auch kreative Ideen zur Realisierung von einem solchen Erleben denkbar. Entscheidende Kriterien sind dabei, dass

- *eine Rollenvermischung aus anderen Kontexten (z.B. über den Beruf) vermieden wird,*
- *eine Begleitungs- bzw. eine Betreuungssituation vorliegt,*
- *sich die Situation mit derselben Person wiederholt*
- *und die Begleitungserfahrung zeitnah reflektiert wird.*

Es ist beispielsweise nicht hilfreich, wenn im Rahmen der Pflege eine Person beruflich betreut wird, dieser Person nun ehrenamtlich in der Begleitungsrolle zu begegnen. Die Beziehung zum Betreuten würde dann immer durch die berufliche Rolle überlagert, und eine wesentliche Lernerfahrung, ohne den beruflichen »Werkzeugkoffer« da zu sein, ginge verloren.

3. DIE EINSATZFELDER

3.1 Die Institutionen

Der Einsatz im Praktikum erfordert von der Leitung des Kurses und/oder des Hospizdienstes eine gute Vorbereitung. Die Kursteilnehmer*innen sollen erste Praxiserfahrungen in der Begleitung sammeln. Es ist also erforderlich, Einsatzmöglichkeiten für diese zu suchen und zu arrangieren. Die Begleitungserfahrung während des Praktikums wird in aller Regel nicht die Begleitung Sterbender sein. Hier bieten sich Einrichtungen an, die aufgrund ihrer Größe und unterschiedlich qualifizierter Mitarbeitenden den Praktikant*innen einen abgesicherten Erfahrungsrahmen geben können.

Vorgehen

- *Die Leitung des Kurses und/oder des Hospizdienstes nimmt im Vorfeld des Vorbereitungskurses Kontakt zu in Frage kommenden Institutionen/Personen auf.*
- *In einem ersten Schritt sind die Leitungen (Verantwortlichen) der Einrichtungen anzufragen.*
- *Nach Abstimmung mit der Leitung der Einrichtung sind insbesondere die Fachkräfte, die im Kontakt mit in Frage kommenden zu Begleitenden stehen, einzubeziehen.*
- *Es ist notwendig, sowohl die identifizierten Ansprechpartner als auch die Mitarbeitenden (z.B. auf der Station) der Einrichtung umfassend zu informieren.*
- *Dabei kann u.a. die Struktur des Vorbereitungskurses und sollte in jedem Fall aber das Ziel des Praktikums erläutert werden. Gerade für die Mitarbeitenden ist es oft wichtig zu wissen, warum sich Menschen ehrenamtlich in diesem Bereich engagieren und welche Absprachen zwischen Hospizdienst und Einrichtung bestehen.*

Da sich in den Einrichtungen bestimmte Abteilungen/Bereiche als offener oder besser geeignet für Praktika erweisen, bildet sich oft ein gewisser Standard in der Herangehensweise heraus. Dieser kann in konkreten Kooperationsvereinbarungen münden.
Allen gemeinsam ist, dass

- *der Kontakt zwischen Hospizdienst und Einrichtung geregelt ist, d.h. z.B. die Frage: Wer vertritt den Dienst gegenüber der Einrichtung und umgekehrt?*
- *das Einsatzfeld konkret umrissen und der Rahmen eines Begleitungsbesuches für alle auf der Station oder in der Einrichtung Arbeitenden und den Praktikant*innen bekannt ist. Die Besuche sind mit den Zugehörigen/ggf. Betreuern abgestimmt. Anfang und Ende der Begleitung sind vereinbart. Oft nicht beachtet, aber von großer Bedeutung ist, dass sich die Praktikant*innen beim zuständigen Mitarbeitenden an- und abmelden.*
- *sich beide Seiten über das eigene Selbstverständnis der Arbeit informieren und gemeinsam mit den Mitarbeitenden und Praktikant*innen Erwartungen, Befürchtungen und Motivationen klären.*

- *wenn es zu wechselseitigen Irritationen kommt, es eine Vereinbarung zum Konfliktmanagement gibt.*
- *bestehende Vereinbarungen auf Leitungsebene regelmäßig, in der Regel jährlich, überprüft werden.*
- *es während der Praktikumszeit zwischen den zuständigen Mitarbeitenden des Dienstes und der Einrichtung einen bedarfsorientierten Austausch gibt.*

Vor allem, wenn ein Dienst neu aufgebaut wird, muss auch die Idee der Hospiz- bzw. der Kinder- und Jugendhospizarbeit vorgestellt werden. Dies besonders dort, wo es um die notwendige Abgrenzung der Begleitung von der Tätigkeit z.B. der Pflegeeinrichtungen oder einer pädagogischen Mitarbeit geht.

3.2 Die Personen

Wenn das Praktikum von Seiten der Institutionen geklärt ist, geht es um die Klärung mit den zu begleitenden Personen. Dabei ist es bei einem ersten Kontakt notwendig – wie bei jeder Begleitung –, sich das Einverständnis der Person bestätigen zu lassen:

- *Dem Hospizdienst werden Personen genannt, für die seitens der Institution eine Begleitung während des Praktikums denkbar ist.*
- *Im Rahmen eines Erstbesuchs klärt die zuständige Mitarbeiter*in des Hospizdienstes, ob die Bereitschaft für einen Besuch noch Bestand hat. Auf diese Weise wird ausgeschlossen, dass sich jemand bedrängt fühlt, sich besuchen und begleiten zu lassen.*
- *Dann erfolgt der erste Besuch im Rahmen des Praktikums, der entweder durch zuständige Mitarbeitende der Einrichtung oder des Hospizdienstes begleitet wird.*
- *Es werden die Dauer und die Häufigkeit der Besuche verabredet. Gleichzeitig darf in diesem Gespräch nicht verschwiegen werden, dass das Praktikum seiner Natur nach begrenzt ist, d.h., dass die Begleitung nach einer verabredeten Zeit beendet wird.*
- *Auch die gegenseitigen Erwartungen an die Begleitung sollten angesprochen werden. Begleitung ist nicht Pflege, nicht medizinische Unterstützung, nicht Nachtwache usw.! Dies muss in jedem Fall vor Beginn des Praktikums angesprochen werden.*
- *Andere Gruppenmitglieder oder Bewohner einer Einrichtung werden von den Betreuern der jeweiligen Einrichtung informiert, dass in den folgenden Wochen eine weitere Person in der Gruppe der Einrichtung sein wird.*

3.3 Die Beendigung der Begleitung im Rahmen des Praktikums

Eine besondere Schwierigkeit stellt die Beendigung der Begleitungen am Ende des Praktikums dar. Die Praktikant*innen treten in Beziehungen zu Menschen, sie begleiten diese über einen zum Teil längeren Zeitraum von bis zu sechs Monaten. Aber auch in kürzeren Zeiträumen wächst über den intensiven Kontakt eine Beziehung. Die Tatsache, dass mit den betreffenden Personen und Institutionen die Rahmenbedingungen des Praktikums im Vorfeld besprochen wurden, verhindert nicht, dass die Beendigung der Begleitung für alle Beteiligten sehr schmerzhaft sein kann.

Diese Schwierigkeit sollte in der Supervision oder Fallbesprechung in jedem Fall vor- und nachbesprochen werden. Unterschiedliche Gefühle tragen dazu bei, dass eine Verabschiedung hinausgezögert oder ganz vermieden wird. So können Gefühle des Im-Stich-Lassens, von Schuld, aber auch eine innere Verbundenheit den Abschied schwermachen. Sie können auch dazu führen, dass jemand sich davonstiehlt.

Ziel ist es, den Abschied anzukündigen und zu gestalten, die damit verbundene Ambivalenz zum Ausdruck zu bringen und dann auch auszuhalten. Immer wieder wird es in den Begleitungssituationen Momente geben, in denen eine ähnliche Ambivalenz spürbar wird, beispielsweise, wenn der Begleitende aus beruflichen oder familiären Gründen gezwungen ist zu pausieren, wenn eine geplante Urlaubsreise ansteht und vieles mehr. Immer steht die ein-

gebrachte Zeit auch zu dem, was für die begleitete Person geboten erscheint, unter dem Vorbehalt des Nicht-Genug. Es ist eine der schwierigen, aber realen Erfahrungen des Praktikums, eine begrenzte Zeit da zu sein und genau diese Zeit durch Präsenz zu füllen.
Nur im Ausnahmefall und in Absprache mit der Kursleitung (Leitung des Hospizdienstes) und der Gruppe sollten die Begleitungen über die vereinbarte Praktikumszeit hinaus fortgeführt werden.

4. FACHLICHE BEGLEITUNG DES PRAKTIKUMS

Die fachliche Begleitung des Praktikums soll die Erfahrungen, die die TN in der Interaktion mit den begleiteten Menschen gemacht haben, reflektieren. Was im Grund- und später im Vertiefungskurs theoretisch und über den Weg von Übungen erlernt und geübt wird, wird während des Praktikums direkt und konkret erlebt. Die Erfahrungen der TN sind verbunden mit Schönem und Schwierigem, Irritationen, Widersprüchen, Aha-Erlebnissen ... Es entstehen Fragen. Zudem schlägt sich die Unterschiedlichkeit der TN und der Einsatzbereiche auch in ihrem Erleben der Begleitungssituationen nieder. Dieses alles erfordert Reflexion und Praxisbegleitung.
Grundsätzlich bedarf es einer Entscheidung im Vorfeld der Praxisphase, ob die Praxisreflexion im Bezug auf die Kinder- und Jugendhospizarbeit, auf die Erwachsenenhospizarbeit oder auf einen gemeinsamen Lernraum über beide Dienstarten angedacht ist – sofern es sich um einen integrierten Vorbereitungskurs handelt.

4.1 Die Möglichkeiten der fallbezogenen Praxisbegleitung

An dieser Stelle ist zunächst eine Begriffsklärung erforderlich:
Praxisbegleitung ist die kontinuierliche Unterstützung bei der Verarbeitung von Erfahrungen und Situationen in der praktischen Arbeit bzw. während des Einsatzes. Zu unterscheiden sind:

a) die individuelle Begleitung und Beratung während eines Einsatzes (z.B. im Praktikum) u.a. durch die Fachkräfte des Hospizdienstes/der Praktikumseinrichtung bzw. durch das Kursleitungsteam

b) die fallbezogene Praxisbegleitung in einer Gruppe.

Für das Praktikum geht es zunächst darum, die Praxisbegleitung innerhalb der Kursgruppe zu sichern. Auch dazu bieten sich unterschiedliche Möglichkeiten an.

4.1.1 Supervision

Supervision ist eine Beratungs- und Lernform, die problembezogen und perspektivisch die Praxis innerhalb eines Tätigkeitsfeldes reflektiert. Supervision will die fachliche und die persönliche Kompetenz der TN (Supervisanden) vertiefen. Sie ist gekennzeichnet durch eine Außensicht. Man unterscheidet Einzel-, Team- und Gruppensupervision.
Die fallbezogene Supervision ist eine bestimmte Form des Beratungsangebotes, das oft in Gruppen oder Teams die Erfahrungen der Supervisanden mit Klienten (Patienten, Begleiteten) reflektiert. In der Regel liegt eine fest vereinbarte Struktur zugrunde.

Supervision wird durch eine/n Supervisor*in durchgeführt. Dies ist in jedem Fall eine Person, die nicht zum bestehenden System gehört (also nicht die Kursleitung oder die Leitung des Hospizdienstes). »Supervisor*in« ist kein geschützter Titel. Die Deutsche Gesellschaft für Supervision, die sich um verbindliche Standards im Rahmen der Supervisionsausbildung bemüht, vergibt über Mitgliedsorganisationen ein Zertifikat, das die Einhaltung von Mindeststandards in der Supervisionsausbildung bescheinigt.
Soll die fallbezogene Praxisbegleitung durch Supervision erfolgen, muss die Leitung eine Supervisor*in finden: In einem Vorgespräch sind u.a. die finanziellen Rahmenbedingungen, Arbeitsweise, der Schutzraum und Mitteilungspflichten zu vereinbaren.
Die Supervision handelt im Auftrag der Leitung (z.B. des Kinder- und Jugendhospizdienstes), steht aber weder in einem Weisungsverhältnis zu den Supervisanden, noch ist sie selbst weisungsabhängig von der jeweiligen Leitung. Es ist allerdings denkbar und auch zu empfehlen, dass aus der Supervision eine Rückmeldung über behandelte Themen, die Anwesenheit der Kursteilnehmenden, Ort, Zeit und Umfang der Supervision an die Leitung erfolgt. Personenbezogene Inhalte unterliegen insofern der Schweigepflicht, als eine Gefährdung Dritter auszuschließen ist.
Diese Rahmenbedingungen sollten allen Beteiligten transparent gemacht werden.

Hinweis:
Für die Praktikumszeit eine/n externen Supervisor*in einzusetzen setzt eine Abwägung voraus: Zum einen gilt es, den Kursteilnehmer*innen einen Schutzraum für die Reflexion der eigenen Erfahrungen zu geben, zum anderen gilt es, Eindrücke über die Fähigkeit zur Reflexion und die mögliche spätere Einsetzbarkeit im Feld zu gewinnen. Manche Dienste lösen dies so, dass z.B. eine Person aus der Kursleitung bei der Supervision teilnimmt. Andere vertrauen auf die Vereinbarung mit der Supervisor*in. Sollte die Supervision im Beisein einer Vertretung aus dem Dienst erfolgen, ist deren Rolle zu klären.

4.1.2 Fallbezogene Praxisbegleitung (Fallbesprechung)

Eine andere Form der Praxisbegleitung stellt die fallbezogene Praxisbegleitung durch die Kurs- bzw. Hospizfachkraft dar. Hier wird im Vergleich zur Supervision bewusst auf eine Außensicht verzichtet. Je nach verabredetem Besuchsrhythmus während des Praktikums sollte sich die Gruppe in 14-tägigem oder z.B. monatlichem Rhythmus zur Fallbesprechung treffen. Dafür ist jeweils ein Zeitraum von ca. zwei Stunden anzusetzen.

Eine mögliche Struktur für solch ein Treffen könnte wie folgt aussehen:
- *Blick in die Gruppe*
- *Organisatorisches*
- *Fallbesprechung (90 Minuten)*
- *Abschlussritual*

Die Fallbesprechung selbst folgt innerhalb der 90 Minuten einer klaren Gliederung:
1. *Frage: Wer möchte einen »Fall« einbringen? – Klärung in der Gruppe*
2. *Darstellung des Falles (10-15 Minuten)*

3. *Sachliche Rückfragen durch die anderen TN (noch keine Deutung) (5-10 Minuten)*
4. *Gespräch der Gruppe über den Fall – Einbringer*in hört aufmerksam zu, beteiligt sich aber nicht (30-40 Minuten)*
5. *Rückmeldung der Einbringer*in auf das Gehörte (5-10 Minuten)*
6. *Rundgespräch über neu gewonnene Einsichten (aber kein Anhängen eines weiteren Falles)*
7. *Rückmeldung zum Erleben der Fallbesprechung (kann schon ein Teil des Abschlussrituals sein)*

Zu 1.: Die Leitung ermutigt die TN, Situationen, »Fälle«, in die Gruppe einzubringen. Dabei muss es nicht um besonders auffällige oder schwierige Erlebnisse gehen. Gegenstand der Reflexion können auch scheinbar unauffällige Momente der Begleitung sein (der Beginn eines Gesprächs, das Ende einer Begegnung, Irritationen vor, während oder nach dem Besuch, Fragen, Erkenntnisse ...).

Zu 2.: Ist ein/e TN bereit, einen Fall einzubringen, sind die Rollen klar verteilt. Es geht dann im Folgenden nur um diesen Fall, nicht um ähnliche Situationen der anderen TN.

Zu 4.: Ziel ist, die Interaktion zwischen Begleiter*in und begleiteter Person wahrzunehmen, zu verstehen und zu deuten. Die Gruppe macht »Verstehens-Angebote«, die der einbringenden Person ein vertieftes Verständnis der Situation und der eigenen Anteile an der entstandenen Situation ermöglichen. Das Verstehen geschieht hier auf dem Wege der Assoziation, mit Hilfe der Fantasie, der Deutungsangebote. Es geht nicht darum, die »Wahrheit« einer Situation zu ermitteln, sondern Fährten für das Verständnis zu legen.
Die/der Einbringer*in hört dem Gespräch der anderen über den eingebrachten Fall aufmerksam zu. Eine eigene Beteiligung am Gespräch ist in dieser Zeit nicht möglich. Stattdessen beobachtet die/der Einbringer*in, auf welche Resonanzen die Beiträge der anderen in der eigenen Person stoßen.

Zu 5.: Genau zu diesen Resonanzen äußert die/der Einbringer*in sich im Anschluss an das Gespräch der Gruppe.

Zu 6.: Im Anschluss an diese Rückmeldung treten alle in ein freies Gespräch ein. Dabei geht es um die Schlussfolgerungen, den »Lerneffekt«, der sich für alle aus dieser Fallbesprechung ergeben hat.

Zu 7.: Die abschließende Rückmeldung bezieht sich auf das Miteinander, den Ablauf und die Art und Weise der Fallbesprechung. Wie habe ich als TN die Gruppe, die Anleitung und mich selbst wahrgenommen? Was war hilfreich? Eine der Fragen an die/den Falleinbringer*in kann sein: Wie war es, das alles von der Gruppe zu hören, ohne direkt etwas sagen zu dürfen?
Die Reflexion über die Fallbesprechung ermöglicht allen TN zu verinnerlichen, warum die Einhaltung des Ablaufes wichtig ist.

4.1.3 Entscheidung der Leitung über die Art der fallbezogenen Praxisbegleitung

Die Leitung des Vorbereitungskurses entscheidet (gemeinsam mit der Leitung des Hospizdienstes) über die Art der Praxisbegleitung. Die Grundsatzfrage lautet: Wollen wir jemanden von außen für diese Begleitung, oder arbeiten wir innerhalb unseres Dienstes oder des Kurses?
Auch das Leitungsteam des Vorbereitungskurses muss sich hier nach seinen Möglichkeiten und Ressourcen fragen. Die Fallbesprechung unter der Regie der Kursleitung bedeutet für die Kursleitung einen zusätzlichen zeitlichen und kräftemäßigen Aufwand.
Bei beiden Arten der fallbezogenen Praxisbegleitung ist es wichtig, dass möglichst alle TN bereit sind, sich mit eigenen Fällen und Situationen einzubringen. Wenn das Modell der Fallbesprechung innerhalb der Kursgruppe gewählt wird, ist zu prüfen, ob nach Abschluss der Vorbereitungszeit, wenn die TN in die Hospizarbeit eintreten, die Form gewechselt und eine Supervision angeboten wird. Vor allem, wenn das Leitungsteam des Vorbereitungskurses weitere Funktionen im Hospiz- bzw. Kinder- und Jugendhospizdienst wahrnimmt oder wenn mehrere Jahrgänge aus den Vorbereitungsgruppen in einem Hospizdienst zusammengeführt werden, empfiehlt sich die Form der Supervision durch eine außenstehende und unabhängige Person.

5. THEMATISCHE WEITERBILDUNGEN IN DER PRAXISPHASE

Die Kursleitung bzw. Leitung des Hospizdienstes wird Fachreferenten zu konkreten Themen einladen, um die Fachlichkeit der Informationen zu sichern. Auch dies muss bereits vor Beginn der Praxisphase angedacht und koordiniert werden. Hier bieten sich für die Hospizdienste gute Möglichkeiten, die Vernetzung vor Ort zu befördern und das interdisziplinäre Arbeiten zu verstärken. Es versteht sich von selbst, dass die Netzwerkpartner in der Arbeit mit Erwachsenen andere sind als in der der Arbeit mit Kindern und Jugendlichen.
Das praktische Erleben von Begleitung in den jeweiligen Bezügen und konkreten Situationen der Begleiteten wirft erfahrungsgemäß eine Fülle von Fragen und Informationsbedürfnissen auf. Diese sollen in thematischen Weiterbildungen und Informationsveranstaltungen behandelt werden. Trotzdem ist immer zu berücksichtigen, dass die Vorbereitungszeit notwendige Lern- und Reflexionsimpulse gibt, die dann in der täglichen »Hospizpraxis« vertieft werden. Es geht um eine gute Balance von Haltung, Selbst-Bewusstsein und Grundinformation.
Der Themenkanon ergibt sich dabei einerseits aus den Bedürfnissen der Gruppe, andererseits aus dem Handlungsfeld, kann sich aber auch aus Organisationsanforderungen der Trägerorganisation oder Kooperationsvorgaben herleiten. Die Termine sind in der Praxisphase mit den Anforderungen an das Praktikum und die dazugehörige Praxisbegleitung zu harmonisieren.
Es ist zu überlegen, ob offene Angebote des Hospizdienstes für die TN der Vorbereitungsgruppe nutzbar gemacht werden können. Für den integrierten Vorbereitungskurs gilt es nun, in den Weiterbildungen den Neigungen und Einsatzfeldern entsprechend spezifische Angebote zu machen.
Zu den Anforderungen als Trägerorganisation gehören beispielsweise bei den Maltesern u.a. ein Erste-Hilfe-Kurs, eine Präventionsschulung zum Thema »Prävention und Intervention sexualisierter Gewalt – Umgang mit Schutzbefohlenen« (s. P 5), Sterbebegleitung bei dementiell veränderten Menschen (s. P 4).

Einige Beispiele für die Themenfindung seien hier genannt:

<table>
<tr><th>ERWACHSENEN-HOSPIZARBEIT</th><th>KINDER- UND JUGEND-HOSPIZARBEIT</th></tr>
<tr><td colspan="2">aus medizinischer, therapeutischer und pflegerischer Sicht:</td></tr>
<tr><td>• Grundlagen der Schmerzmedikation
• Krankheitsbilder bei Erwachsenen
• Demenz, Umgang mit altersverwirrten Menschen (siehe P 4)
• pflegerische Handreichungen/Hygiene
• Sterben im Alter</td><td>• Grundlagen der Schmerzmedikation
• Krankheitsbilder bei Kindern/pflegerische Aspekte bei Kindern
• entwicklungspsychologische Grundlagen
• einfache pflegerische Handreichungen/Hygiene
• pädagogische Grundlagen</td></tr>
<tr><td colspan="2">aus sozialpsychologischer Sicht:</td></tr>
<tr><td>• das Netz der Beteiligten (Familie, Pflegedienste, Ärzte, Sozialdienste, Erwachsenen-Hospizgruppen, SAPV, Palliativstationen, Hospize ...)
• Wie und mit wem kooperieren wir?
• Welche Hilfsangebote bestehen?
• die Situation der Pflegenden (Angehörige, Pflegepersonal ...)
• Erste Hilfe-Kurs</td><td>• das Netz der Beteiligten (Familie, Pflegedienste, Ärzte, Sozialdienste, sonderpädagogische Einrichtungen, Erwachsenen-Hospizgruppen, stationäre Kinderhospize, SAPV für Kinder und Jugendliche, Palliativstationen, Hospize ...)
• Wie und mit wem kooperieren wir?
• Welche Hilfsangebote bestehen?
• die Situation der Pflegenden (Angehörige, Pflegepersonal ...)
• Leben mit der Diagnose einer lebensverkürzenden Erkrankung
• die Situation der Geschwister
• Erste Hilfe am Kind
• finanzielle Hilfen/Hilfen zur Erziehung
• Beschäftigungsmöglichkeiten
• geeignete Literatur für Kinder zum Thema Sterben, Tod und Trauer ...</td></tr>
<tr><td colspan="2">auf das Handwerkszeug der Begleitenden bezogen:</td></tr>
<tr><td colspan="2">Wie werde ich mit Belastungen fertig?</td></tr>
<tr><td colspan="2">aus juristischer Sicht:</td></tr>
<tr><td>• Rechtsfragen in der Begleitung, u.a. Haftung, Versicherungsschutz
• Rechtsfragen bezogen auf die begleiteten Personen, z.B.
  • Patientenverfügung</td><td>• Rechtsfragen in der Begleitung, u.a. Haftung, Versicherungsschutz
• Rechtsfragen bezogen auf die begleiteten Personen z.B.
  • das Sorgerecht
  • vorsorgende Papiere, bezogen auf die Situation von Jugendlichen</td></tr>
<tr><td colspan="2">im Blick auf das Sterben:</td></tr>
<tr><td colspan="2">• Was geschieht mit dem Leichnam?
• Gestaltung einer Beerdigung (hier auch unter unterschiedlichen ethnischen und religiösen Gesichtspunkten)
• Wie verhalte ich mich, wenn jemand gestorben ist?
• aktive Sterbehilfe (= Tötung auf Verlangen), gesetzmäßig assistierter Suizid und Hospizarbeit</td></tr>
</table>

im Blick auf den Dienst:
• unser Dienst • unsere Organisation • Dokumentation

Der Deutsche Hospiz- und PalliativVerband e.V. empfiehlt eine Vorbereitungszeit von insgesamt 100 UE zuzüglich Praktikum. Für die Praxisphase bleiben 28 UE, die wie folgt aufzuteilen sind:

- *Praxisbezogene Fallbesprechung – mind. 4 Termine à 2 – 3 Zeitstunden (12 UE)*
- *Themenbezogene Weiterbildung – mind. 4 Termine à 3 Zeitstunden (16 UE)*

Die Kurs-/Hospizleitung wählt die für die spätere Begleitungspraxis notwendigen Weiterbildungen für die jeweiligen Handlungsfelder aus.

Liste der Materialien

P 1 Merkblatt für Erwachsenenbegleitung
P 2 Merkblatt für Kinder- und Jugendbegleitung
P 3 Merkblatt Praktikumsbericht
P 4 Informationen zu: Demenz und Sterben
P 5 Prävention und Intervention sexualisierter Gewalt – Schutzkonzept der Malteser

EINHEIT 1: WIR SEHEN WEITER

Einführung

In der Praxisphase haben die TN des Vorbereitungskurses erste Erfahrungen in der Begleitung von Kindern und Jugendlichen oder Erwachsenen gemacht. Sie haben das Umfeld von (Kinder-)Krankenhäusern, Einrichtungen für behinderte Kinder und Jugendliche oder der häuslichen Pflege oder der Altenhilfe entdeckt. Sie haben sich selbst als Beteiligte an diesem Zusammenwirken der Kräfte erlebt. Dabei sind die eigenen Möglichkeiten ebenso in den Blick gekommen wie die eigenen Grenzen.
Die einzelnen Begegnungen haben vielfältige Reaktionen ausgelöst, Fragen aufgeworfen und möglicherweise den Bedarf nach weiterem Lernen und weiterer Vorbereitung deutlich gemacht. Zu Beginn des Vertiefungskurses sollen diese Erfahrungen, Eindrücke und Interessen zu Wort kommen. Die durch die gemachten Erfahrungen möglicherweise veränderte Lernsituation der Kursgruppe soll bewusst gemacht werden.
Zugleich kommt es darauf an, dass die Gruppe sich jetzt wieder gemeinsam in den Vertiefungskurs hineinbegibt. Es geht um »vertieftes« Sehen und Verstehen der eigenen Person in der Sterbebegleitung. Aber auch darum, sich in die verschiedenen anderen Personen hineinzuversetzen. Es geht um das Erkennen und Verstehen der Dynamik, der ich im Familien- und Hilfesystem begegne. Da gibt es unterschiedliche Erwartungen, Einschätzungen, Deutungen, Hoffnungen ...

Grundlage für den Vertiefungskurs bildet die Geschichte von der Heilung aus Lähmung (Mk 2,1-12). Sie liefert insbesondere im Blick auf die Freunde, die den Gelähmten zu Jesus bringen, oder die anderen beteiligten Personen wie die Umstehenden, Fragestellungen und Gesichtspunkte, die uns im Vertiefungskurs bewegen.
Die biblische Geschichte Heilung aus Lähmung wird situativ, punktuell, personenbezogen und unter verschiedenen Perspektiven, d.h. systemisch betrachtet. Es geht nicht nur um ein äußeres lineares Geschehen, sondern gerade auch um innere Vorgänge in den handelnden und beteiligten Personen.

Hinweise für die Leitung

Diese erste Einheit des Vertiefungskurses bildet die Brücke zwischen den reflektierten Praxiserfahrungen und dem Vertiefungskurs. Die TN sollen die Möglichkeit haben, diese Erfahrungen und ihre jeweiligen Fragen in der Gruppe zu äußern. Auf diese Weise wird ein gemeinsamer Ausgangspunkt für den Vertiefungskurs hergestellt. Dann geht es darum, den Vertiefungskurs in seiner Struktur kennenzulernen und sich als Gruppe auf den Weg dieses Kurses zu begeben. Ein besonderes Augenmerk liegt bei dem integrierten Kurs darauf, dass die TN mit ihren ganz unterschiedlichen Praktikumserfahrungen bei Kindern, Jugendlichen oder Erwachsenen wieder eine gemeinsame Lerngruppe werden. Hierzu sind methodische Vorschläge im Verlaufsplan zu finden.

Ziele

Die TN

- *sichern den Gewinn der Praxisphase (u.a. Praktikum, spezielle Fortbildungen) für sich und die Gruppe*
- *kennen die Leitbildgeschichte*
- *erhalten einen Überblick über den Vertiefungskurs*

Verlauf der Einheit

DAUER	ZIELE	INHALTE	METHODEN/DIDAKTISCHE HINWEISE	MATERIAL
BLICK IN DIE GRUPPE				
5'	TN benennen eigene Befindlichkeit zu Beginn des Vertiefungskurses	Begrüßung – kurze Einführung durch die Kursleitung Verbindung von Grundkurs und Praktikum zum Vertiefungskurs herstellen	*(1) Zur Einführung*	
5'		Mit Hilfe der Bilder ausdrücken: • Wie bin ich heute da? • Was bewegt mich?	*(2) Zur Ankommensrunde* Bilderpool: TN wählen je ein Bild aus	Bilder bzw. Kalenderblätter, Postkarten usw.
20'			Plenum/Rundgespräch	
BESINNUNG/ÜBUNG				
25'	TN sichern den Gewinn der Praxisphase für sich und die Gruppe	Was hat mich in der Praxisphase am meisten beeindruckt bzw. beschäftigt? (Ereignisse, Beobachtungen, Umstände) Die unterschiedlichen Praxisfelder und Erfahrungen *erzählen* Prägungen durch das Praktikum anschauen Bedeutung des Praktikums für die eigene Motivation einschätzen	*(3) Zur Zeitreise* Angeleitete Zeitreise durch die Praxisphase Alle werden eingeladen aufzustehen, durch den Raum zu gehen. Moderation (1. Kursleitung)/mitschreiben auf Karten (2.Kursleitung) Visualisieren, Clustern (farbig) Kategorien: • Begleitung/Angehörige • Netzwerkpartner	

DAUER	ZIELE	INHALTE	METHODEN/DIDAKTISCHE HINWEISE	MATERIAL
			• EA/Persönliches • Sonstiges	
25'		Plenum: Was ist Ihnen aus der Zeitreise wichtig? Zusammenführung und Verdeutlichung Erfahrungshorizonte mit Kindern/Jugendlichen und Erwachsenen	Austausch im Plenum	
(30')		**ALTERNATIVE 1** *Kleingruppen:* Die unterschiedlichen Praxisfelder und Erfahrungen *erzählen* Prägungen durch das Praktikum anschauen	*(4) Zu Alternative 1* Kleingruppenarbeit (Dreier-Gruppen) zu Impulsfragen Gespräch über Frage 1+2 Zu Frage 3 werden Karten mit Stichworten beschriftet	VK 1.3 Karten für die 3. Frage, Stifte
(20')		Was ist aus der Reflexion der Praxisphase wichtig geworden: • Welche Erkenntnisse habe ich gewonnen? • Was hat dies in meinem Inneren bewegt? • Woran erkenne ich das? (Gefühle) Vorstellen der Antworten zu Frage 3	Plenumsgespräch Bericht aus den Kleingruppen Welche Fragen haben Sie für den Vertiefungskurs festgehalten? Karten in der Mitte sortieren und sammeln	Karten aus den Gruppen
		Zusammenführung und Verdeutlichung Erfahrungshorizonte Kinder/Jugendliche und Erwachsene	Leitung	
30'	**PAUSE**			
INFORMATION				
40'	TN lernen die Leitbildgeschichte kennen	Leitbildgeschichte Anknüpfung an den Grundkurs	*(5) Zur Leitbildgeschichte des VK*	VK 1.4a/b

DAUER	ZIELE	INHALTE	METHODEN/DIDAKTISCHE HINWEISE	MATERIAL
		Was könnte diese Geschichte für den Kurs/ für die Begleitung bedeuten?	*Variante 1:* Vortragen der Leitbildgeschichte mit Illustration durch die Bilder von Kees de Kort *Variante 2:* Bildbetrachtung, anschließend Leitbildgeschichte vorlesen	VK 1.5 VK 1.5 VK 1.4a/b
(40')		**ALTERNATIVE 1:** Plenum: Vortragen des Leitbildtextes Kleingruppen-Impulsfragen: • Was verstehe ich (nicht)? • Was irritiert mich und warum? • Was fällt mir bei den verschiedenen Personen auf? Im Plenum folgt eine kurze Rückmeldung: Was ist uns besonders aufgefallen, was ist uns wichtig geworden?	*(6) Zu Alternative 1*	VK 1.4a/b
(40')		**ALTERNATIVE 2:** Bibelteilen	*(7) Zu Alternative 2*	VK 1.4a/b
10'	TN erhalten einen Überblick über den Vertiefungskurs	Vorstellen der Struktur des VK	*(8) Zum Leitbildtransfer* Vorstellen der Struktur des VK (ggf. besprechen), Material VK 1.7a austeilen Karten aus erster Runde mit Wünschen für den VK einsortieren in die Struktur: Wann wird welches Thema vertieft?	VK 1.6 Leitbildtransfer VK 1.7a
5'		Hinweise der Leitung zu Organisatorischem	Vortrag	
ABSCHLUSS				
5'	TN können gut die Einheit abschließen	Abschluss Rückmeldung der TN am Ende der Einheit	*(9) Zum Blitzlicht* Blitzlichtrunde	
5'	Ausklang	Leitungsteam gestaltet den Abschluss mit Musik/Lied		entsprechendes Material

Hinweise zum Verlauf

(1) Zur Einführung
Während der Praxisphase haben die TN des Vorbereitungskurses je einzeln erste Erfahrungen in der Begegnung und Begleitung von kranken und sterbenden Kindern und Jugendlichen oder Erwachsenen gemacht. Sie haben diese Erfahrungen in Supervisions- oder Fallbesprechungsgruppen reflektiert. Fortbildungsveranstaltungen in dieser Zeit haben einzelne Aspekte aus diesem Tätigkeitsfeld beleuchtet. Die TN haben fachliche Informationen erhalten. Ein Teil der aufgekommenen Fragen konnte beantwortet werden. Andere Fragen sind offengeblieben oder erstmals in ihrer Bedeutung deutlich geworden. Stand im Grundkurs das Familiensystem und das lebensverkürzemd erkrankte Kind, der Jugendliche oder der sterbende Erwachsene im Zentrum der Aufmerksamkeit, verändert sich dies im Vertiefungskurs insofern, als die Person des Begleitenden und des damit verbundenen Sorgesystems in den Mittelpunkt rückt. Ohne die Betroffenen aus dem Auge zu verlieren, kommen die Innen- und Außenwelten mit ihren (Vor-)Urteilen ins Spiel und werden auf ihre Wirkung hin reflektiert. Der Schlüssel hierzu ist die jeweilige Biografie des Einzelnen, die mit den Biografien der anderen TN in einen »Kultur«-Austausch tritt.

(2) Zur Ankommensrunde
In dieser ersten Einheit des Vertiefungskurses muss mit den unterschiedlichsten Befindlichkeiten der TN gerechnet werden. Vielleicht möchten manche am liebsten mit der Begleitungsarbeit weitermachen, andere haben möglicherweise Tendenzen, aus dieser Arbeit auszusteigen. Andere wollen vielleicht »Wissens-Defizite« ausgleichen oder mehr Handwerkszeug bekommen. Diese Runde soll den TNn Raum geben, sich mitzuteilen und einander wahrzunehmen.
Der Bilderpool kann aus einer Sammlung von Kalenderblättern, (Kunst-)Postkarten, Fotos, o.Ä. bestehen, die die Leitung selbst zusammenstellt. Fotomaterial ist auch als Satz erhältlich. z.B.: Bildermappen (3 x 50 Bilder), Deutscher Katecheten-Verein e.V., Preysingstr. 83c, 91667 München Tel.: 089/48092-237.
Der Bilderpool wird auf dem Fußboden oder auf einem größeren Tisch ausgebreitet. Die TN schreiten den Bilderpool ab, bis alle TN alle Bilder gesehen haben. Dann wählen die TN je ein Bild aus, das in diesem Moment für sie passend ist. Sollten mehrere TN dasselbe Bild wünschen, so können sie sich das Bild »teilen« – d.h. sich nacheinander zum selben Bild äußern.
Anschließend werden die restlichen Bilder weggenommen. Die TN erzählen, warum sie gerade dieses Bild ausgewählt haben, was es mit ihrer Stimmung, Befindlichkeit … zu tun hat. Sie legen nach der Erläuterung dann »ihr« Bild in der Mitte ab.

(3) Zur Zeitreise
Die einzelnen TN sollen ihre Praktikumszeit, ihre Begegnungen und Erfahrungen erinnern. Sie sollen sich vergegenwärtigen, was sie besonders beeindruckt beziehungsweise beschäftigt hat, ob und was das Praktikum an Einstellungen, Vorstellungen, Erwartungen und Befürchtungen verändert hat. Neben dem Praktikum standen u.a. Vorträge zu praxisbezogenen Themen im Mittelpunkt, es wurden Impulse gesetzt, vielleicht aber auch Grenzen sichtbar und bewusst.

Die TN sollen die Bedeutung der Praxisphase für die eigene Motivation und Handlungssicherheit einschätzen. Offengebliebene Fragen für den Vertiefungskurs sollen gesammelt werden.

Variante 1 – Angeleitete Zeitreise durch die Praktikumszeit
Die TN werden eingeladen, aufzustehen und durch den Raum zu gehen. Auf ein vereinbartes Zeichen (z.B. Klangschale; oder: zum Gehen durch den Raum läuft Musik, die unterbrochen wird) bleiben die TN stehen und schließen die Augen.

Leitung 1 fragt die TN:
Stellen Sie sich vor, es ist der Abend vor dem ersten Praktikumstag: *Welche Gedanken hatten Sie, welche Gefühle? Bitte spüren Sie Ihren Gedanken und Gefühlen nach und äußern Sie diese dann laut.*

Leitung 2 notiert die Äußerungen und ordnet sie folgenden Kategorien zu:
Begleitung/Angehörige; Netzwerkpartner; EA/Persönliches; Sonstiges.
Danach werden die TN aufgefordert, weiterzugehen (verbal oder mit akustischem Signal) bis zum nächsten Stopp. Entsprechend bei allen weiteren Fragen:

- *Stellen Sie sich die erste Begegnung vor Ort vor: Wer hat Sie empfangen? Wer hat Sie der Person vorgestellt, die Sie begleiten sollten? Welche Gefühle kommen in Ihnen hoch?*
- *Sie sind nun das erste Mal alleine vor Ort. Wie ergeht es Ihnen?*
- *Stellen Sie sich vor, Sie waren nun bereits einige Male da. Was ist Ihre Wahrnehmung?*
- *Ihr letzter Tag: Wie geht es Ihnen? Welche Gefühle sind in Ihnen? Wie geht es Ihnen mit dem Abschied?*

Visualisieren, Clustern der notierten Äußerungen entsprechend den Kategorien (Leitung 2).
Austausch im Plenum zu der Frage: Was ist Ihnen aus der Zeitreise wichtig?

(4) Zu Alternative 1
Die Gruppe teilt sich in Dreiergruppen. Alle Gruppen (oder auch jede/r TN) bekommt ein Blatt mit den Fragen:

- *Was hat mich in der Praxisphase (z.B. im Praktikum) am meisten beeindruckt bzw. beschäftigt? Welche Erkenntnisse habe ich gewonnen?*
- *Was hat sich in meiner Einstellung zu Familien mit lebensverkürzend erkrankten Kindern und Jugendlichen geändert? Woran mache ich den Unterschied zu vorher fest? Was hat dies in meinem Inneren bewegt? Woran erkenne ich das? (Gefühle)*
- *Welche Fragen/Wünsche ergeben sich daraus für den Vertiefungskurs?*

Über die beiden ersten Fragen tauscht sich die Gruppe gesprächsweise aus. Frage drei zielt auf Wünsche im Hinblick auf den Vertiefungskurs. Diese Wünsche werden mit je einem Stichwort pro Karte festgehalten und ins Plenum mitgebracht.

(5) Zur Leitbildgeschichte des VK

Grundlage für den Vertiefungskurs bildet die Geschichte von der Heilung aus Lähmung. Sie liefert insbesondere im Blick auf die Freunde, die den Gelähmten zu Jesus bringen, oder die anderen beteiligten Personen, wie die Schriftgelehrten und die Umstehenden, Fragestellungen und Gesichtspunkte, die uns im Vertiefungskurs bewegen.
Die biblische Geschichte »Heilung aus Lähmung« wird also weniger linear begangen wie die Emmausgeschichte im Grundkurs, sondern situativ, punktuell, personenbezogen und damit aus unterschiedlichen Perspektiven betrachtet. Es geht nicht nur um das äußere Geschehen, sondern um die inneren Vorgänge in den handelnden und beteiligten Personen.

Um die Leitbildgeschichte kennenzulernen, mit dieser vertraut zu werden und zu erarbeiten, was diese Geschichte für den Kurs bzw. die Begleitung bedeuten kann, werden hier vier Varianten angeboten.

Variante 1:
Text parallel zu den Bildern vortragen
Nach einer kurzen Einführung durch die Leitung wird der Text vorgetragen und parallel mit den Bildern von Kees de Kort illustriert.
Vorschlag zur Bilder-Auswahl:

Einheit 1	*Wir sehen weiter*	Bild 1
Einheit 2	*sich entschließen*	Bild 2
Einheit 3	*helfen*	Bild 3 und Bild 4
Einheit 4	*innehalten*	Bild 5
Einheit 5	*entlasten*	Bild 6
Einheit 6	*deuten*	Bild 7
Einheit 7	*wachsen*	Bild 8
Einheit 8	*hoffen*	Bild 10
Einheit 9	*losgehen*	Bild 12

Was die handelnden Personen der Geschichte tun, und wie sie es tun wird in elementarer Darstellung in den Bildern von Kees de Kort gezeigt. Auch wenn die Bilder bereits eine Interpretation der biblischen Geschichte darstellen, eignen sie sich als Ausgangspunkt für die Aneignung der Leitbildgeschichte.
(Das Büchlein »Jesus und der Gelähmte« aus der Reihe »Was uns die Bibel erzählt« ist beispielsweise bei der Deutschen Bibelgesellschaft erhältlich: ISBN 978-3-438-04158-6; www.die-bibel.de.)

Variante 2:
Bildbetrachtung, anschließend Text vortragen

(6) Zu Alternative 1
Nach einer kurzen Einführung durch die Leitung wird der Text vorgetragen und zunächst in Kleingruppen besprochen. Dazu werden Impulsfragen gegeben. Im Plenum folgt eine kurze Rückmeldung: *Was ist mir besonders aufgefallen, wichtig geworden?*
Impulsfragen: *Was verstehe ich (nicht)? Was irritiert mich? Warum? Was fällt mir bei den verschiedenen Personen auf?*

(7) Zu Alternative 2
Bibelteilen im Plenum

Zur Methode:
Bibelteilen ist eine aus Südafrika stammende Methode, um in einer Gruppe gemeinsam und gleichberechtigt einen Bibeltext zu erschließen. Dabei hat jede/r den Text in der Hand. Folgende Schritte gehören u.a. dazu:

- *(Wir bitten Gott um seine Gegenwart und seinen Geist.)*
- *Wir lesen den Text.*
- *Reihum wird der Text gelesen. Jede/r TN liest, soweit er/sie will. (Ein paar Worte, einen Satz, einen Vers, bis der gesamte Text mindestens einmal gelesen ist und jede/r einmal an der Reihe war.)*
- *Wir verweilen beim Text.*
- *Jede/r stellt das Wort, den Satz in den Raum, an dem er/sie hängengeblieben ist.*
- *Wir hören den Text noch einmal.*
- *Eine Person liest den Text im Zusammenhang.*
- *Wir schweigen.*
- *Jede/r bedenkt den Text in der Stille (2-3 Minuten).*
- *Wir tauschen uns aus.*
- *In Kleingruppen (3-4 Personen) teilen wir einander mit, was uns bewegt und beschäftigt.*
- *Abschluss.*
- *Wir beten und halten gemeinsam Fürbitte für das, was uns nun für die Zukunft leiten soll.*

Anschließend stellt die Leitung die Struktur des Vertiefungskurses vor.
Die Karten mit den Themenwünschen für den VK aus der ersten Runde werden im Anschluss den Einheiten des VK zugeordnet. Wann wird welches Thema vertieft?

(8) Zum Leitbildtransfer

Die Leitung stellt den TNn die Struktur des Vertiefungskurses vor. Dazu wird die Übersicht (VK 1.7a) ausgeteilt. Im Material VK 1.7b ist eine ausführlichere tabellarische Beschreibung der Struktur des Kurses für die Leitung ausgearbeitet.

Der Leitbildtransfer ist in erster Linie als Hintergrund für die Leitung gedacht. Er kann aber auch an die TN ausgeteilt werden.

Im Leitbildtransfer wird der Bibeltext in drei Schritten meditiert:

- *Bibeltext*
- *Paraphrase (Nacherzählung/Deutung)*
- *Transfer auf die konkrete Begleitung beziehungsweise die Begleitenden*

Wird der Leidbildtransfer vorgelesen, dann sollte die Leitung sich die Textpassagen aufteilen und vorlesen.

Wie schon die Bilder von Kees de Kort so ist auch der Leitbildtransfer eine Interpretation der biblischen Geschichte unter einem bestimmten Aspekt. Im Anschluss an das Vortragen folgt ein Gespräch darüber, welche Deutung der Geschichte die TN im Leitbildtransfer wahrgenommen haben und ob der Transfer auf die Hospizarbeit gelingt.

(9) Zum Blitzlicht

Diese Einheit stellt in gewisser Weise einen »Neuanfang« der Kursgruppe dar. Zu Beginn ging es in der Ankommensrunde darum, aus der Vereinzelung der Praxisphase wieder in der Gruppe anzukommen. Darum ist es am Ende des Abends sinnvoll, danach zu fragen, wie die TN jetzt nach Hause gehen.

Liste der Materialien

VK 1.1	Einführung – Wir sehen weiter
VK 1.2	Verlaufsplan – Wir sehen weiter
VK 1.3	Blatt: Fragen zur Praktikumsreflexion
VK 1.4a	Bibeltext: Markus 2,1-12 (Luthertext)
VK 1.4b	Bibeltext: Markus 2,1-12 (Einheitsübersetzung)
VK 1.5	Bilder Kees de Kort: Heilung aus Lähmung
VK 1.6	Leitbildtransfer zur Geschichte Heilung aus Lähmung (Markus 2,1-12)
VK 1.7a	Die Struktur des Vertiefungskurses – für die TN
VK 1.7b	Die Struktur des Vertiefungskurses – für das Leitungsteam

EINHEIT 2: SICH ENTSCHLIESSEN

Einführung

In der Geschichte von der Heilung aus Lähmung richten wir unseren ersten Blick auf die Männer, die den Gelähmten zu Jesus bringen. Wir finden sie in dieser Situation vor. Wie aber ist es dazu gekommen? Warum haben sie sich dazu entschlossen? Wer oder was hat sie dazu gerufen? Warum fühlen sie sich berufen, dies zu tun? Modern gesprochen: Was ist ihre Motivation? Darüber erzählt uns die Geschichte nichts. Weit hinter oder vor der Handlung liegen die Weichenstellungen für das, was die Männer jetzt tun.

Auch jede und jeder von uns steht in der je eigenen Lebenssituation. Nicht immer haben wir diese Lebenslagen selbst gewählt oder gestaltet; wir finden uns darin vor – in den jeweiligen Bezügen zu bestimmten Menschen, an bestimmten Orten, in bestimmten Aufgaben und Herausforderungen; auch in dem Entschluss, uns in der (Kinder- und Jugend-)Hospizarbeit zu engagieren.

Die Einheit 2 heißt »sich entschließen«.

Es ist gut, innezuhalten und einmal zu fragen: Wie bin ich geworden, wer bin ich heute? Warum will ich tun, was ich tun will? Es ist ein spannender Blick auf Personen in meinem Leben, prägende Ereignisse – beispielsweise auch der Zeitgeschichte –, persönliche Erlebnisse, Überlegungen, Wertvorstellungen … die dazu geführt haben, dass ich mich entschlossen habe, die Vorbereitung zur ehrenamtlichen Mitarbeit in der Hospizarbeit zu machen, um dann in der (Kinder- und Jugend-)Hospizarbeit mitzuwirken.

Im Hintergrund steht die Erfahrung, dass in unser Helfen immer unsere eigenen Erfahrungen und Erlebnisse, unsere Geschichte und unsere Erwartungen eingehen. Diese können so sehr in den Vordergrund treten, dass sie ein freies Zugehen auf andere Menschen verhindern. Darum ist es wichtig, die eigenen Motive und (unbewussten) Bedürfnisse zu klären, die gerade auch in unser Helfen-wollen hineinwirken. Geben und Nehmen, die eigenen Wünsche und die des Gegenübers müssen in ein ausgeglichenes Verhältnis gebracht werden. Nur so können wir uns selbst und dem anderen Menschen gerecht werden.

Die Einheit »sich entschließen« will für die Fragen der Motivation, der Motive sensibilisieren. Ein erster Schritt dazu ist, die eigene Identität, aber auch die Identitäten anderer (der anderen Gruppenteilnehmer*innen) wahrzunehmen und zu würdigen. Denn sie sind der Nährboden für unser Tun und Handeln – in der Begegnung mit Menschen – auch in der Begleitung von Familien mit lebensverkürzend erkrankten Kindern, Jugendlichen und Erwachsenen.

Hinweise für die Leitung

Für die Bedeutung des »Sich-Entschließens« für sich und andere zu werben ist Aufgabe der Leitung. Dabei ist ein Ziel, das unbewusste Handeln mit Hilfe unterschiedlicher Zugänge ins Bewusstsein des Einzelnen zu rücken. Die Tiefendimensionen, die Motive dafür, so zu handeln, wie ich es tue, werden im gesamten Vertiefungskurs unter verschiedenen Perspektiven beleuchtet. Wichtig ist auch hier, darauf zu achten, nicht zu bewerten. Indem aber die TN erkennen, was ihr Handeln positiv wie negativ beeinflusst, können sie Schritt für Schritt die Verantwortung für ihr Handeln selbst-bewusst übernehmen. Im Blick auf die uns Anvertrauten sind diese nicht Objekt unseres Handelns, sondern werden zum Gegenüber, zum Subjekt. Gerade in der Rolle der Hospizbegleitung begegnen wir vielen Menschen, denen ein ehrenamtliches Engagement fremd ist; deshalb ist es gut, sprachfähig über das zu sein, was mich in dieses Engagement geführt hat.

Ziele

Die TN

- *finden über biografische Bezüge einen Zugang zu ihrem Engagement*
- *erkennen die Vielfalt von Identitäten, Lebensgeschichten, Selbstverständnissen und Motivationen (in der Gruppe)*
- *bedenken und begründen ihre Motive zur Kinder- und Jugend -/Erwachsenen-Hospizarbeit*

Verlauf der Einheit

DAUER	ZIELE	INHALTE	METHODEN/DIDAKTISCHE HINWEISE	MATERIAL
BLICK IN DIE GRUPPE				
10'	TN benennen ihre Befindlichkeit	»Ankommen« der TN	Talking Stone-Runde Rundgespräch	Stein
BESINNUNG/ÜBUNG				
5'	TN finden über biografische Bezüge einen Zugang zu ihrem Engagement	Einführung durch die Leitung Ich habe mich entschieden zu helfen. Was ist meine Motivation, was sind meine Motive?	*(1) Zur Einführung* Vortrag	
20'		Warum habe ich mich entschlossen, in der Hospizarbeit mitzuwirken? TN notieren ihre wichtigsten Beweggründe (bisher und jetzt nach der Praxisphase) für ihren Wunsch, (Kinder- und Jugend-)Hospizarbeit zu machen.	*(2) Zur Einzelarbeit* Für die verschiedenen Bereiche Stichworte auf verschieden farbigen Karten. (je 1 Stichwort auf 1 Karte) Welche Personen, Ereignisse, persönlichen Erlebnisse, Überlegungen, Wertvorstellungen ... auf meinem Lebensweg haben dazu geführt, dass ich mich entschlossen habe, die Vorbereitung zur ehrenamtlichen Hospizarbeit zu machen/in der (Kinder- und Jugend-)Hospizarbeit mitzumachen?	VK 2.3 Pinnwand mit Oberbegriffen: Personen, (pol.) Ereignisse, persönliche Erlebnisse, Ideen, Überlegungen, Texte, Wertvorstellungen ...

DAUER	ZIELE	INHALTE	METHODEN/DIDAKTISCHE HINWEISE	MATERIAL
20'		Zweiergruppe Was bedeutet das für Ihr Ehrenamt? Was würde Ihre Freund*in, Partner*in dazu sagen?	Austausch in Zweiergruppen	
20'		Ergebnissicherung im Plenum Kurze Reaktion der Leitung auf das Gesamtergebnis: Verdeutlichen der Vielfalt von Identitäten, Zugängen, Motivationen ...	Kurze Vorstellung der Karten im Plenum und diese dann an die Pinnwand heften Leitung kann zu drei großen Bereichen clustern: • Ich tu was für mich selber • Ich tu was für andere • Ich tu was für die Sache	Karten Filzstifte
(30')		**ALTERNATIVE 1:** Einzelarbeit Ich schaue auf eine konkrete Helfersituation, in der ich gerne geholfen habe oder in der mir geholfen wurde. Welche Gefühle haben mich dabei begleitet?	*(3) Zu Alternative 1* Meine Gefühle in einer konkreten Hilfssituation malen	Zeichenpapier, Farben ...
(20')		Ergebnisse/Bilder gemeinsam betrachten	*(4) Zur gemeinsamen Bildbetrachtung* TN, sofern sie wollen, hängen ihr Bild auf. Die TN schauen sich die Bilder an.	
(10')		Kurze Reaktion der Leitung auf das Gesamtergebnis: Verdeutlichen der Vielfalt von Identitäten, Zugängen, Motivationen ...	Plenumsgespräch: »Eindrücke zur Vernissage«	
(25')		**ALTERNATIVE 2** *(kürzer):* Kleingruppenarbeit Bild der Helfer*in gemeinsam gestalten	*(5) Zu Alternative 2* Frage: Ich habe mich entschlossen zu helfen – Wie sehe ich Helfer? Was muss er/sie können, wie muss er/sie aussehen? ... Die Gruppen gestalten kreativ	Zeichenpapier, Farbstifte, Wasserfarben

DAUER	ZIELE	INHALTE	METHODEN/DIDAKTISCHE HINWEISE	MATERIAL
(20')		Vorstellung des Gestalteten im Plenum	Die einzelnen Gruppen stellen ihre Arbeiten im Plenum vor	
30'	**PAUSE**			
INFORMATION				
5'		Unterscheidung/Begriffsklärung von Motivation und Motiv	*(6) Unterscheidung von Motivation und Motiv* Plenum/Vortrag Leitung	
25'	TN bedenken und begründen ihre Motive zur Kinder- und Jugend-/Erwachsenen-Hospizarbeit	Arbeit am Text zum Selbstverständnis Verbinde ich mit meiner Motivation eine Berufung?	*Variante 1:* *(7) Schreibmeditation* Albert Schweitzer: »Schafft euch ein Nebenamt« Schweitzer-Text verteilen, im Plenum lesen Schreibmeditation: »Ehrenamt bedeutet für mich ...« TN schreiben je ein Wort oder Halbsatz oben auf ihr Blatt. Blatt nach rechts weitergeben. *Variante 2:* *(8) Schreibwerkstatt* An 2-3 Tischen (je nach Größe der Vorbereitungsgruppe) werden große Plakate aufgeklebt, auf denen der Titel: »Ehrenamt bedeutet für mich« steht. TN schreiben ihre Assoziationen dazu *Nach der Schreibphase schauen sich alle die Ergebnisse an und kommen darüber kurz ins Gespräch*	VK 2.4 Tische, Stifte, großes Papier
(30')		**ALTERNATIVE 1:** Motiv der Mitarbeit kann eine »Berufung« sein. Ausgangspunkt sind biblische Berufungsgeschichten (Jeremia 1,2-8 oder Matthäus 4,18-20)	*(9) Zu Alternative 1* TN beschäftigen sich anhand biblischer Berufungsgeschichten mit ihrer eigenen »Berufung«	VK 2.5a/b

DAUER	ZIELE	INHALTE	METHODEN/DIDAKTISCHE HINWEISE	MATERIAL
			Impuls: • Haben Sie in Ihrem Leben schon einmal so etwas wie eine Berufung erlebt? • Hat es für Sie so etwas wie eine Berufung in die Hospizarbeit gegeben? • Hat sich dieser Ruf durch Ihre bisherigen praktischen Erfahrungen bestätigt?	
ABSCHLUSS				
5'	Abschluss	Wie ist es mir heute ergangen? Was nehme ich mit?	Blitzlicht	
5´	Ausklang	»Es gibt Aufgaben« – Gedicht	Vorlesen	VK 2.6

Hinweise zum Verlauf

(1) Zur Einführung
Warum möchte jemand gerade im Kinder- und Jugend- oder Erwachsenen-Hospizdienst mitarbeiten? Menschen, die sterben, oder deren Angehörige zu begleiten, ist keine leichte Aufgabe. Viele könnten das nicht, und viele machen einen großen Bogen um solche Tätigkeiten. Die TN aber wollen sich gerade dieser Tätigkeit widmen. Was sind die Motive dafür? Weil ich etwas Sinnvolles tun will, weil ich die Welt verbessern will oder weil ich Anerkennung und/oder Dankbarkeit bekommen möchte? Weil ich Zeit habe oder weil ich dankbar bin, dass es mir gut geht oder mir geholfen wurde …? Weil ich einen religiösen Anspruch verspüre? Für den Dienst ist es wichtig, die Motive der Mitarbeitenden zu kennen. Aber auch Menschen, die wir begleiten, oder Menschen, die von unserer Tätigkeit erfahren, wollen wissen, warum wir uns entschlossen haben, im Hospizdienst mitzuarbeiten.
Dabei können in meiner Lebensgeschichte Personen eine Rolle gespielt haben (Vorbilder), Ereignisse können mich geprägt haben – beispielsweise auch der Zeitgeschichte, persönliche Erlebnisse –, oder Überlegungen, Wertvorstellungen können dazu geführt haben, dass ich mich entschlossen habe, die Vorbereitung zur ehrenamtlichen Hospizarbeit zu machen, um dann in der (Kinder- und Jugend-)Hospizarbeit mitzuwirken.
Dies wollen wir in der zweiten Einheit betrachten und auch die Vielfalt der Motivationen entdecken.

(2) Zur Einzelarbeit
Welche Personen, Ereignisse, persönlichen Erlebnisse, Überlegungen, Wertvorstellungen … auf meinem Lebensweg haben dazu geführt, dass ich mich entschlossen habe, die Vorbereitung zur ehrenamtlichen Hospizarbeit zu machen/in der (Kinder- und Jugend-)Hospizarbeit mitzumachen?
Die TN sollen ihre wichtigsten Beweggründe (bisher und jetzt nach der Praxisphase) für ihren Wunsch, (Kinder- und Jugend-)Hospizarbeit zu machen, auf einzelnen Karten notieren (je 1 Stichwort auf 1 Karte).

Sie sollen sich auch überlegen, ob diese Beweggründe eine besondere Bedeutung für ihr Ehrenamt haben, und sich darüber Gedanken machen, wie das eine Freund*in oder Partner*in sehen könnte, was er oder sie sagen würde.
Anschließend sollen die TN sich zunächst in Zweiergruppen austauschen, da Beweggründe durchaus sehr persönlich sein können und so ein gewisser Vertrauensschutz besteht.
Die Leitung bereitet für die Plenumsrunde die Pinnwand mit Oberbegriffen vor: Personen, (pol.) Ereignisse, persönliche Erlebnisse, Ideen, Überlegungen, Texte, Wertvorstellungen ... Es geht nicht darum, eine Diskussion im Plenum zu eröffnen, sondern die Vielfalt deutlich zu machen und alle TN durch die vorgestellten Punkte zum weiteren eigenen Nachdenken zu bringen.

(3) Zu Alternative 1
Diese Übung führt die TN zunächst in die Auseinandersetzung mit sich selbst. Sie erinnern, vergegenwärtigen und reflektieren Weichenstellungen ihres Lebens, die in ihnen die Bereitschaft und den Wunsch zu helfen (mit-)begründen.
An dieser Stelle ist vorgesehen, dass die TN malen. Manche TN haben Vorbehalte gegen diese Art der Arbeit. Es kommt hier nicht auf die Schönheit oder Kunstfertigkeit von Bildern an. Die Erfahrung zeigt, dass TN das jeweils Eigene auf diese Weise immer wieder eindrucksvoll zum Ausdruck bringen – selbst in der schlichtesten Skizze. Es geht gegebenenfalls auch und gerade darum, Gefühle auszudrücken – mit Farben und Formen.
Impulse zur Einzelarbeit:
- *Erinnern Sie sich an eine konkrete Situation, in der Sie gerne geholfen oder in der Sie Hilfe erfahren oder die Anfrage zur Hilfe gespürt haben und Sie tätig wurden. Welche Gefühle haben Sie dabei begleitet?*
- *Welche Motive zum Helfen finden Sie in Ihrer Lebensgeschichte? Warum haben Sie sich dazu entschlossen zu helfen? Was motiviert Sie zu helfen?*
- *Stellen Sie Ihre Erfahrungen in einem Bild dar. Wählen Sie Symbole, Farben oder Begriffe, mit denen Sie die Situation wiedergeben können.*

Hinweis: Später werden die (veröffentlichten) Bilder gemeinsam besprochen.

(4) Zur gemeinsamen Bildbetrachtung
Im Plenum können die entstandenen Bilder im Rahmen einer Vernissage vorgestellt werden (achten Sie dabei auf die Freiwilligkeit der TN). Die Künstler können etwas zu ihrem Bild sagen.
Sollten die anderen TN Eindrücke rückmelden, ist darauf zu achten, dass das im gegenseitigen Respekt geschieht. Es kommt hier darauf an, die Vielfalt und Individualität der Wurzeln und Motive für das Helfen-Wollen wahrzunehmen. So verschieden wie die Menschen sind, sind auch ihre Beweggründe. Darum soll hier nicht verglichen, bewertet, diskutiert oder verallgemeinert werden. Sich und die anderen »wahrzunehmen« – das ist die Aufgabe.

Eine andere Möglichkeit, über die Bilder gemeinsam ins Gespräch zu kommen, ist die Betrachtung unter drei Zeichen: Ausrufezeichen (das teile ich), Fragezeichen (das verstehe ich nicht, da brauche ich eine Erklärung), Blitz (das erzeugt meinen Widerspruch).
Es wäre auch denkbar, dass sich jeweils zwei TN zu ihren Bildern austauschen.

(5) Zu Alternative 2

Alternativ werden die TN in Kleingruppen aufgeteilt mit dem Auftrag, ein »gemeinsames Bild des idealen Helfenden« zu gestalten. Dazu dienen die Impulse:

- *Ich habe mich entschlossen zu helfen – wie sehe ich Helfer?*
- *Was muss er/sie können, wie muss er/sie aussehen …?*

Im Anschluss stellen die Kleingruppen das »Kunstwerk« im Plenum vor.
Beim Austausch ist durch die Leitung darauf zu achten, dass es nicht um »Kunstfertigkeit«, sondern vielmehr um die Wahrnehmung und die Wirkung auf den Einzelnen geht.

(6) Unterscheidung von Motivation und Motiv

Motiv oder Motivation – die Frage nach der Henne und dem Ei?
Im Alltagsgebrauch werden Motiv und Motivation nahezu gleich verwendet. Macht es überhaupt Sinn zu unterscheiden?
Kurz gesagt, bezeichnet der Begriff »Motivation« den Impuls, die (Re-)Aktion, mit der eine Handlung begründet wird. So ist die Frage nach der Motivation häufig: Was hat dich motiviert, was hat dich bewogen, gab es ein Schlüsselerlebnis, was dich z.B. zur Hospizarbeit geführt hat? Und viele können ihr Handeln auf einen solchen Impuls zurückführen:

- *Der Tod meiner Mutter, das Sterben meines Vaters, so ein begleitetes Sterben, das wollte ich auch anderen ermöglichen.*
- *Das Sterben meiner Nachbarin, alleine, und keiner hat sich gekümmert.*
- *Die Anzeige hat mich angesprochen, da geh ich mal vorbei.*

Und viele andere Bewegründe werden auf die oben genannten Fragen benannt.

Wird die Frage etwas anders gestellt: Was motiviert dich, in die Begleitung sterbender Menschen zu gehen?, so erhalten wir die oben genannten Antworten. Aber manchmal auch darüber hinausgehende.

Mit dem Begriff »Motiv« wird in der Forschung oft das bezeichnet, was das Handeln grundlegend, nachhaltig prägt und begründet. Dann werden wir auf die oben genannte Frage auch hören:

- *In meiner Familie gilt der Grundsatz, dass, wer mehr hat an Kraft, Geld oder Zeit, der gibt davon ab an die, die es benötigen.*
- *Ich habe für mich erkannt, dass das christliche Gebot der Nächstenliebe für mich der entscheidende Auftrag ist, an der Not meiner Mitmenschen nicht vorbeizugehen, mich dem Nächsten zuzuwenden.*
- *Ich habe mir geschworen, wenn ich wieder gesund werde, werde ich mein Leben verändern, und deshalb bin ich hier.*
- *Wenn ich jetzt richtig nachdenke, habe ich das Gefühl, ich könnte durch diese Tätigkeit das nachholen, was ich in meiner Familie nie geschafft habe.*
- *Ich habe immer schon gespürt, dass ich mit kranken alten Menschen gut umgehen kann und diese mich ebenfalls mögen. Ich würde sogar sagen, dass ich darin meine Berufung sehe, alte Menschen zu begleiten.*

Wenn also die Frage nach dem Motiv gestellt wird, werden häufig Werte, Grundhaltungen, Weltanschauung, aber auch Prägungen in meiner Familie u.a. angesprochen, die noch auf eine Tiefendimension verweisen können, die mir im ersten Moment gar nicht so bewusst ist.
Eine Wertung ist damit nicht verbunden. Es geht vielmehr darum, den eigenen Beweggründen auf die Spur zu kommen, um mir diese zu eigen zu machen, wenn ich dies dann auch im Hier und Jetzt will. Manchmal verbergen sich hinter den Motiven aber auch Aufträge, die ich vielleicht als »guter Sohn/gute Tochter« angenommen habe, zu denen ich mich heute als erwachsener Mensch neu entscheiden kann.
Ein anderer Zugang zum Thema Motivation findet sich in der begrifflichen Unterscheidung von intrinsischer und extrinsischer Motivation:
Intrinsische Motivation bezeichnet das Handeln aus inneren Antrieben heraus. Dazu gehören persönliche Interessen oder kreative und künstlerische Neigungen und Herausforderungen. Intrinsisch motivierte Personen beziehen ihre Motivation aus der Tätigkeit oder Aufgabe heraus. Bei der *extrinsischen Motivation* erbringen Menschen bestimmte Leistungen, weil sie sich davon einen Vorteil (Belohnung) versprechen oder Nachteile (Bestrafung) vermeiden wollen (https://de.wikipedia.org/wiki/Motivation; abgerufen am 13.08.2018). Für die Arbeit im Hospizbereich erschließt der Verweis auf die intrinsische Motivation einen bedeutsamen Zugang zur Tätigkeit in der Hospizarbeit selbst. In der Weise, wie ich mit meiner Tätigkeit in diesem Feld einen Sinn verbinden kann, bedarf es oft wenig an Anerkennung von außen, da ich dieses für mich selbst als bedeutungsvoll und wirksam erlebe. Zugleich sollte bewusst sein, dass die Wirkung von Geschenken oder der empfundene (gesellschaftliche) Druck, etwas zu tun, hier u.a. Beispiele einer extrinsischen Motivation, bekanntlich schnell verpufft, sobald die »Blumen verwelkt« sind und der Druck nicht mehr spürbar ist.
Die Qualifizierung zur Hospizarbeit dient am Ende auch dazu, die Entscheidung, Sterbende zu begleiten, aus tiefer Überzeugung zu tun und begründen zu können, aus mir heraus, um der Menschen und meiner Haltung willen.
(Ausführlich ist der Unterschied zwischen Motivation und Motiv in einem Beitrag der Wirtschaftspsychologischen Gesellschaft beschrieben: Wirtschaftspsychologische Gesellschaft: https://wpgs.de/fachtexte/motivation/motivation-definition-und-eigenschaften/; aberufen am 13.08.2018)

(7) Schreibmeditation

- *Die Leitung teilt den Text aus.*
- *Jede/r TN hat ein leeres DIN A4-Blatt und einen Stift.*
- *(Lassen Sie) den Text 2x lesen*
- *Frage im Anschluss: Was haben Sie heute gehört, was hat Sie heute berührt?*
- *TN schreiben je ein Wort oder Halbsatz oben auf ihr Blatt.*
- *Blatt nach rechts weitergeben.*
- *Jede/r schreibt einen Kommentar, eine Assoziation zum oberen Satz darunter.*
  (Hinweis: Alle Kommentare auf einem Blatt beziehen sich auf den ersten Satz oben auf der Seite.)
- *Das Blatt wird so lange nach rechts weitergegeben und mit weiteren Kommentaren angefüllt, bis es wieder beim Schreiber/bei der Schreiberin des obersten Satzes ankommt.*
- *TN legen ihre Blätter auf den Boden.*

- *TN werden eingeladen, herumzugehen und alle Zettel durchzulesen. Anschließend wählt die Leitung exemplarisch ein Blatt aus, liest alles vor und bringt es ins Gespräch. (Achtung: Leitung muss einen Zettel auswählen, nicht dem Zufall überlassen!!!)*
- *Es folgt ein Rundgespräch im Plenum.*
- *Die Leitung kann das Gespräch mit einigen abschließenden Bemerkungen beenden:*
  - *Der Ruf wird von verschiedenen Menschen unterschiedlich gehört*
  - *Eine Frage ist: Will ich mich überhaupt rufen lassen (tue ich so, als ließe ich mich rufen – etwa das Problem, bei Anfragen für Begleitung tatsächliche EA für die Begleitung zu gewinnen)?*
  - *Berufungen müssen wir immer mal überprüfen (Nebenamt darf begrenzt sein!).*

(8) Schreibwerkstatt
Mit dieser Methode sollen die TN ihre Vorstellungen oder neuen Erkenntnisse zum Ehrenamt vertiefen: »Ehrenamt bedeutet für mich …«
An 2-3 Tischen (je nach Größe der Vorbereitungsgruppe) werden große Plakate aufgeklebt, auf denen dieser Titel steht. Es gibt für jeden TN einen Stift. In Stille (eventuell kann Musik im Hintergrund laufen) schreiben die TN Stichworte auf die Blätter (Gruppen mischen).

(9) Zu Alternative 1
Die Bibel berichtet von Menschen, die zu einer Aufgabe, einer Lebenswende kommen, weil sie dazu durch Gott berufen werden. Immer ist diese Berufung so kraftvoll, dass die Menschen ihr Folge leisten. Manchmal haben sie Einwände (Jeremia), manchmal aber – so wird es erzählt – springen sie sofort auf und folgen. Später, wenn sie dann in ihrer Aufgabe stehen, auch unter ihr leiden, wird auch von der Zwiespältigkeit dieser Berufung berichtet. Es gibt das Hadern mit dieser Berufung, den Wunsch, sie zurückzugeben; es gibt aber auch das Vertrauen und Zutrauen, dass mit der Berufung auch der Zuwachs an Kraft verbunden ist, die zur Erfüllung der Aufgabe gebraucht wird.
Die Beschäftigung mit diesen Geschichten kann dazu anregen, sich in der eigenen Lebenssituation oder in der besonderen Aufgabe zu fragen:

- *Fühle ich mich berufen?*
- *Wer/was – meine ich – hat mich in diese Aufgabe hineingerufen?*
- *Was bedeutet dieses Gerufen-Sein für mich?*
- …

Impulsfragen auch für den Austausch im Plenum könnten sein:

- *Haben Sie in Ihrem Leben schon einmal so etwas wie eine Berufung erlebt?*
- *Hat es für Sie so etwas wie eine Berufung in die Hospizarbeit gegeben?*
- *Hat sich dieser Ruf durch Ihre bisherigen praktischen Erfahrungen bestätigt?*

 Die Bibeltexte können mit der Methode »Bibelteilen« bearbeitet werden. Zum Bibelteilen siehe Einheit VK 1 Hinweise zum Verlauf (7) Zu Alternative 2.

Liste der Materialien

VK 2.1	Einführung – sich entschließen
VK 2.2	Verlaufsplan – sich entschließen
VK 2.3	Arbeitsblatt: Motivation
VK 2.4	Albert Schweitzer: Schafft euch ein Nebenamt
VK 2.5a	Biblische Berufungsgeschichten (Luthertext)
VK 2.5b	Biblische Berufungsgeschichten (Einheitsübersetzung)
VK 2.6	Es gibt Aufgaben

EINHEIT 3: HELFEN

Einführung

Die Männer in der Geschichte von der Heilung aus Lähmung wollen den Kranken zu Jesus bringen. Sie wollen helfen. Doch so einfach geht das nicht. Der direkte Weg zur Heilung ist versperrt. Hindernisse tauchen auf. Was heißt helfen jetzt? Wie weit sind die vier Männer bereit zu gehen?
Bisher hat jeder gleichmäßig und paritätisch ein Viertel des Gewichtes, der Aufgabe ... getragen. Jetzt braucht es plötzlich unterschiedliche Rollen. Bereits beim Hochgehen aufs Dach werden unterschiedliche Fähigkeiten gebraucht. Und auch oben: Das Dach muss aufgebrochen werden. Wer bleibt beim Gelähmten? Wer verhindert Störungen?
In der Hospizarbeit ist es ähnlich. Es gibt verschiedene Rollen in der Begleitung. Wir begleiten das ganze System, in dem ein sterbender Mensch lebt. Manche begleiten den sterbenden Menschen, andere begleiten An- und Zugehörige. In der Kinder- und Jugendhospizarbeit werden auch die Geschwister der sterbenden Kinder begleitet.
Es gilt, die eigenen Stärken und Ressourcen zu kennen und diese einzusetzen. Aber es gilt auch, darauf aufmerksam zu machen, dass es Gefahren und Grenzen des Helfens gibt, dass es wichtig ist, in einer guten Balance zu bleiben, um wirklich hilfreich sein zu können.
Es ist aber auch immer wieder so, dass Grenzen nicht feststehen, sondern dass sie verrückbar sind. Es gilt immer wieder, auch Grenzen zu überwinden, im übertragenen und buchstäblichen Sinn über sich hinauszuwachsen. Die vier Männer tun dies ja auch – sie nehmen die Grenze nicht einfach nur so hin. Auch durch den Vorbereitungskurs können Grenzen erweitert werden.

Hinweise für die Leitung

Das Besondere der Einheit »helfen« liegt für die Leitung zum einen darin, die Bedeutung von Helfen für den Einzelnen und die Gemeinschaft herauszuarbeiten, zum anderen aber auch darin, die Schattenseiten eines unreflektierten Helfens zu verdeutlichen. Individuelle Stärken und Ressourcen ergänzen sich innerhalb eines Teams und wirken positiv verstärkend, wenn ich mir meiner eigenen Rolle bewusst bin. Im Lot zu sein bedeutet, einen Zugang zum Sinn des eigenen Engagements, der Motivation und den eigenen Kraftquellen zu haben. Wie gewinne ich ein Gespür für das, was ich mir zumuten kann, und das, was mich auf Dauer auszehrt? Praxisreflexion und Supervision dienen genau hier dazu, eine Achtsamkeit zu entwickeln für sich und für die TN der Gruppe. Im Kontext des Kurses ist die Leitung gefordert, Hinweise auf Überforderung und Überschreiten von Grenzen sensibel anzusprechen.

Ziele

Die TN

- *erkennen individuelle Handlungsmuster und die Bedeutung der Vielfalt der Helfergemeinschaft*
- *erkennen ihre Neigung zu bestimmten Helferrollen*
- *setzen sich mit den Grenzen und Gefahren des Helfens auseinander und wissen, dass es wichtig ist, in einer guten Balance zu bleiben*
- *kennen ihre Stärken und Ressourcen*
- *wissen um den Gewinn, der im Ehrenamt liegt*

Verlauf der Einheit

DAUER	ZIELE	INHALTE	METHODEN/DIDAKTISCHE HINWEISE	MATERIAL
BLICK IN DIE GRUPPE				
10'	TN benennen ihre Befindlichkeit	»Ankommen« der TN Fragen/Bemerkungen zur letzten Einheit/ Befindlichkeit	Rundgespräch Talking Stone-Runde	Stein
5'	Einführung	Kurzvortrag durch die Leitung Verknüpfung mit der Einheit »sich entschließen«. Motivation/Bild des Helfens.	*(1) Zur Einführung* Kurzvortrag	VK 3.1
BESINNUNG/ÜBUNG				
40'	TN • erkennen individuelle Handlungsmuster und die Bedeutung der Vielfalt der Helfergemeinschaft • erkennen ihre Neigung zu bestimmten Helferrollen • kennen ihre Stärken und Ressourcen	Die Rolle der Helfenden Jeweils 5 Personen stellen ein Bild nach. Reflexion im Anschluss an alle Darstellungen: • Was war für mich überraschend? • Was sind meine Stärken, Ressourcen?	*(2) Zur Übung* Übung: Jeweils 5 Personen stellen ein Bild nach. • Bilder nachstellen am Beispiel von Bild 4 Kees de Kort: Heilung aus Lähmung • Rollenwechsel (die TN, die noch nicht dran waren, werden aufgefordert, in eine Rolle zu schlüpfen) • Nimm eine Rolle ein, die du gar nicht magst	2 Decken Besenstiel Bücher VK 1.5: Bild 4 VK 3.3
(30')		**ALTERNATIVE 1:** Bildbetrachtung: Helferrollen und Rollenwechsel Erarbeitung im Plenum	*(3) Zu Alternative 1* Plenumsgespräch	VK 1.5: Bilder 3 und 4
15'	**PAUSE**			
INFORMATION				
5'	TN setzen sich mit den Grenzen und Gefahren des Helfens auseinander und wissen, dass es wichtig ist, in einer guten Balance zu bleiben	Einführung durch die Leitung: Nächstenliebe mit ihren Chancen und Gefahren	Vortrag	

DAUER	ZIELE	INHALTE	METHODEN/DIDAKTISCHE HINWEISE	MATERIAL
25'		Kleingruppenarbeit Andreas Ebert: Die Gefahren der Nächstenliebe	*(4) Zur Textarbeit* Arbeit in Kleingruppen	VK 3.4
15'		Plenum Zusammentragen der Ergebnisse der Kleingruppen Wie können Sie diese Gedanken auf Ihr Engagement übertragen?	Berichte im Plenum: Wie war es in unserer Gruppe? Welche Chancen und Gefahren des Helfens sieht A. Ebert? Am Ende sollte ein positives Bild stehen!	
(25')		**ALTERNATIVE 1:** Gefahren des helfenden Stils bei Schulz v. Thun, Schaubild Helferkreis Plenumsgespräch zum Gehörten	*(5) Zu Alternative 1* Vortrag Leitung	VK 3.5 VK 3.6
20'	TN • setzen sich mit den Grenzen und Gefahren des Helfens auseinander und wissen, dass es wichtig ist, in einer guten Balance zu bleiben • wissen um den Gewinn, der im Ehrenamt liegt	Übung: Die Waage meines ehrenamtlichen Engagements	*(6) Zur Übung* Einzelarbeit: Die Waage meines ehrenamtlichen Engagements Kurze Zusammenfassung im Plenum	VK 3.7
15'	TN setzen sich mit den Grenzen und Gefahren des Helfens auseinander	Ampel Was ist die Rolle als EA?	Plenum: Was ist das Besondere am hospizlichen Ehrenamt?	VK 3.8 VK 3.9 – austeilen
10'		Einordnung in den Dienst Ggf. Strukturen: Leitung – Mitarbeit Gesamtverantwortung	*(7) Ampel*	
15'	TN kennen ihre Stärken und Ressourcen	Wie erhalten wir uns unsere Motivation für diese ehrenamtliche Arbeit?	*(8) Motivation erhalten* Leitung: Was hilft mir, meine Motivation zu erhalten? Eventuell auch: Was wirkt sich hemmend aus, nimmt mir meine Motivation?	VK 3.10

DAUER	ZIELE	INHALTE	METHODEN/DIDAKTISCHE HINWEISE	MATERIAL
ABSCHLUSS				
10'	Ausklang Wahrnehmen, wo jeder am Ende der Einheit für sich steht.		Kurze Abschlussrunde	
5'	Abschlussritual	Z.B. Text: Bernhard von Clairvaux: Gönne dich dir selbst; eventuell: Bernhard von Clairvaux: Schalen der Liebe		GK 6.7 VK 3.11

Hinweise zum Verlauf

(1) Zur Einführung

Die Leitung führt in das Thema Helfen(-wollen) ein.

Wir haben uns – wie die vier Männer im Bibeltext – entschlossen zu helfen. Über unsere Motive haben wir nachgedacht, und wir wissen, dass viele Bereiche unseres Zusammenlebens ohne freiwilliges bürgerschaftliches Engagement nicht so funktionieren würden. Unser Engagement gewinnt dort an Bedeutung, wo persönliche Zuwendung als »Arbeitsleistung« immer weniger zu finanzieren ist. An diesem Punkt gilt es für uns, besonders darauf zu achten, dass wir als EA nicht als Lückenbüßer oder billige Arbeitskräfte missbraucht werden. Gerade ehrenamtlich Arbeitende dürfen das Recht in Anspruch nehmen, die Aufgaben zu übernehmen, die ihren jeweiligen Kompetenzen, aber auch ihren Möglichkeiten und Grenzen am besten entsprechen.

»Nächstenliebe« am Beispiel des barmherzigen Samariters oder im Jesuswort »Was ihr dem Geringsten meiner Brüder und Schwestern getan habt, habt ihr mir getan« (Mt 25,40) erfährt als Aufgabe christlichen Selbstverständnisses eine ungeahnte Renaissance, auch in säkularisierter Form.

Wir machen alle die Erfahrung, dass soziales Engagement, Hilfe und Unterstützung geben unmittelbar zufrieden machen, Sinn geben und uns das Gefühl geben können, gebraucht zu werden.

Soziales Engagement, Hilfe und Unterstützung geben können aber auch zunehmend ausbrennen, rast- und ruhelos machen, können psychosomatische Erkrankungen fördern, zynisch machen, uns der Familie und dem Freundeskreis entfremden, können Macht verleihen und vieles mehr.

Eine Balance zu finden zwischen Geben und Nehmen, zwischen den Bedürfnissen des Anderen und den eigenen schützt uns davor, Hilfe auf Kosten der eigenen Person zu idealisieren. Gleichzeitig kann es eine lohnenswerte Aufgabe für uns sein, neu zu entdecken, dass altruistische Verhaltensweisen einen hohen Wert darstellen, die die Persönlichkeit stärken und innere Zufriedenheit fördern können.

(2) Zur Übung

Diese Übung soll den TN transparent machen, welche der möglichen Rollen beim Helfen die ihnen naheliegendste ist. Wiederum geht es darum, die eigenen Vorlieben und Automatismen, aber auch die der Anderen wahrzunehmen. Diese Wahrnehmung eröffnet die Möglichkeit, Alternativen für sich selbst zu erwägen, und stärkt die Toleranz gegenüber anderen, die (andere) Rollen (anders) wahrnehmen. Auf diese Weise können die Individualität des Helfens, aber auch die Bedeutung der Vielfalt und Gesamtheit der Helfergemeinschaft entdeckt werden.

- *Dia 4 (Kees de Kort, Jesus und der Gelähmte) zeigen.*
- *Jeweils fünf Personen stellen die Szene nach (alle TN sollen nacheinander beteiligt sein).*
- *Im Anschluss an die Darstellungen äußern sich die »Spieler*innen«:*
  - *Welche Rolle habe ich übernommen? Warum? Was verbinde ich mit dieser Rolle? Knüpft sie an Konstellationen aus meinem Leben/meinem privaten oder beruflichen Alltag an?*
  - *Welche anderen Rollen gibt es? Könnte ich auch andere Rollen übernehmen? Welche könnte ich auf keinen Fall übernehmen? Stellen Sie auch diese veränderte Situation nach.*

(3) Zu Alternative 1

Der Akzent dieser Alternative liegt auf der Wahrnehmung der verschiedenen möglichen Rollen. Hinzu kommt aber der Aspekt des Rollenwechsels. Besonders in der Kinder- und Jugendhospizarbeit werden in der Begleitung der Familien (zu verschiedenen Zeiten) unterschiedliche Rollen und Funktionen übernommen. Gerade ehrenamtlich Arbeitende dürfen das Recht in Anspruch nehmen, die Aufgabe zu übernehmen, die ihren jeweiligen Kompetenzen, aber auch ihren Möglichkeiten und Grenzen am besten entsprechen.

- *Bild 3 ansehen. Gruppe beschreibt das Bild – unter dem Aspekt der Rollen. Wenig Moderation.*
- *Bild 4 ansehen. Gruppe beschreibt das Bild.*
- *Reflexion: Was hat sich verändert?*

Mögliche Stichworte für ein weiteres Gespräch:

- *Funktionen können sich ändern*
- *Keine Aufgabe ist unwichtig*
- *Unterschiedliche Gewichtung der Tätigkeiten*
- *Unterschiedliche Begebenheiten erfordern unterschiedliche Tätigkeiten*
- *Ich muss wissen, wo meine Position ist*
- *Zwei Aspekte sind wichtig:*
  - *Appell an den Begleiter, bei sich zu sein.*
  - *Mahnung, die Bedürfnisse der Familienmitglieder nicht aus den Augen zu verlieren, mich ihnen nicht in meiner Lieblingsrolle überzustülpen*
- *Unterscheidung für die Praxis: Dränge ich mich auf oder bin ich gefragt?*

(4) Zur Textarbeit

Andreas Ebert »Der Helfer, die Helferin – Gefahren der Nächstenliebe«

Den Text in drei Kleingruppen erarbeiten. Auftrage zur Erarbeitung:

1. *Die TN lesen je für sich den Text*
2. *Dabei markieren sie Zustimmung (+), Widersprüche (-), Fragen (?)*
3. *Anschließend Austausch in der Kleingruppe über die markierten Stellen und folgende Fragen:*
   - *Fragt mich der Text in meinen privaten und/oder beruflichen Lebensbezügen an? Wenn ja, wo?*
   - *Worin sieht der Autor Chancen und Gefahren des Helfens?*
   - *Je 1 Stichwort auf einer Karte festhalten*
   - *Karten später im Plenum vorstellen*
   - *Zeit: 30-40 Minuten*
4. *Plenum:*
   - *Wie war es in unserer Gruppe?*
   - *Vorstellen der Karten als Ergebnis zu Punkt 3*
   - *Kurzer Austausch über das Gesamtergebnis*

(5) Zu Alternative 1

Nach Friedemann Schulz von Thun und anderen ist der Wunsch, anderen Menschen zu helfen, etwas, das in seiner grundlegenden Bedeutung für uns Menschen nicht in Frage gestellt werden sollte. Nun setzt der Begriff »helfen« einen Helfenden und jemanden, dem geholfen wird, voraus. Ein Helfen ohne ein Gegenüber geht ins Leere.

Schulz von Thun spricht davon, dass im helfenden Stil Gefahren liegen können, die bis in die Dynamik eines unauflöslich erscheinenden Teufelskreises führen können.

So ist der Satz »Gut gemeint ist nicht gut gemacht« auch in dieser Richtung zu verstehen, denn nicht alles, was ich meine, was die andere Person benötigt, entspricht deren (erfragten) Bedürfnissen, sondern kann Ausdruck dessen sein, was dem Anderen in meiner Fantasie gut täte. So sind Reaktionen wie »Ich habe aber gar keinen Hunger«, »Ich möchte die Berührung jetzt nicht« oder einfach »Lass mich doch einfach in Ruhe« erklärbar. Oft reagieren wir selbst in dem Moment mit Unverständnis oder mit Ärger: »Wie kann man denn so undankbar sein«. Oder wir kommen zu einem Gespräch zwischen Mutter und Tochter dazu, in dem die Mutter sagt: »Nie bist du da, wenn ich dich brauche.« – »Du bist ungerecht, jeden Tag bin ich hier«, und dann fängt die Tochter an zu weinen.

Solche oder ähnliche Situationen kennen wir aus der Familie oder auch aus Begleitungen; oft wird versucht, mit mehr Fürsorge, d.h. z.B. mit mehr Anwesenheit auf den Vorwurf zu reagieren.

An solchen Punkten lädt uns Schulz von Thun ein, innezuhalten und unsere Art zu helfen, unseren Anspruch an uns und das Verhältnis zum Geholfenen zu überdenken. Dieses Innehalten, das einem Nicht-mehr-weiter-so entspricht, ist der erste Schritt, aus solchen Dynamiken von Verletzungen, Enttäuschungen und Ärger auszusteigen. Vielfach wird der Wunsch des eigenen Helfens von dem Anderen als Überfürsorge, als Bevormundung bis hin zur Entmündigung erlebt.

Wird mir als Helfendem bewusst, dass u. U. auch der Andere unglücklich mit der Situation ist? Er möchte eigentlich, dass ich wiederkomme, aber nicht so. Schulz von Thun weist auf Untersuchungen hin, die sich näher mit unserer eigenen Helferpersönlichkeit auseinandersetzen. Gerade helfende Berufe finden Abhängigkeitsverhältnisse vor, in denen es Bedürftige (z.B. Kranke) und Helfende (z.B. Pflegende, Therapeuten) gibt. Dies zieht Menschen an, die in einer besonderen Weise eine Verantwortung zu helfen spüren. Diesem Impuls des Helfen-Wollens empfiehlt Schulz von Thun auf den Grund zu gehen, um zu verhindern, dass der Helfende in der Sorge um den anderen seine eigenen Bedürfnisse, Wünsche und Sehnsüchte aus dem Blick verliert und auf diese Weise sein eigenes Befinden allein auf der Reaktion derer, denen er hilft, aufbaut. In dieser Art der Hilfeleistung wird der Helfende abhängig von der Dankbarkeit und Anerkennung der anderen, und zugleich baut er dabei auf ein starkes, selbstbewusstes Außenbild auf.

Die Gefahren drohen in zwei Weisen: Obwohl der Helfende sich über alle eigenen Grenzen hinweg bemüht, sich zerreißt, wird er abgelehnt, da der Bedürftige sich vereinnahmt bzw. durch das Zuviel an Zuwendung erdrückt fühlt. Die andere Seite ist, dass bei so viel Kümmern um andere das eigene Empfinden, die eigenen Bedürfnisse so vernachlässigt werden, dass dies in eine Unfähigkeit münden kann, sich selbst Hilfe zu holen oder überhaupt einzugestehen, diese zu brauchen. Das Innere schreit förmlich danach: »Sieht denn keiner, wie es in mir drinnen aussieht?«, und gleichzeitig wirkt die Fassade unerschütterlich – stark. Dieses Missverhältnis von geben und selbst nehmen zu können kann müde und krank machen, bis dahin, dass Beziehungen zu anderen leiden, die Person sich außerhalb ihres Hilfeortes mehr und mehr zurückzieht.

Schulz von Thun betont an solchen Stellen, dass Tugenden wie *Verantwortung*, *Fürsorge*, *Anteilnahme* Korrektive, Gegensteuerungen benötigen, um wirklich dem Anderen und sich selbst gerecht zu werden. So stellt er *Verantwortung* das Bewusstsein von *eigener Bedürftigkeit*, *Anteilnahme* die Notwendigkeit der *Abgrenzung* und *Fürsorge* die *Herausforderung loszulassen* entgegen. Dabei geht es ihm nicht um ein Entweder-oder, sondern um ein Sowohl-als auch. D.h., die Reife des Helfens liegt in dem durchaus schwierigen Weg des Selbsterkennens u.a. dessen, was mir guttut, wie ich mich selbst und Beziehungen pflege und Ausgleiche schaffe, wie ich Nähe geben und mich wieder in eine Distanz zur Situation bringen kann, wie ich Angebote der Unterstützung so formuliere, dass der Andere guten Gewissens nein sagen kann.

Indem ich mir erlaube, nicht auf alle Bedürfnisse einzugehen, gebe ich dem Anderen die Möglichkeit, Grenzen, meine Grenzen zu erfahren, und wir begegnen uns auf Augenhöhe. Eine gelingende helfende Beziehung bedarf Grenzsetzungen und beinhaltet Momente der Nähe und Distanz.

(6) Zur Übung

Ehrenamtliches Engagement bedeutet, sich einzusetzen, Zeit und Kraft, auch andere Ressourcen zu investieren. Ehrenamtliches Engagement muss aber, damit es ein »gesundes« Engagement ist, auch etwas bringen: Ehre ist das, was es einbringt, so deutet allein das Wort an.

Zu Beginn des Informationsteils werden die TN gebeten, den Zusammenhang von Geben und Nehmen, von Einsatz und Gewinn zu reflektieren. Dazu wird folgende Übung empfohlen:

Die Leitung stellt eine Waage (mit zwei Waagschalen) in die Mitte oder verwendet die Waage VK 3.7: Die eine Waagschale steht für unseren Einsatz, unser Geben; die andere für unseren Gewinn, für das, was wir bekommen und nehmen.

Die TN bekommen Karten in zwei Farben (für Geben und Nehmen). Mit je einem Stichwort pro Karte benennen sie, was sie in ihr Engagement einbringen (geben) und was sie aus diesem Engagement für sich bekommen (nehmen). Sie legen diese Karten nacheinander vor sich auf den Boden.

Anschließend folgt eine kurze Austauschrunde im Plenum zu der Frage: In welchem Verhältnis stehen Geben und Nehmen bei mir?

Mit Hilfe einer richtigen Waage lassen sich Geben und Nehmen anschließend quantifizieren. Man benötigt dazu außer der Waage Frühstückstüten, Vogelsand und eine kleine Schaufel. Einzelne TN füllen entsprechend ihrer Selbsteinschätzung die Tüten mit Sand: Wie viel Zeit gebe ich? Wie viel Energie? Wie viel Empathie? ... Und auf der Gegenseite: Wie viel Dankbarkeit erhalte ich? Wie viel Lebenserfahrung? Wie viel Befriedigung? ... Beides wird dann gegeneinander aufgewogen. Gibt jemand deutlich mehr, als er empfängt, muss er sich der Frage stellen: Wie erneuern Sie Ihre Kräfte? (Rückgriff auf die Kraftquellen im Grundkurs). Empfängt jemand mehr, als er gibt, kann die Frage lauten: Schätzen Sie Ihr Geben richtig ein, oder geben Sie zu wenig?

(7) Ampel

Die neuere Hospizbewegung war von Anfang an eine Bürgerbewegung. Hauptamtliche haben sie mitunter angestoßen, aber getragen wurde und wird sie wesentlich von ehrenamtlich Mitarbeitenden. Wie in anderen Bereichen der Gesellschaft wären solche Aufgaben rein hauptamtlich nicht leistbar.
Es ist wichtig, sich dessen bewusst zu sein. Es ist wichtig, das zu thematisieren und auch auf die Unterschiede zum Hauptamt zu sprechen zu kommen. Anhand der Ampel kann aufgezeigt werden, welche Aufgaben zu einer hospizlichen Begleitung gehören und welche nicht.
Das Blatt VK 3.9 kann als weiterer Anhaltspunkt dienen.
Es können an dieser Stelle konkrete Vereinbarungen des Dienstes angesprochen werden, z.B.: Wie verbindlich sind die Gruppenabende? Wie lange wird die Bereitschaft zur Mitarbeit erwartet? ...

(8) Motivation erhalten

Wenn ein Auto über lange Zeit zuverlässig funktionieren soll, dann wissen wir, dass wir es rechtzeitig und regelmäßig warten müssen. Es ist wichtig zu überprüfen, ob Verschleiß aufgetreten ist. Wenn ja, dann muss gehandelt werden, wenn nein, dann kann weitergefahren werden. Anhand des Vergleichs mit einem Auto soll erarbeitet werden, wie es gelingen kann, die Motivation zu pflegen.
Die Leitung kann mit den TN wichtige Punkte erarbeiten (Was wirkt sich hemmend aus? Was nimmt mir meine Motivation? Was fördert sie?) und ggf. ergänzen. Das Arbeitsblatt VK 3.10 kann an die TN ausgeteilt werden.

Liste der Materialien

VK 3.1 Einführung – helfen
VK 3.2 Verlaufsübersicht – helfen
VK 3.3 Arbeitsblatt: Helferrollen
VK 3.4 Gefahren der Nächstenliebe
VK 3.5 Schaubild: Helferkreis
VK 3.6 Schulz von Thun: Der helfende Stil
VK 3.7 Waage meines ehrenamtlichen Engagements
VK 3.8 Ampel
VK 3.9 Rolle der EA

VK 3.10 Wie erhalten wir unsere Motivation?
VK 3.11 Bernhard von Clairvaux: Schale der Liebe

Weiterführende Literatur

Wolfgang Schmidtbauer: Die hilflosen Helfer, Rowohlt-Verlag, Reinbek, 10. Auflage 2003.
Cicely Saunders/Christoph Hörl (Hg.): Brücke in eine andere Welt, Verlag Herder, Freiburg/Br. 1999.
Friedemann Schulz von Thun: Miteinander reden, Bd. 2, Rowohlt-Verlag, Reinbek 1989.

EINHEIT 4: INNEHALTEN

Einführung

Die Vier haben dem Gelähmten einen Weg gebahnt, sie haben ihn und sich selbst auf den Weg gebracht. Über Umwege haben sie ihr Ziel erreicht. Nun begegnen sie einander: Jesus und der Gelähmte, aber auch Jesus und die Männer.
Als der Gelähmte durch das Dach Jesus vor die Füße gelegt wird, »sieht Jesus ihren Glauben«. Jesus erkennt in einem Augenblick den Glauben der Freunde und das Leid des Kranken, obwohl sie nichts von ihrem Glauben gesagt haben. Aber durch ihre Haltung haben sie ihren Glauben, ihr Vertrauen, ihre Hoffnung, dass da Heilung ist, dass die Lähmung aufgehoben werden kann, deutlich gemacht.
In der Begegnung Jesu mit den Freunden und dem Gelähmten geschieht in einem Moment, in diesem Moment, ganz viel: Jesus sieht die Menschen und ihre Haltung, er spürt und reagiert.
In der Geschichte ist hier eine Zäsur. Man spürt fast, wie alle die Luft anhalten und staunen. Über die Vier, aber auch über Jesus. Es ist ein Moment, um innezuhalten.

An entscheidenden Stellen unseres Lebens ist es wichtig, innezuhalten, zu staunen, zu bedenken, nachzuspüren. Auch das Verhalten anderer fordert uns immer wieder dazu heraus, das Leben zu bedenken.
Ging es in der dritten Einheit um die eigene Persönlichkeit unter dem Aspekt des »Helfer-Seins«, so geht es nun darum, der eigenen Person in ihrem »Geworden-Sein« auf die Spur zu kommen.
All unser Sein, Reden und Handeln, Denken und Fühlen hat mit dem zu tun, was, wer und wie wir (geworden) sind. Zu welchen Einstellungen und Wertvorstellungen, Meinungen und Urteilen, Wünschen und Hoffnungen, aber auch Befürchtungen und Ängsten bin ich in meiner Lebensgeschichte gekommen? Welche Ereignisse haben mich dahin geführt? Was waren Schlüsselerlebnisse für mich, wo und wie sind meine »Weichenstellungen« zustande gekommen? Wo und wie habe ich mich selbst weiterentwickelt, mich »selbst erzogen«?
Was habe ich selbst getan oder unterlassen? Und es lohnt sich auch, darüber nachzudenken, was andere für mich getan haben. Was wurde mir im Leben geschenkt? Da gibt es ganz Vieles und als Erstes natürlich das Leben überhaupt.
Begegne ich in der Hospizbegleitung anderen Menschen, anderen Situationen, dann können ihre Fragen auch zu meinen werden, können ihre Sehnsüchte und Zweifel meine Sehnsüchte und Zweifel hervorbringen. Es kann ihr Dank meinen Dank bestärken. Dann können aber auch meine Hoffnung und meine Haltung zu Hoffnung und Haltung von anderen werden.
Dieses alles zu »bedenken« weckt Erinnerungen, Gefühle, positive, aber unter Umständen auch sehr schmerzhafte. Genau aber diesem »Bedenken« wollen wir uns stellen, um uns selbst immer besser zu verstehen und so auf die Arbeit der Sterbebegleitung vorzubereiten. Aber auch um zu erahnen, was bei Eltern, bei Geschwistern und nicht zuletzt bei den erkrankten Kindern vorgeht, die angesichts der Grenze des Todes ihrerseits ihr Leben »bedenken«.

Hinweise für die Leitung

Wie immer folgt auf den Blick in die Gruppe eine Einführung in das Thema dieses Schrittes. Dieser verfolgt eine doppelte Absicht.

Einerseits: In der hospizlichen Begleitung von Familien sind wir selbst unser einziges Werkzeug. Zwar können wir Fertigkeiten erlernen und vervollkommnen, aber die entscheidende Ressource dieser Arbeit ist die eigene Person. Darum vertiefen wir in diesem Schritt das Bewusstsein über das eigene »Geworden-Sein«, die persönlichen Prägungen. Nur wenn wir uns damit beschäftigen, können wir lernen, uns selbst und anderen authentisch zu begegnen.
Andererseits: In der Begleitung von Familien mit lebensverkürzend erkrankten Kindern und Jugendlichen oder in der Begleitung von erwachsenen Sterbenden und ihren Angehörigen müssen wir damit rechnen, dass diese uns mit ihren Gedanken über ihr Leben, mit ihrer Bilanz, mit ihren Bekenntnissen und »Lebensbeichten« konfrontieren.
In den Kurs sind drei Vorschläge, das eigene Leben zu bedenken, aufgenommen und näher ausgeführt. Die TN sollten ermutigt werden, den Blick auf ihr Leben zu Hause fortzusetzen.
Die Arbeit an der eigenen Biografie erfordert von der Leitung eine hohe Aufmerksamkeit und Behutsamkeit für den Einzelnen, aber auch für Äußerungen innerhalb der Gruppe. Dies kann ein guter Zeitpunkt sein, an die Gruppenregeln und die Eigenverantwortung für das, was ich im Moment mitteilen kann und will, zu erinnern.

Ziele

Die TN

- *setzen sich mit ihrer Lebensgeschichte (mit prägenden Schlüsselerlebnissen) auseinander*
- *verstehen mehr von ihren Lebens- und Handlungsmustern und tauschen sich darüber aus*
- *verbinden die eigenen Wertvorstellungen mit dem Verständnis zur hospizlichen Haltung*

Verlauf der Einheit

DAUER	ZIELE	INHALTE	METHODEN/DIDAKTISCHE HINWEISE	MATERIAL
BLICK IN DIE GRUPPE				
10'	TN benennen ihre Befindlichkeit	»Ankommen« der TN	*(1) Zur Talking Snail-Runde* Talking Stone/Snail-Runde	Stein/Schnecke
5'		Einführung durch die Leitung	*(2) Zur Einführung* Vortrag	VK 4.1
BESINNUNG/ÜBUNG				
30'	TN • setzen sich mit ihrer Lebensgeschichte (mit prägenden Schlüsselerlebnissen) auseinander	TN erstellen in Einzelarbeit ihr persönliches Lebenswappen	*(3) Zum Lebenswappen* TN malen »ihr« Lebenswappen TN erstellen in Einzelarbeit ihr persönliches Lebenswappen	VK 4.3 a/b Schemazeichnung eines Wappens auf einem Plakat oder DIN A3-Papier für das Wappen Malutensilien

DAUER	ZIELE	INHALTE	METHODEN/DIDAKTISCHE HINWEISE	MATERIAL
	• verstehen mehr von ihren Lebens- und Handlungsmustern und tauschen sich darüber aus		Ob alle TN im Raum bleiben oder sich ihren Ort suchen können, ist zu entscheiden.	
(30')		**ALTERNATIVE 1:** Lebenswegmeditation	*(4) Zu Alternative 1* Die TN sollen auf einer langen Papierbahn Stationen ihres Lebens markieren. Sind zwei TN fertig, dürfen sie in stillschweigendem Kontakt den Raum zum Zweieraustausch verlassen.	VK 4.4
(45')		**ALTERNATIVE 2:** Mein Lebensbild legen	*(5) Zu Alternative 2* TN werden eingeladen, ihr persönliches Lebensbild mit Höhen, Tiefen und Wendungen in der Mitte des Stuhlkreises – ausgedrückt durch Symbole und Bilder – zu legen. TN sammeln Material in der Natur oder benutzen Legematerialien, die vorbereitet sind.	Evtl. vorbereitetes Material zum Legen (z.B. Legematerial nach Kett)
25'		Austausch	*(6) Zum Partnergespräch* Zweiergespräch: Austausch über die Ergebnisse und das, was bewegt TN suchen sich in der Gruppe ihre Gesprächspartner*in	die entstandenen Arbeiten
25'		Offene Runde im Plenum mit der Möglichkeit, seitens der Leitung nachzufragen	*(7) Zum Blick auf die Übung* Plenum: Wie ist es mir beim Erinnern und Malen/Legen und während des Gesprächs ergangen? Mit dem Bibeltext Prediger/Kohelet – Alles hat seine Zeit – könnte das Plenum eröffnet oder abgeschlossen werden.	VK 4.5a/b
5´		Symbolhafter Abschluss	*(8) Zum symbolhaften Abschluss* 1. Ich zünde ein Licht an und stelle es in die Mitte für alles Positive, das bedacht wurde.	Kerze

DAUER	ZIELE	INHALTE	METHODEN/DIDAKTISCHE HINWEISE	MATERIAL
			2. Ich lege einen Stein in die Mitte für alles Schwere, das bedacht wurde. Wenn es 2. gibt: Ich breite ein Band um beides, um zu sagen, dass dieses alles zu einer Einheit in uns gehört.	Stein Band
30'	**PAUSE**			
INFORMATION				
5'	TN verbinden die eigenen Wertvorstellungen mit dem Verständnis zur hospizlichen Haltung	Einführung in Haltung/Werte	*(9) Zur Hospizhaltung* Wir begegnen in der Begleitung Lebensthemen, Biografien. Mit welcher Haltung treten wir solchen gegenüber?	
15'		Was für eine Haltung ist in der Begegnung mit anderen Menschen für mich bedeutsam?	Brainstorming Leitung hält die Stichworte auf Flipchart fest	
20'		Werte, Grundhaltungen in der Hospizbewegung	Text C. Saunders: Grundprinzipien der Hospizarbeit vorlesen *(10) Zu Murmelgruppen* Murmelgruppen zum Saunders-Text	VK 4.6
10'			Haltungs-Text der VELKD und Ressourcen-orientierte Fragen mitgeben	Zum Mitgeben für die TN: VK 4.7 VK 4.8
ABSCHLUSS				
5'	Ausklang	Text oder Spruch Die Leitung kann alternativ einen symbolhaften Abschluss setzen, wenn er nicht schon vorher gemacht wurde! S.o.	*(11) Texte/Lieder zum Abschluss* s.a. *(8) Zum symbolhaften Abschluss*	entsprechendes Material VK 4.9 VK 4.10 VK 4.11

Hinweise zum Verlauf

(1) Zur Talking Snail-Runde
Manchmal muss man innehalten um festzustellen, ob die Seele schon »nachgekommen« ist. Beim Blick in die Runde kann deshalb statt eines Talking Stone eine Talking Snail verwendet werden, eine sprechende Schnecke. Die Seele schleppt, wie die Schnecke, alles mit und kommt deshalb nur langsam voran. Die Eingangsfrage könnte lauten: Wie weit ist bzw. wo befindet sich im Moment Ihre Seele?

(2) Zur Einführung
»Woran du dein Herz hängst, ... das ist dein Gott«, schreibt Martin Luther im Großen Katechismus zum ersten der Zehn Gebote: Du sollst nicht andere Götter haben neben mir. »Einen Gott haben bedeutet, etwas haben, an das ich mein Herz hänge und dem ich unbedingt vertraue. ... Ein ›Gott‹ heißt etwas, von dem man alles Gute erhoffen und zu dem man in allen Nöten seine Zuflucht nehmen soll. ›Einen Gott haben‹ heißt also nichts anderes, als ihm von Herzen vertrauen und glauben; wie ich oft gesagt habe, dass allein das Vertrauen und Glauben des Herzens etwas sowohl zu einem Gott als zu einem Abgott macht. Ist der Glaube und das Vertrauen recht, so ist auch dein Gott recht, und umgekehrt, wo das Vertrauen falsch und unrecht ist, da ist auch der rechte Gott nicht. Denn die zwei gehören zuhauf (zusammen), Glaube und Gott.«
Im Gleichnis von der Heilung aus Lähmung hält Jesus inne und sieht auf die Männer. Er sieht den Glauben und das Vertrauen der Männer. – Ich halte inne und schaue auf mich und meinen bisherigen Weg. Welche Lebens- und Handlungsmuster habe ich aufgrund meiner Lebensgeschichte entwickelt? Wie sieht es mit meinem Glauben und Vertrauen aus?
Wie immer folgt auf den Blick in die Gruppe eine Einführung in das Thema dieses Schrittes. Dieser verfolgt eine doppelte Absicht.
Einerseits: In der hospizlichen Begleitung von Familien sind wir selbst unser einziges Werkzeug. Zwar können wir Fertigkeiten erlernen und vervollkommnen, aber die entscheidende Ressource dieser Arbeit ist die eigene Person. Darum vertiefen wir in diesem Schritt das Bewusstsein über das eigene »Geworden-Sein«, die persönlichen Prägungen. Dabei fragen wir nicht nur nach unseren gegenwärtigen Einstellungen, Meinungen, Gefühlen, sondern auch nach deren Verankerung in unserem Lebenslauf. Einschneidende Ereignisse, Wendepunkte, Höhe- und Tiefpunkte, aber auch dauerhaftes Erleben haben uns entscheidend geprägt. In unserer Geschichte sind die Weichen gestellt worden für das, was uns heute ausmacht. Nur wenn wir uns damit beschäftigen, können wir lernen, uns selbst und anderen authentisch zu begegnen.
Andererseits: Krisen und Grenzen im Leben provozieren das Nachdenken über die eigene Existenz. In der Begleitung von Familien mit lebensverkürzend erkrankten Kindern und Jugendlichen oder in der Begleitung von erwachsenen Sterbenden und ihren Angehörigen müssen wir damit rechnen, dass sowohl das kranke Kind als auch Menschen aus dem Umfeld uns mit ihren Gedanken über ihr Leben, mit ihrer Bilanz, mit ihren Bekenntnissen und »Lebensbeichten« konfrontieren. Es tauchen Fragen auf, die in »guten« und gesunden Tagen nicht auftauchen. Der Wunsch, sich auszusprechen, sich alles von der Seele zu reden, begegnet uns. Im Vertiefungskurs wollen wir uns diesen Situationen und Fragen annähern, indem wir uns unsererseits mit unserem Leben auseinandersetzen.
Selbstverständlich gibt es noch viele weitere Möglichkeiten, das Leben zu bedenken, beispielsweise eine einfache Lebenslinie. Auch eine Freudenbiografie, die ganz wesentlich die schönen, guten, freudigen Momente des Lebens betont, wäre möglich.

Die TN sollten ermutigt werden, den Blick auf ihr Leben zu Hause fortzusetzen, da in mehreren Runden mehr Einzelheiten erinnert werden als bei einem einzelnen Durchgang. Sie werden dann vielleicht feststellen können, wie reich ihr Leben ist.

(3) Zum Lebenswappen

Bei der Erstellung eines Lebenswappens kommt das ganze Leben in den Blick. Es wird besonders nach einschneidenden und prägenden Erlebnissen gefragt. Es tauchen Erinnerungen und Gefühle auf, die erneut an Kraft und Bedeutung gewinnen können. Darum ist in dieser Phase die Aufmerksamkeit und Behutsamkeit der Leitung für die Gruppe besonders wichtig.

Wenn die Lebenswappen oder die Bilder der Lebenslinie hinterher im Plenum ausgelegt oder auch vorgestellt werden sollen, muss dies schon zu Beginn angekündigt werden, damit jede/jeder selbst über das Maß der eigenen Offenheit entscheiden kann. Wenn die Veröffentlichung vorgesehen ist, sollte die Vertraulichkeit der Gruppe noch einmal ausdrücklich betont werden. Das Leitungsteam sollte diese Frage in der Vorbereitung gründlich bedenken!

Zur Bedeutung eines Wappens:

Ein Wappen mit seinen Elementen stellt die symbolische Verdichtung einer Gesamtaussage, eines Selbstverständnisses dar. Seien es Symbole, die bestimmte Werte und Tugenden darstellen, seien es Einzelsymbole, die Elemente der jeweiligen Geschichte enthalten, seien es Symbole, die für Namen und Herkommen stehen. Die Gesamtaussage drückt sowohl die Identität als auch ein Programm aus.

Das Wappen kann ein Haus oder Briefpapier ebenso zieren wie die Hand, die einen Siegelring trägt. Damit ist eine Selbstauskunft verbunden: »Das sind wir, die wir hier wohnen«, »Das bin ich, dazu gehöre ich, der/die ich diesen Ring trage.« Als Wappenschild paart sich die Aussage des Wappens mit der Schutzfunktion eines Schildes, das im Kampf vor den Angriffen des Gegners schützen soll. Wenn hier das »Lebenswappen« als Form gewählt wird, dann vor allem, weil es geeignet ist, in seinen verschiedenen Elementen ein Stück eigener Identität darzustellen.

- *das Schema (siehe VK 4.3) Wappenschild zeichnen*
- *Kopfleiste freilassen*
- *das restliche Wappenschild in zwei Hälften aufteilen*
- *jede Hälfte wiederum waagerecht in drei Felder teilen*
- *die Inhalte der Felder (es müssen nicht alle Felder gefüllt werden!):*
  - *Kopfzeile: ein Lebensmotto (nur hier sind Worte erlaubt), sonst Symbole*
  - *im linken oberen Feld: ein helles Erlebnis*
  - *im rechten oberen Feld: ein dunkles Erlebnis*
  - *im linken mittleren Feld: ein Symbol für Gelungenes*
  - *im rechten mittleren Feld: ein Symbol für Misslungenes*
  - *im linken unteren Feld: ein Bild vom Leben*
  - *im rechten unteren Feld: ein Bild vom Tod.*

Die TN gestalten nun ihr Lebenswappen. Die Leitung muss abwägen und entscheiden, ob die Gruppe während des Malens im Raum bleiben soll und die Einzelnen sich dort lediglich ihren Platz suchen, oder ob die TN sich irgendwo außerhalb des Gruppenraumes ihren Platz für diese Arbeit suchen sollen.

(4) Zu Alternative 1
Bei der Erstellung eines Lebensbildes oder -weges kommt das ganze Leben in den Blick. Es wird besonders nach einschneidenden und prägenden Erlebnissen gefragt. Es tauchen Erinnerungen und Gefühle auf, die erneut an Kraft und Bedeutung gewinnen können. Darum sind in dieser Phase die Aufmerksamkeit und Behutsamkeit der Leitung für die Gruppe besonders wichtig.
Wenn die Bilder des Lebensweges hinterher im Plenum ausgelegt oder auch vorgestellt werden sollen, muss dies schon zu Beginn angekündigt werden, damit jede/jeder selbst über das Maß der eigenen Offenheit entscheiden kann. Wenn die Veröffentlichung vorgesehen ist, sollte die Vertraulichkeit der Gruppe noch einmal ausdrücklich betont werden. Das Leitungsteam sollte diese Frage in der Vorbereitung gründlich bedenken!
Die TN sollten ermutigt werden, auf einer langen Papierbahn Stationen ihres Lebens zu markieren. Sie sollen sich für einzelne Stationen in ihrem Leben Zeit lassen, um Gefühle wie Freude, Stolz, Trauer und Wut zu erinnern. Alle TN benötigen unterschiedlich viel Zeit. Jeder, der fertig ist, soll sich irgendwo im Raum hinsetzen, sich Zeit nehmen. Sind zwei TN fertig, dürfen sie in stillschweigendem Kontakt den Raum zum Zweieraustausch über das Erlebte verlassen. Die Leitung sagt vor der Übung, wann alle wieder im Raum sein sollen. 70 Minuten für Meditation und Austausch scheinen hierfür realistisch!

Meine Lebensgeschichte – eine Lebensbahn
Benötigtes Material:
- *weiße Papiertischdecke o.Ä. (mind. 120 cm breit und 10 Meter lang)*
- *Blumenstrauß*
- *Kerze*
- *Eddings in verschiedenen Farben*

Aufbau:
Lange weiße Papierbahn so im Raum ausrollen, dass die Bahn von allen Seiten gut zu erreichen ist. Wahlweise auf den Boden oder auf Tische legen.
An einem Ende der weißen Papierbahn symbolisiert z.B. ein Blumenstrauß oder Ähnliches die Geburt. Am anderen Ende liegt symbolisch etwas für den Tod (z.B. Kerze, Steine, schwarzes Tuch etc.).
Ein Edding für jeden TN liegt bereit. Taschentücher sind in Reichweite.
Wenn möglich, ist es schön, wenn um die sogenannte Lebensbahn Decken, Kissen etc. zum Verweilen, Nachfühlen, Denken etc. einladen.

Zeit:
Die TN sollten ermutigt werden, sich für einzelne Stationen in ihrem Leben Zeit zu lassen, um Gefühle wie Freude, Stolz, Trauer und Wut wirklich noch einmal zu fühlen. Alle TN benötigen unterschiedlich viel Zeit. Jeder, der fertig ist, sollte sich Zeit für sich nehmen. Sind zwei TN in stillschweigendem

Kontakt fertig, dürfen sie den stillen Raum verlassen zum Zweieraustausch über das Erlebte. Die Leitung sagt vor der Übung, wann alle wieder im Raum sein sollen. 70 Minuten für Meditation und Austausch scheinen hierfür realistisch!

Anleitung zur Meditation:
Wir wollen im Schritt »innehalten« noch einmal unser Leben bedenken und an einzelnen Wegabschnitten oder -kreuzungen innehalten, um uns über unsere Gefühle bewusst zu werden, damit sie uns in der Begleitung Sterbender nicht behindern, sondern hilfreich sind.
Jede/r TN positioniert sich an der Lebensbahn dort, wo er augenblicklich glaubt, im Leben zu stehen, und markiert diese Stelle mit einem x-beliebigen Zeichen. Sie mögen sich Zeit für diese Positionierung nehmen.
Dann wandert jeder in seinem ganz eigenen Tempo zum Tag seiner Geburt und überlegt, was ihm erzählt wurde, wer ihn empfangen hat, welche Jahreszeit, Tageszeit, Sternzeichen ... Auch hier malt oder schreibt oder setzt er einfach Zeichen. Diese brauchen lediglich für ihn erkenntlich zu sein.
Sie bezeichnen jeweils Wendepunkte, Abschiede, Bereicherungen, Qualifizierungen, Begegnungen, Höhe- und Tiefpunkte. So wandern die TN in dem ihnen eigenen Tempo durch ihre Lebensstationen. Wenn sie wieder an ihrem Ausgangspunkt angekommen sind, geht es darum, in die Zukunft zu blicken. Wer steht da an meiner Seite? Welche Träume und Visionen sollen sich erfüllen? Was/Wen brauche ich, um über die letzte Grenze zu gehen? Mit wem habe ich noch etwas zu klären? Möchte ich eine grundlegende Veränderung in meinem Leben? Was sind meine Ziele?
Auch hier wird wieder mit dem eigenen Edding markiert. Sind die TN am Ende angelangt, werden sie ermutigt, ihr Leben noch einmal abzuschreiten oder anzugucken, einfach zu würdigen, bevor sie ganz bewusst einen Schritt über die letzte Grenze gehen und sich leise irgendwo im Raum niederlassen. Wenn zwei TN sich bereit für den Austausch fühlen, mögen sie ohne Worte den Raum verlassen.

(5) Zu Alternative 2
Bei der Erstellung eines Lebensbildes kommt das ganze Leben in den Blick. Es wird besonders nach einschneidenden und prägenden Erlebnissen gefragt. Es tauchen Erinnerungen und Gefühle auf, die erneut an Kraft und Bedeutung gewinnen können. Darum sind in dieser Phase die Aufmerksamkeit und Behutsamkeit der Leitung für die Gruppe besonders wichtig.
Die TN werden eingeladen, ihr persönliches Lebensbild mit Höhen, Tiefen und Wendungen in der Mitte des Stuhlkreises – ausgedrückt durch Symbole und Bilder – zu legen.
Während dieser Zeit läuft im Gruppenraum leise eine meditative Musik.

Entweder suchen die TN das Material in der Natur selbst –
  Zeitvorgabe: 45 Minuten inkl. Legen des Lebensbildes
  Es ist hilfreich, den TN kleine Tüten mitzugeben, in denen sie die Materialien aus der Natur in den Gruppenraum bringen können.

Oder die Leitung bietet Legematerial – z.B. nach Kett – an.
  Zeitvorgabe: 30-45 Minuten zum Legen des Lebenslaufs

Für beide Möglichkeiten ist es sinnvoll, das jeweilige Lebensbild auf einen ca. 20-30 cm breiten, 80-100 cm langen farbigen Stoffstreifen zu legen. Hierdurch wird es möglich, die Lebensbilder nach dem Austausch enger um die Mitte zu legen, ohne dass sie zerstört werden.
Stellen die TN ihre Lebensbilder selber im Plenum vor, ist es wertvoll, jedes einzelne Lebensbild nach der Vorstellung durch den TN mit einem Teelicht zu würdigen. Der TN wird eingeladen, ein Teelicht zu entzünden und als Ausdruck der Würdigung der eigenen Vergangenheit zu seinem Lebensbild zu stellen.
Wichtig ist nach dem Vorstellen und dem Austausch eine würdige Aufhebung der gelegten Lebensbilder.
Dies kann geschehen, indem die TN ihre Lebensbilder nach entsprechender Würdigung bei einem gemeinsamen rituellen Gang selbst einem Fluss übergeben oder der Natur (Wald, Lichtung, etc.) zurückgeben, vielleicht auch auf einem Altarstein niederlegen. Hierzu können die Stoffstreifen als Tragetuch genutzt werden. Es ist gut vorstellbar, dieses Ritual vor Ort mit einem Text, der von der Leitung vorgelesen wird, zu beenden (z.B.: »Alles hat seine Zeit« nach Kohelet 3,1-8).
Wenn die Lebensbilder mit Legematerial nach Kett (siehe weiterführende Literatur unten) gelegt wurden, ist es nötig, dass die TN das Material ihres eigenen Lebensbildes selbst wieder in die entsprechenden Behältnisse zurückgeben.
Diese Aufhebung ist wichtig, um das Gewesene und Geschehene und die damit verbundenen Gefühle nach der Würdigung wieder loslassen zu können und sich so aus dieser emotional vielleicht sehr belastenden Situation zu verabschieden und sich Neuem zuwenden zu können.
Eine Möglichkeit, den TN das »Bild ihres Lebens« mitzugeben, ist, dieses zu fotografieren.

(6) Zum Partnergespräch
Die TN suchen sich innerhalb ihrer Gruppe eine Gesprächspartner*in. Beide können sich nun frei austauschen. Dabei entscheidet jede Person selbst über das Maß ihrer Offenheit. Darauf sollte die Leitung ausdrücklich hinweisen.
Die Paare können sich an einen anderen Ort zurückziehen. Auch ein Spaziergang bietet sich für das Gespräch an.
Gegenstand des Gespräches sind die entstandenen Lebenswappen oder Lebensbilder. Die TN können diese mitnehmen oder auch, ohne sie zu zeigen, darüber sprechen. Der Impuls könnte lauten: »Tauschen Sie sich aus über das, was Sie dargestellt haben.«

(7) Zum Blick auf die Übung
Im nun folgenden Plenum geht es nicht um die Inhalte der Bilder, Skizzen oder Partnergespräche, sondern um das Erleben während dieser Zeit. Eine Talking Stone-Runde empfiehlt sich an dieser Stelle nicht, da die Leitung die Möglichkeit haben sollte, ggf. auf das von den TN Mitgeteilte reagieren zu können. Die Leitung achtet hier besonders auf die Gesprächsregeln: keine Diskussionen und keine Deutungen.
Mit dem Bibeltext Prediger/Kohelet »Alles hat seine Zeit« (VK 4.5) – könnte das Plenum eröffnet oder abgeschlossen werden.

(8) Zum symbolhaften Abschluss
In dieser Einheit ist es wichtig, die Personen und ihr Leben gut zu würdigen. Wenn es angebracht ist, kann die Leitung dazu einladen, das, was in der Einzelarbeit oder in den Partnergesprächen zum Ausdruck gekommen ist/sein könnte, in Symbolen zusammenzufassen und diese als »Stellvertreter« in die Mitte zu legen. Eine Kerze für das Gute, Schöne, Wertvolle, Helle. Ein Stein für das Schwere:

Zünden Sie ein Licht an und stellen es in die Mitte für alles Gute, Schöne, Wertvolle, Helle, das bedacht wurde.
Legen Sie einen Stein in die Mitte für alles Schwere, Belastende, das bedacht wurde. (Wenn die TN bei ihren Bildern bereits Steine für das Schwere verwendet haben, kann/sollte auf zusätzliche Steine verzichtet werden. Diese können dann mit dem Licht verbunden werden.)
Wenn Sie das wollen und wenn das für Sie stimmig ist, dann können Sie ein Band, ein Tuch, eine Ranke um beides breiten, um zu sagen, dass dieses alles zu einer Einheit gehört.

(9) Zur Hospizhaltung
Hospizarbeit ist viel weniger Technik, Methode und Wissen als vielmehr Haltung. Es ist wichtig, dass diese nicht immer nur im Hintergrund mitläuft, sondern konkret angesprochen wird.
In einem Brainstorming sollen die TN wichtige Hospizhaltungen nennen. Die Leitung hält die Stichworte auf Flipchart fest.
Der Text »Die drei Grundprinzipien« von Cicely Saunders wird vorgelesen (VK 4.6). In Murmelgruppen tauschen sich die TN darüber aus.
Der Text »Haltung« der VELKD (Vereinigte Evangelische Lutherische Kirche) (VK 4.7) und die ressourcenorientierten Fragen, die der würdezentrierten Therapie entstammen (VK 4.8), können den TN mitgegeben werden.

(10) Zu Murmelgruppen
Murmelgruppen bezeichnet eine Gesprächssituation im Raum, in der die jeweiligen benachbart Sitzenden miteinander ins Gespräch kommen. Insgesamt erfüllt sich der Raum mit »Gemurmel«.

(11) Texte/Lieder zum Abschluss
Für den Abschluss dieser Einheit kann gut ein Musikstück ausgewählt werden. Quellen könnten das Musical »Der kleine Tag« von Rolf Zuckowski oder die CD »When sunshine gets cold ... – Texte und Musik von krebskranken Kindern und Jugendlichen«, KONTAKTE Musikverlag, sein.
Es ist ebenso möglich, einen der vorgeschlagenen Texte vorzutragen. Die anderen Texte können den TN mitgegeben werden.

Liste der Materialien

VK 4.1	Einführung – innehalten
VK 4.2	Verlaufsplan – innehalten
VK 4.3a	Schemazeichnung: Lebenswappen
VK 4.3b	Lebenswappen Kopiervorlage
VK 4.4	Lebenswegmeditation
VK 4.5a	Bibeltext: Prediger Salomon (Kohelet) 3,1-8 (Luthertext)
VK 4.5b	Bibeltext: Prediger Salomon (Kohelet) 3,1-8 (Einheitsübersetzung)
VK 4.6	Cicely Saunders: Die drei Grundprinzipien

VK 4.7 Hospizhaltung
VK 4.8 Ressourcenorientierte Fragen
VK 4.9a Jesaja: Haltung (Luthertext)
VK 4.9b Jesaja: Haltung (Einheitsübersetzung)
VK 4.10 Von guten Mächten wunderbar geborgen
VK 4.11 Schubkarre

Weiterführende Literatur:

Hubert Böke: Lebensgeschichtlich begleiten, in: Wenn Sterbebegleitung an ihre Grenzen kommt, herausgegeben von Hubert Böke, Georg Schwikart, Michael Spohr, Gütersloher Verlagshaus, Gütersloh 2002, S. 77-83.
Information und Materialien zur Kettmethode: RPA Verlag religionspädagogischer Arbeitshilfen GmbH, Gaußstr. 8, 84030 Landshut, T: 0871/73237, F: 0871/73996, www.rpa-verlag.de

EINHEIT 5: ENTLASTEN

Einführung

In der biblischen Geschichte von der Heilung aus Lähmung reagiert Jesus auf den Glauben, auf das Vertrauen der Männer. Zwar etwas anders, als viele erwartet haben, aber entlastend. Von innen her – nicht nur von außen. »Deine Sünden sind dir vergeben.« Wie entlastend dieser Zuspruch ist, sehen wir vom Ende der Geschichte her. Der bisher Gelähmte ist beweglich, ist befreit, kann aufrecht und frohen Mutes seines Weges gehen.
Jesus durchbricht damalige belastende Glaubenssätze wie beispielsweise, dass Krankheiten die Strafe für unmoralisches Verhalten sind. Jesus befreit, Jesus entlastet – auch gerade von lähmenden Glaubenssätzen.
Vieles bedrückt uns in unserem Leben. Vieles lastet auf unseren Schultern: Verantwortung, Unversöhntes mit Menschen auf meinem Lebensweg, mit meiner Lebensgeschichte und auch mit mir selbst, Schuld … Die Einheit »entlasten« kann ein Impuls für uns sein, versöhnter, zufriedener mit uns, mit Mitmenschen, mit unserer Geschichte werden zu können. Wenn wir selbst »Erlösendes« bei uns zulassen, dann hat das positive Wirkung auf andere.
Der eigenen Entlastung kann es auch dienen, die eigenen Ansprüche zu überprüfen. Hier ist die Frage, wie wertschätzend, wohlwollend und verzeihend ich mir selbst gegenüber bin.
In der Sterbebegleitung begegnen wir Situationen, in denen sich Menschen angesichts von Krankheit und Sterben mit anderen Menschen, mit ihrem Leben, mit sich selbst oder Gott versöhnen möchten. Es ist wichtig, dass wir als Begleiter für solche Anliegen offen sind. Sich öffnen, sich anvertrauen, etwas loswerden können, etwas aussprechen können, sich etwas von der Seele reden – das alles sind Formulierungen für solche Gesprächssituationen, die anzeigen, dass es Belastendes, Schweres gibt, das nur schwer ausgesprochen werden kann, oftmals aber umso dringlicher ausgesprochen werden muss, um für das weitere Leben frei zu werden. Deshalb ist es wichtig, sich mit dem Thema Entlastung, Versöhnung … in der Vorbereitung auf diesen Dienst intensiv zu beschäftigen.
Es gibt geschulte Fachpersonen – beispielsweise Seelsorger*innen, Therapeut*innen oder Psycholog*innen, die insbesondere dann gefragt sind, wenn in der Begleitung die Begleitenden an ihre Grenzen stoßen bzw. der Wunsch nach fachlicher Hilfe deutlich wird. Wir als Begleitpersonen können nicht entschuld(ig)en. Allerdings können wir in Begleitungen die Person sein, die zuhört, die zum rechten Zeitpunkt am rechten Ort ist. Dann kann unser Dasein eine seelsorgerliche, therapeutische, entlastende Qualität und Wirkung haben.
Indem wir da sind, halten wir Schuld und Unversöhntes solidarisch mit aus.
Das Thema Schuldgefühle ist insbesondere in der Kinder- und Jugendhospizarbeit immer wieder relevant. Beispielsweise fühlen sich viele Kinder schuldig an der Krankheit ihres Geschwisters oder Eltern an der Krankheit ihres Kindes (nicht nur bei Erbkrankheiten).
Es ist wichtig, hier Informationen zu haben über Schuld, Scham, Schuldgefühle, über die Entwicklungspsychologie und über die Möglichkeiten der Seelsorge, um vermitteln zu können.

Hinweise für die Leitung

Wir sind in der Mitte des Vertiefungskurses angekommen. In der Einheit »entlasten« ist die Leitung zu einer Gratwanderung aufgerufen. Zum einen sind die Kursteilnehmer*innen aufgefordert, sprichwörtlich in den eigenen Keller des unversöhnten, ungelebten Lebens zu den Begebenheiten »hinabzusteigen«, die auch heute noch schmerzhaft sind, zum anderen soll über die Auseinandersetzung mit diesen Erfahrungen die Bedeutung von Bei-Stand, Begleitung und fachlicher Unterstützung erkennbar werden. Die verdichtete Sterbesituation kann die Begleitenden an Grenzen führen, die diese nicht überschreiten können und die auszuhalten und auch abzugeben (an Gott, an Fachkräfte) sind. Daneben ist es Aufgabe der Leitung, Wissen um die Wirkung von Schuld und Schuldgefühlen zu vermitteln, aber auch Erinnerungen an Verzeihung, Versöhnung und Entschuldung zu wecken. Rituale entfalten eine Wirkung auch über den Tod hinaus, religiöse Formen der Versöhnung weisen über den einzelnen Menschen hinaus. Damit verweist die Einheit auf die enge Verbindung zur anschließenden Einheit »deuten«, in der es u.a. um die Einordnung von Ereignissen in das eigene Leben geht.

Ziele

Die TN

- *kennen den Unterschied von Schuld und Schuldgefühlen, magische Schuldvorstellungen von Kindern und die Grenzen im Umgang damit*
- *setzen sich mit Erfahrungen von Unversöhntem u.a. in Begleitungssituationen auseinander*
- *reflektieren Erfahrungen der Entlastung, der Befreiung, der Versöhnung*
- *kennen Angebote der Entlastung, auch durch die Seelsorge*

Verlauf der Einheit

DAUER	ZIELE	INHALTE	METHODEN/DIDAKTISCHE HINWEISE	MATERIAL
BLICK IN DIE GRUPPE				
10'	TN benennen ihre Befindlichkeit	»Ankommen« der TN	Talking Stone-Runde	Stein
5'		Einführung: Was kann zu Lähmungen führen? Schuld, Schuldgefühle, Schuldblockaden	*(1) Mögliche Anknüpfung an das Lebenswappen*	
BESINNUNG/ÜBUNG				
5'	TN setzen sich mit Erfahrungen von Unversöhntem auseinander	Erinnern und reflektieren von Erlebnissen mit schlechtem Gewissen	Impuls *Variante 1:* Reinhard Mey: »Zeugnistag« vorspielen, vorlesen *Variante 2:* Mahatma Ghandi: »Ein Schlüsselerlebnis« vorlesen	 VK 5.3 VK 5.4

DAUER	ZIELE	INHALTE	METHODEN/DIDAKTISCHE HINWEISE	MATERIAL
			Variante 3: Wir wollten uns immer die Wahrheit sagen TN lesen den Text in Einzelarbeit	VK 5.5
20´	TN reflektieren Erfahrungen der Entlastung, der Befreiung, der Versöhnung	Zweiergruppen: Beschäftigung mit Fragen nach Scham und Schuld und dem, was hilfreich oder hinderlich war	Zunächst Austausch in Zweiergruppen: Wo habe ich so etwas (Ähnliches) erlebt? Situationen, in denen ein Gefühl von schlechtem Gewissen, Scham, Schuld entstanden ist. Was war hilfreich? (jemanden zu haben, der mit aushält) Was hätte ich mir gewünscht? Was war eher hinderlich?	
15'		Plenum: Zusammentragen der Erkenntnisse	Plenum – wichtige Ergebnisse/Erkenntnisse	
Information				
25'	Die TN • kennen den Unterschied von Schuld und Schuldgefühlen • (KiJu) kennen magische Schuldvorstellungen von Kindern und die Grenzen im Umgang damit	Vortragsimpuls: Unterscheidung Schuld, Scham, Schuldgefühl Kinder und Schuldgefühle Zusammenfassung: Hilfreicher Umgang mit Schuld: • Innehalten – nicht zu schnell agieren • Aushalten • Abstand halten	*(2) Unterscheidung Schuld, Schuldgefühle* Die Leitung sollte sich anhand der Materialien die wichtigsten Punkte von Chris Paul erarbeiten. Als Hintergrundtext für die Leitung ist VK 5.7 (Brené Brown, Scham) beigefügt. Leitung referiert und diskutiert mit TN	VK 5.6a/b
20'	**PAUSE**			
5'	TN setzen sich mit Erfahrungen von Unversöhntem u.a. in Begleitungssituationen auseinander	Hinführung	*(3) Arbeit an Fallbeispielen*	

DAUER	ZIELE	INHALTE	METHODEN/DIDAKTISCHE HINWEISE	MATERIAL
30'		Beispiele aus der konkreten Begleitungsarbeit zum Thema Schuld bzw. entlasten Einzelarbeit zu den Impulsfragen	Einzelarbeit zu den Impulsfragen: • Was kann für die begleitete Person entlastend sein? • Was braucht es für die Begleiter als Entlastung? Fallbeispiele: 1. Beispiel aus Begleitungen – alleinerziehende Mutter 2. Beispiel aus Kinder- und Jugendhospizarbeit 3. Beispiel Mann, der im Krieg ...	VK 5.8
(30')		Beispiele aus der konkreten Begleitungsarbeit zum Thema Schuld bzw. entlasten Gruppenarbeit zu den Impulsfragen	**ALTERNATIVE 1:** Gruppenarbeit zu den Impulsfragen: • Was kann für die begleitete Person entlastend sein? • Was braucht es für die Begleiter als Entlastung? Fallbeispiele: 1. Beispiel aus Begleitungen – alleinerziehende Mutter 2. Beispiel aus Kinder- und Jugendhospizarbeit 3. Beispiel Mann, der im Krieg ...	
15'		Austausch zu den Beispielen • Als ehrenamtliche Begleiter müssen wir von keiner Schuld erlösen, müssen wir nicht entlasten. • Wir können aber Hilfen vermitteln und • wir können/müssen (auch gemeinsam) aushalten. • Wir können auch (gemeinsam) unsere Ohnmacht an Gott abgeben	Plenum	

DAUER	ZIELE	INHALTE	METHODEN/DIDAKTISCHE HINWEISE	MATERIAL
(60′)		Erarbeitung: Bahnwärter Auswertung	**ALTERNATIVE 2:** Bahnwärter *(4) Zu Alternative 2* (Auch im Sinne von Lebensbeichte am Ende eines Lebens. Wie gehe ich mit großer Lebensschuld um?)	VK 5.9
25'	TN kennen Angebote der Entlastung auch durch die Seelsorge	Rituale, die entlasten können Es gibt in allen Religionen Rituale der Versöhnung Was entlastet mich in Gesprächssituationen?	*(5) Zu den entlastenden Angeboten* • Rituelle Entlastungsangebote: Brief schreiben, Zettel verbrennen, Gespräch führen, Therapie • Angebote der Kirchen am Lebensende: Symbole, Rituale, Sakramente (Beichte, Sakrament der Versöhnung; Krankensalbung) • atmen, rausgehen, Fallbesprechungen, Supervision …	VK 5.10
Abschluss				
5'	Abschluss der Einheit	Text und/oder Musik, Lied, Tanz, Bild …	Eventuell Entlastungsritual – Befreiung von eigenen Unversöhntheiten *(6) Zur symbolischen Handlung* Symbolische Handlung: Zettel verbrennen	VK 5.11 VK 5.12

Hinweise zum Verlauf

(1) Mögliche Anknüpfung an das Lebenswappen

Wenn in der Einheit »innehalten« das Lebenswappen gemalt wurde, kann daran angeknüpft werden. Im Lebenswappen gibt es ja die Seite »Misslungenes/Trennungen – Tod/dunkles Ereignis«. Gegebenenfalls sind die TN auf Schwächen gestoßen oder auf Lebensträume, die sich nicht erfüllt haben. Daraus kann sich Unversöhntes ergeben.

Es könnten hier auch negative »beliefs« (negative »Glaubens«sätze, negative Überzeugungen) aufgegriffen werden. Zum Beispiel: »Du musst perfekt sein (, um geliebt zu werden).« »Ein Indianer kennt keinen Schmerz.« »Erst die Arbeit, dann das Vergnügen.«

(2) Unterscheidung Schuld, Schuldgefühle

Die TN des Kurses sollen einen Überblick bekommen, wie Schuld, Schuldgefühle und Scham zu unterscheiden sind und wie sie damit umgehen können, wenn sie mit solchen Dingen in der Begleitung konfrontiert sind. Chris Paul macht hierzu hilfreiche Vorschläge. Die Funktionen, die Schuld und Schuldgefühle haben können; der sekundäre Schuldgewinn kann helfen, Anregungen zu geben.

Scham

Scham ist der Impuls, sich zu verbergen, sich zurückzuziehen, sich klein zu machen. (Ich möchte im Erdboden versinken, unsichtbar sein.) Schamgefühle tauchen auf, wenn mein tatsächliches Sein/Tun hinter meinem Selbstbild, von dem ich meine, dass es andere haben, zurückbleibt. Scham setzt das Bewusstsein von der eigenen Persönlichkeit und die Fähigkeit voraus, sich selbst aus der Perspektive anderer sehen zu können. Scham ist ein soziales Gefühl. Sie ist die Furcht, wegen eines Fehlers ausgestoßen und sozial isoliert zu werden. Allein mit mir brauche ich mich nicht zu schämen.

Schuld

Verantwortlichkeit für einen Verstoß gegen eine sittliche, gesetzliche Wertvorstellung oder gesetzte Norm. Der Verstoß kann absichtlich, vorsätzlich oder fahrlässig geschehen. In der Beurteilung und der Bestrafung wird hier unterschieden.
Schuld kann nur individuell, persönlich sein. Es gibt keine Kollektivschuld oder Sippenhaft. Auch wenn davon immer wieder geredet wird. Es kann sein, dass jemand nicht schuldfähig ist. Schuldfähigkeit setzt Wahlmöglichkeit und Willensfreiheit voraus.

Schuldgefühl

Schuldgefühl ist die bewusste oder unbewusste Überzeugung, etwas Falsches getan zu haben, etwas falsch gemacht zu haben oder zu wenig getan zu haben. Und das unabhängig davon, ob reale Schuld im oben genannten Sinne vorliegt.

Funktion von Schuldgefühlen

Schuldzuweisungen oder Schuldgefühle werden als Deutung und/oder Erklärung für schwere Schicksalsschläge wie Krankheit und Tod oder andere unfassbare, unbegreifliche Ereignisse eingesetzt.
Schuldgefühle werden dafür benutzt, einen »Sündenbock« verantwortlich machen zu können.
Dabei ist die Frage, wer wem Schuld zuweist.
Ich kann andere anklagen, beispielsweise Ärzte, Pflegepersonal … (»Die Ärzte haben nicht alles für meinen Mann getan, deshalb musste er sterben.«).
Andere können mich anklagen (»Kein Wunder, dass dein Mann am Herzinfarkt gestorben ist, so wie du ihn immer gescheucht hast.«).
Ich kann mich selbst anklagen (»Ich habe nicht genügend getan.« »Ich bin zu spät gekommen.«).
Oder die Schuldzuweisungen können in alle Richtungen gehen.
Schuldgefühle haben ganz oft damit zu tun, dass auf diese Weise die Beziehung intensiv aufrechterhalten werden kann. Wenn dies über andere Zugänge möglich ist, verlieren Schuldgefühle ihre Funktion.

Umgang mit Schuldgefühlen
Im Umgang mit Personen, die mit Schuldgefühlen konfrontiert und/oder belastet sind, ist es wichtig, Informationen sammeln zu lassen. Fakten können helfen, Fantasien zu entkräften und Schuldgefühle zu nehmen.
Es ist möglich, Informationen zu geben. Beispielsweise oben aufgeführte Deutungszusammenhänge aufzuzeigen und zu fragen, welche Deutung zutreffen könnte.
Es ist sowohl für die betroffenen Personen als auch für die Begleitenden wichtig anzuerkennen, dass es oft keine schnellen Lösungen gibt. Es braucht an dieser Stelle auch Geduld. Die Begleitenden sollten eigene Wertungen zurückhalten.

(3) Arbeit an Fallbeispielen
Die TN beschäftigen sich anhand von Beispielen aus der Begleitungsarbeit mit konkreten Situationen/Lebenswirklichkeiten zum Thema Schuld beziehungsweise entlasten.
Entweder sie beschäftigen sich mit einem der Fallbeispiele (VK 5.8) aus der Hospizarbeit oder mit dem Protokoll des Gesprächs von Hans van der Geest mit dem Bahnwärter (VK 5.9) aus einer seelsorglichen Begleitungssituation.
Methodisch sind zwei Varianten zu den Fallbeispielen aus der Begleitungspraxis möglich:

- *Einzelarbeit und anschließendes Zusammentragen der Ideen*
- *Kleingruppenarbeit (zu allen Fallbeispielen oder aufgeteilt nach Fallbeispielen)*
  - *Hier bedarf es neben der Zeit für die Gruppenarbeit auch die Zeit, um die Ergebnisse im Plenum zu sichern.*

Es könnte uns in der Hospizbegleitung durchaus passieren, dass wir als Hospizbegleiter von Menschen, die wir begleiten, am Ende ihres Lebens mit Schuldgeschichten aus ihrem Leben konfrontiert werden.
In der Kinder- und Jugendhospizarbeit erleben wir immer wieder die Situation, dass Kinder sich an der Krankheit ihres Geschwisters schuldig fühlen. Das hat ganz wesentlich mit dem magischen Denken von Kindern zu tun. Eltern fühlen sich immer wieder schuldig an der Krankheit ihres Kindes (nicht nur bei Erbkrankheiten).
Insbesondere als ehrenamtliche Begleiter*innen müssen wir von keiner Schuld erlösen, müssen wir nicht entlasten. Aber wir müssen handlungsfähig werden/bleiben. Wir können zum Beispiel Hilfen vermitteln, und wir können/müssen (auch gemeinsam) aushalten. Wir können auch (gemeinsam) unsere Ohnmacht an Gott abgeben.

(4) Zu Alternative 2

1. Lesen mit verteilten Rollen
Zum Lesen des Textes in verteilten Rollen sind vier Stimmen erforderlich: 1. Der Unfall: »Am frühen Morgen …« bis »… Schuld«, 2. Einleitender Text: »Robert Schenck ist seit kurzem …« (1. und 2. kann evtl. auch von derselben Person gesprochen werden), 3. Robert Schenck, 4. Herr Stettler

Entsprechend sind vier Texte vorzuhalten, in denen die einzelnen Stimmen hervorgehoben sind. Die kleinen Zwischenbemerkungen wie »sagt er«, »frage ich« sind überflüssig und werden gestrichen. Das Lesen mit verteilten Rollen kann ad hoc geschehen. Besser ist es aber, den Lesenden eine gewisse Vorbereitungszeit zuzugestehen.

2. Szenische Lesung
Zur Vorbereitung der szenischen Lesung präpariert die Leitung die Texte. Gesprochen werden nur die wörtlichen Zitate, die Zwischentexte, z.B. »Er redet leise und langsam«, oder »Er starrt vor sich hin« erscheinen als Regieanweisung für die Lesenden. Die beiden summarischen Stellen (»Er schaut mich an und schildert die unglückselige Stunde ...« und »Wir reden über die Eltern des toten Burschen ...«) werden in wörtliche Rede übersetzt. Die szenische Lesung beginnt mit den beiden einleitenden Texten (wie oben).
Die Lesung sollte ein- bis zweimal geprobt werden.

3. Rollenspiel
Zwei TN gestalten den Besuch von Robert Schenck bei Herrn Stelter als Spielszene. Sie versuchen, sich ganz in ihre Rollen einzufühlen. Dabei kommt es nicht auf den genauen Wortlaut an. Vielleicht nimmt der Besuch eine andere Wendung als im vorgegebenen Text.
Zum Rollenspiel: s. Methodenkompendium. Wichtig ist, ausreichend Zeit für Vorbereitung (15-30 Minuten) und Auswertung (ca. 30 Minuten) einzuplanen.

(5) Zu den entlastenden Angeboten
Rituale sind wiederholbare oder oft wiederholte Handlungen, die es im persönlichen Leben, im Alltag, in verschiedenen gesellschaftlichen Zusammenhängen gibt. Sie sind oft an bestimmte Zeiten (Morgen-, Abendrituale), an bestimmten (Wende-)Punkten im Leben (Begrüßung, Verabschiedung; Taufe, Jugend, Familiengründung, Ausbildungsabschluss, Krankheit – Heilungsrituale, Beerdigung ...) angesiedelt. Sie verlaufen nach festgelegten Regeln, bedienen sich eines formulierten Textes und sind gemeinschaftsstiftend. Sie sind besonders auch im religiösen Leben vorzufinden (z.B. Gebetsgesten, Knien der Gläubigen, Gottesdienste).
Rituale greifen auf bekannte Handlungsabläufe, Texte und Symbole zurück und vermitteln so Vertrautheit, Orientierung, Halt und Sicherheit. Insbesondere in unübersichtlichen, schwierigen Lebensumständen sind sie ein vertrautes und verlässliches Geländer.
In verschiedenen Lebenssituationen können Rituale aber auch einengen (z.B. Pubertät, Trauer – man muss ein Jahr schwarze Kleidung tragen ...)
Im Zusammenhang mit Versöhnung gibt es verschiedenste Rituale. Die Entschuldigung mit Handschlag beispielsweise oder in der christlichen Tradition das Sakrament der Versöhnung (früher: die Beichte).
Es ist wichtig, Rituale, die entlasten können, oder andere Möglichkeiten zur Entlastung zu sammeln. Beispielsweise einen Brief schreiben, Gespräche führen, oder Therapie ...
Es ist aber auch wichtig, die Angebote der Kirchen zu kennen.
Ein Teil der TN kennt sicher die Rituale und Sakramente der Kirchen. Diese könnten gemeinsam zusammengetragen werden.
Es ist hilfreich, nicht nur die Rituale zusammenzutragen und zu benennen, sondern die TN auch zu ermuntern, eigene Erfahrungen mit solchen Ritualen zu berichten. Die Leitung kann und soll sich hier durchaus auch selbst einbringen.

Sollte bei einzelnen TN das Bedürfnis entstehen, sich durch ein Angebot der Kirche selbst entlasten zu wollen, ist es wichtig zu vermitteln. Zum Beispiel zu einem Beichtgespräch ...
Die Fachstelle Hospizarbeit, Palliativmedizin & Trauerbegleitung des Malteser Hilfsdienstes (Adresse s. Anhang) hat eine Broschüre hierzu veröffentlicht, die im Material zu finden ist (VK 5.10 ist ein Auszug daraus).

(6) Zur symbolischen Handlung
Der Abschluss der Einheit kann durch einen Text oder durch ein Lied erfolgen.
Sollte es für die TN wichtig sein, ein Entlastungsritual zu vollziehen, dann muss die Leitung in der Lage sein, ein solches durchzuführen.
Es wäre möglich, ein Stück Stacheldraht in die Mitte zu legen und die TN eine Rose hinzufügen zu lassen. Oder Briefe/Zettel, die die TN geschrieben haben, zu verbrennen.

Liste der Materialien

VK 5.1 Einführung – entlasten
VK 5.2 Verlaufsplan – entlasten
VK 5.3 Reinhard Mey: Zeugnistag
VK 5.4 Mahatma Ghandi: Ein Schlüsselerlebnis
VK 5.5 Wir wollten uns immer die Wahrheit sagen
VK 5.6 a Schuld Macht Sinn – Chris Paul
VK 5.6 b Schuld, Schuldgefühle – Präsentation
VK 5.7 Brené Brown: Scham
VK 5.8 Fallbeispiele
VK 5.9 Hans van der Geest: Schuld – Bahnwärter
VK 5.10 Malteser: Zum Verständnis von Spiritualität
VK 5.11 L. Weingärtner: Trösten kann nur, wer Trost empfing
VK 5.12 W. Willms: wussten Sie schon ...

EINHEIT 6: DEUTEN

Einführung

Die Schriftgelehrten wissen Bescheid. Das ist auch ihre Aufgabe: Nur wenige konnten damals lesen und schreiben, die Schriftkundigen stellten die Intelligenz eines Landes dar. Sie wussten genau, was war und wie etwas zu sein hatte. In unserer Beispielgeschichte ist ihnen völlig klar: »Sünden vergeben kann nur Gott.« Also muss es Gotteslästerung sein, wenn Jesus dem Gelähmten seine Sünden vergibt!

Kenntnisse und Wissen können auch hinderlich sein. Sie können dazu verleiten, die eigene Sicht der Dinge, die eigenen Rückschlüsse, die eigenen Deutungen für die einzig möglichen, die einzig richtigen zu halten. Kurz: alles besser zu wissen und darum nicht offen zu sein für andere Erkenntnisse und für neue Erfahrungen.

In der sechsten Einheit des Vertiefungskurses geht es um die eigenen Lebensthemen, d.h. die Fragen, mit denen ich mich vielleicht lebenslang herumschlage. Und um die Antworten, die ich darauf gefunden habe. Ich entdecke den Schriftgelehrten in mir: So sehe, so verstehe ich die Welt. Andere aber haben andere Erfahrungen gemacht, vielleicht können sie mir helfen, meine Sichtweisen zu verändern, meinen eigenen Horizont zu erweitern.

Das Lebensende stellt unsere Erfahrung, unser Wissen und unsere Deutungen radikal in Frage. Im Horizont des Todes sind wir besonders darauf angewiesen, aufeinander zu hören und voneinander zu lernen. Und einander Beistand zu leisten.

Alle können voneinander lernen. Die Angehörigen, die an der Pflege Beteiligten, aber auch Familie und Freunde des Begleiters und der Begleiterin. Sie alle reagieren auf das, was geschieht, mit dem, was sie mitbringen an Lebensdeutung, an Einstellungen und Prägungen. Die gesamte Lebensprägung kann sich in kurzen Sätzen, in kleinen Gesten ausdrücken. Für Hospizbegleiter ist es wichtig, dass sie ihre eigenen Einstellungen, Lebensdeutungen, dass sie ihre Haltung kennen und sich aber auch hinterfragen lassen. Es ist erforderlich, dass sich Hospizbegleiter beispielsweise mit der Frage des »Warum« auseinandersetzen, die ganz viele Menschen in der letzten Lebensphase stellen.

Hinweise für die Leitung

Die Einheit »deuten« steht in enger Beziehung zur Einheit »entlasten«. In ihr klangen schon Deutungshilfen in Form von Ritualen an. In immer wiederkehrenden Fragen, Gefühlen, Vorstellungen finden sich Themen, die für jeden Einzelnen von existentieller Bedeutung sind. Diese verhindern oder ermöglichen einen Zugang zu dem »Sinn eines, meines Lebens« oder führen in die Frage nach dem »Warum«. Perspektivwechsel sind nötig, um zu verstehen, wie andere zu ganz unterschiedlichen Deutungen von ein und demselben Ereignis kommen. Die Kategorien »richtig« oder »falsch« verschwimmen und treffen aber zugleich auf ein Bedürfnis nach Einordnung, nach Antwort auf das »Wozu«. Offen zu sein im Verstehen-Wollen des mir Fremden und gleichzeitig den Wunsch zu haben nach Verankerung im Vertrauten, einem festen Halt, ist nicht einfach aufzulösen. Die Einheit will Zugänge ermöglichen und Deutehorizonte erweitern helfen. Einmal mehr gilt es für die Leitung, darauf zu achten, dass die ganz unterschiedlichen Deutemuster der TN nicht abgewertet werden und im gegenseitigen Mitteilen neue Räume zur Lebensdeutung entstehen können. Neben praktischen Bezügen stehen hierfür Textimpulse zur Verfügung.

Ziele

Die TN

- *setzen sich mit prägenden Lebensthemen und deren unterschiedlichen Deutungen auseinander*
- *entdecken bei sich und anderen Lebensthemen wie z.B. Angst, Schuldgefühle, Versagen, Krise, Versöhnung, Hoffnung im Angesicht der Begrenztheit unseres Lebens*
- *begegnen der Unterschiedlichkeit von Lebensdeutungen*
- *lernen Angebote der Lebensdeutung des christlichen Glaubens kennen*

Verlauf der Einheit

DAUER	ZIELE	INHALTE	METHODEN/DIDAKTISCHE HINWEISE	MATERIAL
BLICK IN DIE GRUPPE				
10'	TN benennen ihre Befindlichkeit	»Ankommen« der TN Wie sitze ich jetzt hier? Gibt es eine Frage, ein Thema, das mich im Moment beschäftigt?	Talking Stone-Runde	Stein
5'		Einführung durch die Leitung Was hat mich besonders geprägt? Das hat Auswirkungen auf meine Wahrnehmung und bringt mich zu Urteilen und prägt meine Werte. Aber das ist nur meine Wahrheit!	*(1) zur Einführung*	
BESINNUNG/ÜBUNG				
25'	TN setzen sich mit prägenden Lebensthemen und deren unterschiedlichen Deutungen auseinander	Annäherung an Lebensthemen	*(2) Zur soziometrischen Aufstellung* TN stellen sich zu biografischen, geografischen Fragen zu Kleingruppen zusammen und unterhalten sich kurz darüber.	VK 6.3
(15')		**ALTERNATIVE** oder als **ERGÄNZUNG**: Zuordnung zu Begriffen/Lebensthemen	TN ordnen sich Begriffen/Lebensthemen zu und unterhalten sich kurz darüber. Wechsel (max. 2-mal)	VK 6.4

DAUER	ZIELE	INHALTE	METHODEN/DIDAKTISCHE HINWEISE	MATERIAL
15´	TN begegnen der Unterschiedlichkeit von Lebensdeutungen	Auseinandersetzung mit der Haltung – Toleranz an konkreten Beispielen Arbeit in Gruppen: Was macht es mit mir, wenn ich mit jemandem spreche, der eine komplett andere Deutung zu bestimmten Themen hat?	*(3) Zu den Texten* Zuordnung der TN zu einem Text Die drei Gruppen beschäftigen sich mit ihrem Text. • Was bereitet mir Mühe, wem stimme ich zu, was ist mir vertraut? • Was bedeutet das für die Einschätzung von Situationen, in die ich komme? • Wie gehe ich damit um, dass andere Menschen andere Lösungen, Meinungen haben? • Was macht es mit mir, wenn ich mit jemandem spreche, der eine komplett andere Deutung zu bestimmten Themen hat?	VK 6.5
10´		Zusammentragen von Erkenntnissen	Plenum	
15'	**PAUSE**			
25'	TN entwickeln einen Zugang und eine Haltung zur »Warum«-Frage	Warum-Frage Murmelgruppen • Wo, wann haben Sie sich diese Frage schon gestellt? • Welche Antwort haben Sie für sich? Zu welchem Ergebnis sind Sie gekommen? Leitung führt zusammen und ergänzt gegebenenfalls	*(4) Auseinandersetzung mit der »Warum«-Frage* TN tauschen sich in Murmelgruppen aus: • Warum gerade ich? • Warum trifft es mich? • Warum bleibe ich verschont? • Warum geht es mir so gut? ... Die Frage taucht immer wieder auf! Niemand hat eine Königsantwort! Plenum	

DAUER	ZIELE	INHALTE	METHODEN/DIDAKTISCHE HINWEISE	MATERIAL
25	TN setzen sich mit prägenden Lebensthemen und deren unterschiedlichen Deutungen auseinander	Immer wieder stehen wir im Leben vor Entscheidungen, die uns vor ein Dilemma stellen. Auch durch die Menschen, die wir in der Hospizarbeit begleiten. Wir sagen dann, dass wir die Wahl zwischen Pest oder Cholera hätten. In der Hospizarbeit stehen Angehörige immer wieder vor ethischen Dilemmata. Die Begleitenden haben die Entscheidungen zwar nicht zu fällen, aber die Entscheidung gegebenenfalls zu begleiten.	*(5) Zum ethischen Dilemma* Sammeln von Beispielen im Plenum Wie gehe ich mit anderen Entscheidungen um? Dies kann ganz grundsätzlich, allgemein oder an einem Beispiel konkret diskutiert werden.	
INFORMATION				
5'	TN begegnen der Unterschiedlichkeit von Lebensdeutungen	Wir setzen uns mit Aspekten von Lebensdeutungen auseinander.	*(6) Zur Einführung in die Textarbeit* Einführung durch die Leitung	
25'			Die Gruppe kann in drei Kleingruppen aufgeteilt werden, die sich jeweils mit einem der Texte beschäftigt und die Ergebnisse des Gespräches nachher in das Plenum einbringt. *Variante 1:* *(7) Zur Arbeit mit dem Text »Lebens-Werte«* *Variante 2:* *(8) Zur Arbeit mit dem Text von Buber*	 VK 6.6 VK 6.7
(25')	TN kennen Angebote der Lebensdeutung des christlichen Glaubens	**ALTERNATIVE 1:** Arbeit mit Psalm 90	*(9) Zur Arbeit mit Psalm 90* Plenumsgespräch zu Ps 90 mit Leitfragen: • Was beschäftigt/belastet die Betenden? • Wie deuten sie ihre Lage? • Wie verändert sich ihre Lage in dieser Deutung? Oder: Bibelteilen zu Psalm 90 (Plenum)	VK 6.8a/b

DAUER	ZIELE	INHALTE	METHODEN/DIDAKTISCHE HINWEISE	MATERIAL
(25')			Beschäftigung mit Texten aus der Bibel mit Leitfragen im Rundgespräch oder als Bibelteilen	
(25')		Wer ohne Sünde ist: Joh 8,1-11	*Variante 1:* Wer ohne Sünde ist: Joh 8,1-11	VK 6.9a/b
		Arbeiter im Weinberg: Mt 20,1-16	*Variante 2:* Arbeiter im Weinberg: Mt 20,1-16	VK 6.10a/b
15'		Zusammenfassung Themen und Fragen benennen	*(10) Zum Schlussgespräch* • Welches Verständnis von Lebensthemen haben wir wahrgenommen? • Wie ist es uns damit gegangen?	
15'		Schlussrunde	*(11) Zur Schlussrunde* Talking Stone-Runde (rechts herum)	Stein
ABSCHLUSS				
5'	Abschluss	Musik/Tanz/Lied/Symbolhafte Handlung		entsprechendes Material

Hinweise zum Verlauf

(1) Zur Einführung
Die Begegnung Jesu mit dem Gelähmten wird beobachtet. Sie wird registriert und bewertet. Die Umstehenden und die Beteiligten beobachten mit ihren Augen. Ihre Erfahrungen, ihre Überzeugungen, ihre Deutungen, ihr Glaube und ihre Einstellungen prägen ihre Art, zu sehen und zu urteilen. Ein Teil der Umstehenden haben einen Glauben, der in festen Bahnen verläuft, einen Glauben, der ein geschlossenes Gebäude bildet. Jesus lässt den Glauben lebendig werden. Bei ihm erstarrt der Glaube nicht zu einem geschlossenen System, sondern bringt die Erstarrung in Fluss und verändert das Leben. Damit fordert er die anderen heraus. Das Lebensende stellt unsere Erfahrung, unser Wissen und unsere Deutungen radikal in Frage. In Krankheit und angesichts der Bedrohtheit des Lebens wird bilanziert, angesichts einer Lebensgrenze kommt das Ganze in den Blick. Fragen tauchen auf: Was ist wirklich wichtig in meinem Leben? Wie verstehe ich mein Leben, wenn mein eigenes Kind lebensverkürzend erkrankt ist? Worauf kann ich in dieser Situation bauen? Wie trägt da Glaube? Wie sehr kann ich mich auf andere oder gar Gott verlassen? Wer wird die Fragen, die auftauchen, verstehen?
Im Horizont des Todes sind wir besonders darauf angewiesen, aufeinander zu hören und voneinander zu lernen. Und einander Beistand zu leisten. Gespräche in diesen Situationen können sehr viel Nähe zwischen den Sprechenden hervorbringen, aber auch eine fundamentale Fremdheit. Können die Sprechenden sich gemeinsam auf etwas beziehen oder bleiben beide bei sich und allein?

Es geht um Deutehorizonte, in denen Menschen ihr Leben sehen. Diese Themen stehen in Zusammenhang mit den jeweils eigenen Prägungen, entwickelten Wertvorstellungen, religiösen Überzeugungen. Erst dieser Hintergrund bestimmt, wie wir in unserem Leben mit Situationen, Konflikten, Krisen und den damit verbundenen Fragen umgehen. In der Begegnung mit anderen Menschen treffen verschiedene Deutehorizonte aufeinander. Das kann zu erheblichen Schwierigkeiten im Verstehen und Kommunizieren führen.

In der sechsten Einheit des Vertiefungskurses geht es um die eigenen Lebensthemen, d.h. die Fragen, mit denen ich mich vielleicht lebenslang herumschlage. Und um die Antworten, die ich darauf gefunden habe. Ich entdecke den Schriftgelehrten in mir: So sehe, so verstehe ich die Welt. Andere aber haben andere Erfahrungen gemacht, vielleicht können sie mir helfen, meine Sichtweisen zu verändern, meinen eigenen Horizont zu erweitern.

Auch die hospizliche Begleitung von Familien vollzieht sich nicht exklusiv. Bereits wenn sich zwei Menschen begegnen, treffen Horizonte aufeinander. Die gesamte Lebensprägung kann sich in kurzen Sätzen, in kleinen Gesten ausdrücken. Wieviel mehr geschieht dies, wenn noch mehr Menschen beteiligt sind. Die Angehörigen, die an der Pflege Beteiligten, aber auch Familie und Freunde des Begleiters und der Begleiterin. Sie alle reagieren auf das, was geschieht, mit dem, was sie mitbringen an Lebensdeutung, an Einstellungen und Prägungen.

Für Hospizbegleiter*innen ist es wichtig, dass sie ihre eigenen Einstellungen, Lebensdeutungen, dass sie ihre Haltung kennen und sich aber auch hinterfragen lassen. Was hat mich besonders geprägt? Situationen, Stationen in meinem Leben, Menschen (Familie – Eltern, Geschwister, Großeltern/alleine erzogen worden – Lehrer, Freunde ...), Beruf, »Weltereignisse«, Persönlichkeiten. Das hat Auswirkungen auf unsere Wahrnehmung, bringt uns zu Urteilen und prägt unsere Werte.

Diese können – müssen aber nicht – Angebote für Menschen sein, die wir begleiten. Aber das ist nur meine Wahrheit! So hat jeder seine Wahrheit. Hier kann an die Einheit »wahrnehmen« aus dem Grundkurs angeknüpft werden.

In vielen auch alltäglichen Gesprächssituationen, manchmal nur in einzelnen Sätzen, manchmal aber auch in besonders vertraulichen Gesprächen kommen »Lebensthemen« zum Ausdruck. Dies sind häufig belastende Themen: Schuldgefühle lasten schwer, verpasste Chancen schmerzen, Unversöhntes und Unbewältigtes sucht ein Ventil. Aber es ist auch unsere Geschwistersituation, unsere Sozialisation oder einzelne Stationen und Personen.

In Anlehnung an den Bibeltext könnte die Frage nach dem Schriftgelehrten in mir/in jedem gestellt werden. Schriftgelehrte sind nicht automatisch schlecht.

Es ist erforderlich, dass sich Hospizbegleiter beispielsweise mit der Frage des »Warum« auseinandersetzen, die ganz viele Menschen in dieser Lebensphase stellen.

(2) Zur soziometrischen Aufstellung

Die TN gruppieren sich entsprechend den Antworten auf verschiedene Fragen zu biografischen, geografischen Fragestellungen (siehe VK 6.3). In der jeweiligen Kleingruppe tauschen sich die TN zum Thema aus: Welchen Einfluss hatte dies auf meine Entwicklung? Dann folgen »Interviews« der Leitung mit jeweils einer Person aus den jeweiligen Gruppen.

Entweder als Alternative oder als Ergänzung, um den Horizont noch zu erweitern:

Die TN ordnen sich Begriffen/Lebensthemen zu und unterhalten sich kurz darüber.

Aus den nachfolgend angegebenen Lebensthemen wählt die Leitung vier aus und verteilt sie im Raum (z.B. Angst, Vertrauen, Schuldgefühle, Versagen, Krise, Versöhnung, Hoffnung, Sicherheit, Begrenztheit, Ohnmacht, Erfolg, Wertschätzung, Liebe, Trauer, Dankbarkeit, verpasste Chancen, Partnerschaft, Flucht, Aushalten, Leiden, Heimat/Beheimatung ...).
Ein anderer Zugang können die Lebensthemen, die aufgrund negativer Setzungen entstanden sind, nach Roland Kopp-Wichmann sein (VK 6.4).

(3) Zu den Texten
Die TN setzen sich an konkreten Beispielen mit der Haltung »Toleranz« auseinander.
Drei kurze Texte stehen zur Auswahl. Die Texte werden zunächst im Plenum vorgelesen. Danach ordnen sich die TN jeweils einem Text zu und beschäftigen sich in ihrer Gruppe mit dem Text.
Fragen könnten sein:

- *Was bereitet mir Mühe, wem stimme ich zu, was ist mir vertraut?*
- *Was bedeutet das für die Einschätzung von Situationen, in die ich komme?*
- *Wie gehe ich damit um, dass andere Menschen andere Lösungen, Meinungen haben?*
- *Was macht es mit mir, wenn ich mit jemandem spreche, der eine komplett andere Deutung zu bestimmten Themen hat?*

(4) Auseinandersetzung mit der »Warum«-Frage
Die TN entwickeln einen Zugang und eine Haltung zur »Warum«-Frage. In den verschiedensten Lebenszusammenhängen stellt sich diese Frage. Vor allem dann, wenn die Situation schwierig ist. Warum ich/wir, warum jetzt, warum so ...?
Es geht nicht darum, eine Patentantwort zu haben, sondern darum, in der Begleitung bei solchen Fragen sprechfähig zu werden.
In Murmelgruppen tauschen sich die TN darüber aus, ob und wann sie diese Frage bereits einmal in ihrem Leben selbst gestellt haben. Und darüber, ob und welche Antwort sie für sich gefunden haben.
Im Plenum werden die Ergebnisse kurz eingebracht und von der Leitung ergänzt bzw. weitergeführt.
Es ist denkbar, dieses Thema zu vertiefen, indem ein kleines Rollenspiel gemacht wird. Ein TN ist derjenige, der begleitet wird (der irgendwann die Warum-Frage stellt, immer wieder) und ein anderer TN ist der Begleiter. Beide können vorher vereinbaren, wo der Besuch stattfindet, wie gut sie einander kennen, wie regelmäßig sie einander sehen ... Der Begleitete sollte aus dem Gesprächsverlauf die »Warum-Frage« stellen. Selbst wenn ich erwarte, dass eine Frage nach dem Sinn/des »Warum ich?« kommt, wird diese den Begleitenden an die Sprachlosigkeit und Ohnmacht eines solchen Momentes heranführen. Hier kann geübt werden, wie »da sein« angesichts der Hilf- und Sprachlosigkeit gehen kann. Die anderen TN geben als Beobachter Rückmeldung. Das kleine Rollenspiel ist auch in Dreiergruppen denkbar. Bei der Auswertung lautet die Frage an den Begleitenden: *Was hat die Warum-Frage in Ihnen ausgelöst?*
Frage an den Begleiteten: *Wie hat die Antwort auf Sie gewirkt?*
Diese Fragen werden auch an die Beobachter gestellt.
Wenn das kleine Rollenspiel zur Vertiefung der Warum-Frage gemacht wird, dann bleibt gegebenenfalls keine Zeit mehr in dieser Einheit für die ethischen Dilemmata. Diese können dann auch zu einem späteren Zeitpunkt angesprochen werden.

Hinweis: Sofern das Rollenspiel in Kleingruppen von 4 Personen (2 Spielende – 2 Beobachtende) stattfindet, sollte für 2 Durchgänge, mit 5 Minuten Spielzeit sowie 5 Minuten Wahrnehmungen der Beobachtenden eingeplant werden. Mit Sicherung der Erkenntnisse im Plenum ist der Zeitansatz mindestens bei 30 Minuten zu sehen.

(5) Zum ethischen Dilemma
Immer wieder stehen wir im Leben vor Entscheidungen, die uns vor ein Dilemma stellen.
Wir sagen dann, dass wir die Wahl zwischen Pest oder Cholera hätten. In der Hospizarbeit stehen Angehörige auch immer wieder vor ethischen Dilemmata. Die Begleitenden haben die Entscheidungen zwar nicht zu fällen, aber die Entscheider gegebenenfalls zu begleiten.
Ziel der Beschäftigung mit diesem Thema ist, deutlich werden zu lassen, dass
- *es nicht immer nur eine Wahrheit/einen Weg/eine Lösung gibt.*
- *es immer Grenzen, Schwierigkeiten geben wird – auf allen Wegen/Ebenen.*
- *ich nicht vorhersehen kann, was noch kommt, und ob ich mich im Nachhinein anders entschieden hätte.*
- *ich mit der Entscheidung leben können muss, auch wenn andere anderer Meinung sind.*
- *ich vielleicht einmal an einen Punkt komme, an dem ich wieder neu überlegen muss, ob der Weg, den ich bis jetzt gegangen bin, immer noch für mich/uns (Familie) der richtige ist, oder ob ich neue Wege suchen muss.*

Mit den TNn können ethisch brisante Themen in der Hospizarbeit gesammelt werden. Beispiele:
- *PV – künstliche Ernährung u.a.*
- *assistierter Suizid*
- *Demenz*
- *Affären*
- *Trennung trotz Erkrankung*
- *hoffen, dass der Andere stirbt*
- *Überleben des Kindes oder eigenes Überleben*
- *Lebensverlängerung/künstliches Koma, damit Kind geboren werden kann*
- *Mutter mit schwerer Erkrankung bekommt ein Kind, weil sie Schwangerschaft und Geburt erleben möchte*
- *neue Partnerin noch zu Lebzeiten des erkrankten Partners*
- *ungewollte Kinderlosigkeit – ungebremste Sehnsucht nach einem Kind: Was bin ich bereit, für diesen Wunsch zu tun? Wo ist meine/die Grenze? (Vorgeschichte?)*
- *viele Voruntersuchungen – trotzdem krankes Kind (Vorgeschichte?)*
- *Welche Krankheit/Behinderung mindert den Lebenswert/-qualität aus Sicht des Kindes?*
- *»Um jeden Preis lebenserhaltend?«*

- *Lebenswert in verschiedenen Kulturen und Religionen*
- *Migrationsfamilien – unterschiedliche Glaubensrichtungen/kulturelle Hintergründe*

Wie reagiere ich, wenn ich eine ganz andere Haltung dazu habe, wie kann ich hilfreich sein – wo sind meine Grenzen? Was bringt mich auf die Palme? (Weiß ich davon und wie kann ich dann damit umgehen?) Dies kann ganz allgemein, grundsätzlich oder an einem Beispiel konkret diskutiert werden.

(6) Zur Einführung in die Textarbeit
Im Folgenden werden unterschiedliche Lebensdeutungen nebeneinandergestellt. Psalm 90 reflektiert die Sicht eines Menschen, der auf sein Leben zurückblickt. Petra Stuttkewitz steht mitten im Leben und muss ihren Alltag mit zwei lebensverkürzend erkrankten Kindern bewältigen – jeden Tag neu, 24 Stunden, 365 Tage ... Ihre Sicht auf das Leben ist von dieser Erfahrung geprägt. Martin Buber bringt schließlich eine zentrale Weisheit aus der jüdischen Mystik auf den Punkt: Ich kann nur dieses Leben leben, ein anderes gibt es nicht. Nur hier kann ich Erfüllung und Sinn finden.
Die TN sollen diese Lebensdeutungen vor dem Hintergrund ihrer eigenen Lebensdeutung reflektieren. Leitfragen sind dabei: *Worauf baue ich in meinem Leben? Welche Deutungen und Haltungen könnten hilfreich sein für die Beteiligten in einer Familie mit einem lebensverkürzend erkrankten Kind, Jugendlichen, oder Erwachsenen?*
Die Gruppe kann in drei Kleingruppen aufgeteilt werden, die sich jeweils mit einem der Texte beschäftigen und die Ergebnisse des Gespräches nachher in das Plenum einbringen.

(7) Zur Arbeit mit dem Text »Lebens-Werte«
Alle TN bekommen den Text VK 6.6. Sie bearbeiten den Text in einer Kleingruppe im Rundgespräch:

- *Welche Erfahrungen benennt die Autorin?*
- *Welche Haltung nimmt sie ein?*
- *Was sind Ihre Fragen, Zustimmungen, Widersprüche usw.?*

(8) Zur Arbeit mit dem Text von Buber
Alle TN bekommen den Text VK 6.7. Sie bearbeiten den Text in einer Kleingruppe im Rundgespräch:

- *Welche Erfahrung benennt der Autor?*
- *Welche Haltung nimmt er ein?*
- *Was sind Ihre Fragen, Zustimmungen, Widersprüche usw.?*

(9) Zur Arbeit mit Psalm 90
Die anderen Bibeltexte können mit den gleichen Methoden bearbeitet werden. Gut vorstellbar ist es, dass die TN sich Psalm 90 mit der Methode »Bibelteilen« aneignen. Zum Bibelteilen siehe VK Einheit 1, Hinweise zum Verlauf (7): Zur Methode Bibelteilen.

Eine andere Möglichkeit ist, den Text gemeinsam zu lesen und sich über den Text in der Gruppe auszutauschen.

- *Was beschäftigt/belastet die Betenden?*
- *Wie deuten sie ihre Lage?*
- *Wie verändert sich ihre Lage in dieser Deutung?*
- *Wie geht es mir mit dieser Deutung?*

(10) Zum Schlussgespräch

Dies ist erforderlich, wenn die TN vorher in Kleingruppen gearbeitet haben. Dann sollten jetzt die Lebensdeutungen noch einmal benannt werden. Auch sollte dann die Reaktion der TN auf diese Deutungen angesprochen werden. Impulsfragen können sein:

- *Welches Verständnis von Lebensthemen haben wir wahrgenommen?*
- *Wie ist es uns damit gegangen?*

(11) Zur Schlussrunde

Zum Abschluss des Wochenendes oder von Einheit 6 bekommen die TN Gelegenheit zu einer Talking Stone-Runde. Die Leitung kann Impulsfragen stellen.

- *Wie ist es mir ergangen?*
- *Was hat mich am meisten beschäftigt?*
- *Was ich noch sagen will.*

Liste der Materialien

VK 6.1 Einführung – deuten
VK 6.2 Verlaufsplan – deuten
VK 6.3 Soziometrische Aufstellung
VK 6.4 Arbeitsblatt Lebensthemen
VK 6.5 Toleranz
VK 6.6 Petra Stuttkewitz: Lebens-Werte
VK 6.7 Martin Buber
VK 6.8a Psalm 90 – Luthertext
VK 6.8b Psalm 90 – Einheitsübersetzung
VK 6.9a Wer ohne Sünde ist – Joh 8,1-11 (Luthertext)
VK 6.9b Wer ohne Sünde ist – Joh 8,1-11 (Einheitsübersetzung)
VK 6.10a Arbeiter im Weinberg – Mt 20,1-16 (Luthertext)
VK 6.10b Arbeiter im Weinberg – Mt 20,1-16 (Einheitsübersetzung)

EINHEIT 7: WACHSEN

Einführung

Durch die Begegnung mit anderen, durch Ereignisse, durch Überlegungen verändern wir uns, lernen wir, wachsen wir. Auch die Menschen im biblischen Gleichnis um Jesus herum reagieren auf die Ereignisse, auf die Begegnung, auf die Aussagen Jesu. Im besten Falle lernen sie dazu. Die Begegnung mit Jesus hat bei den Vieren dazu geführt, dass sie Grenzen und Widerstände überwunden haben. Das Vertrauen darauf, dass Jesus heilen kann, die Erfahrung, dass das immer wieder geschehen ist, hat sie dazu getrieben zu versuchen, zu diesem Jesus zu kommen. Sie sind über sich hinausgewachsen. Andere stoßen an ihre Grenzen. Sie können da nicht mit. Sie reagieren mit Widerstand, mit Ablehnung, mit Hass.

Auch wir lernen dazu, stoßen aber immer wieder auch an Grenzen – des Verstehens, der Gemeinsamkeit, der eigenen Möglichkeiten, des Tuns. Mit diesen Grenzen gehen wir um. Teilweise verschieben wir sie. Gerade auch schwierige Situationen, Grenzsituationen im Leben können zum Wachstum beitragen. Viele Menschen sagen im Abstand zu schwierigen Zeiten oder Ereignissen in ihrem Leben, dass sie diese Zeiten oder Ereignisse weitergebracht haben. Dass ihr Leben anders, tiefer, wertvoller geworden ist.

Andere Grenzen müssen wir lernen zu akzeptieren. Auch das bedeutet einen Wachstumsschritt. Es gibt in unserem Leben Begrenzungen, die wir nicht verändern können. Je weniger Kraft wir für das Verändern von Unveränderlichem einsetzen, desto mehr Energie bleibt uns für das, was wir verändern können und sollen.

Grenzen spielen im zwischenmenschlichen Bereich eine wichtige Rolle. In Begegnungen von Menschen geht es um die Frage von Nähe und Distanz. Wie viel Nähe wünsche ich mir? Wie viel Nähe kann ich geben? Wie viel Distanz brauche ich? Das gilt genauso für mein Gegenüber.

In der (Kinder- und Jugend-)Hospizarbeit gilt es, achtsam mit den Grenzen umzugehen, Grenzüberschreitungen und -verletzungen zu vermeiden.

Diese Einheit weist darauf hin, dass die Möglichkeiten der Sterbebegleitung begrenzt sind. Immer wieder geht es an die Grenzen der Belastbarkeit, an Punkte, an denen sich alle Beteiligten hilflos und ratlos fühlen. Das kann schmerzlich sein, es kann aber ebenso befreiend wirken, z.B. wenn wir merken, dass wir nicht alles leisten müssen.

Konkret werden Grenzen in der Sterbebegleitung z.B. in der Frage der Wahrheit am Krankenbett. Was möchte der Kranke wissen? Worüber will er nicht reden? Wie kann ich ihm gegenüber behutsam und zugleich wahrhaftig sein? Diese Fragen müssen sich alle stellen, die an der Begleitung Sterbender und ihrer Angehörigen beteiligt sind.

In der Kinder- und Jugendhospizarbeit ist die Frage, wie ich mit den Fragen der Kinder und Jugendlichen umgehe. Was darf ich sagen? Respektiere ich den Wunsch der Eltern, dass sie festlegen, wie viel das Kind wissen soll oder nicht?

In der Sterbebegleitung sind wir mit der letzten menschlichen Grenze, dem Tod, konfrontiert. In der Auseinandersetzung damit können wir wachsen. Im Angesicht des Todes wird vielen Menschen bewusst, dass es auch ein Leben vor dem Tod gibt.

Vielleicht ist gerade die Teilnahme an diesem Vorbereitungskurs für manche TN eine solche Grenzverschiebung, eine Eröffnung neuer Möglichkeiten.

Hinweise für die Leitung

In der Einheit »wachsen« stellt die Leitung eine Verbindung her zwischen den existentiellen Lebensthemen aus der Einheit zuvor, den Anforderungen der Sterbe- und Trauerbegleitung, zu der eigenen Person und dem Erleben in der Gruppe. Lernen hat etwas Dialogisches, ich lerne an, durch und mit anderen. Die jeweils Anderen werden zum Spiegel für mein Verhalten. Ich lerne aber auch durch die Reflexion meiner Erfahrungen und durch Fachwissen. Wachsen ist ein Begriff, der Vielfältiges zulässt. Grundsätzlich ist er ressourcenorientiert und weist auf die Fähigkeit von uns allen hin, innerlich und äußerlich zu reifen. Es ist eine Form von Lebensdeutung, dass wir uns durch Krisen und Herausforderungen weiterentwickeln. In der Biologie sprechen wir von Metamorphosen, Wandlungsprozessen, die immer einhergehen mit Krisen. Wie in den Einheiten zuvor sollen auch in dieser Einheit Chancen durch Sichtweisen und Diskussionen bewusst gemacht werden. Sich den eigenen Grenzen und Wachstumsmöglichkeiten zu stellen bleibt beim Einzelnen, und trotzdem – die Gruppe selbst kann als Bestärkung erlebt werden.

Ziele

Die TN

- *erkennen, woran sie gewachsen sind*
- *setzen sich mit stärkenden (Glaubens-)Sätzen auseinander*
- *lernen zu verstehen, dass sich Leben in der Spannung zwischen dem Anerkennen und dem Überschreiten von Grenzen vollzieht*
- *ziehen eigene Grenzen und üben Nein sagen*
- *setzen sich mit der letzten Grenze, dem Tod, auseinander*

Verlauf der Einheit

DAUER	ZIELE	INHALTE	METHODEN/DIDAKTISCHE HINWEISE	MATERIAL
BLICK IN DIE GRUPPE				
10'	Befindlichkeitsrunde	»Ankommen« der TN	*(1) Zur Ankommensrunde* Talking Stone-Runde	Stein
5'		Einführung durch die Leitung Impuls »Palme«		VK 7.1 VK 7.3
BESINNUNG/ÜBUNG				
	TN • erkennen, woran sie gewachsen sind • lernen zu verstehen, dass sich Leben in der Spannung zwischen dem Anerkennen und dem Überschreiten von Grenzen vollzieht	• Wie/woran sind wir als Gruppe gewachsen/zusammengewachsen? • Wo gab es/gibt es auch Grenzen im Gruppenprozess?	*(2) Zu Chancen und Grenzen im Gruppenprozess*	Karten, Stifte

DAUER	ZIELE	INHALTE	METHODEN/DIDAKTISCHE HINWEISE	MATERIAL
30′		Die TN schreiben je ein Stichwort auf eine Karte, die dann im Plenum vorgelesen und zugeordnet wird. • Einzelarbeit: je ein Stichwort auf einer Karte notieren • Karten vorlesen Sammeln, ordnen, in die Mitte legen	Einzelarbeit Plenum	
(30′)		**ALTERNATIVE 1:** TN malen schweigend gemeinsam ein Bild. Alle TN malen gleichzeitig. Es gibt keine verbale Verständigung über ein Thema oder sonstige Absprachen.	*(3) Zu Alternative 1* Gruppenbild malen Austausch im Plenum	große Blätter, Stifte
(30′)	TN ziehen eigene Grenzen und üben das Neinsagen	**ALTERNATIVE 2:** Zweiergruppe Übung Nähe-Distanz Auswertung	*(4) Zu Alternative 2* Jemand versucht, Kontakt herzustellen und sich zu nähern. Die andere Person reagiert auf diese Annäherung. Wechsel. Es folgen ein Austausch zu zweit und anschließend eine Rückmeldung ins Plenum.	
30′	TN setzen sich mit stärkenden (Glaubens) Sätzen auseinander	Gibt es stärkende (Glaubens-)Sätze? An was bin ich im Leben gewachsen/wie bin ich gewachsen? Stärkende (Glaubens-)Sätze sammeln, benennen	*(5) Zum Partnergespräch* Partnerarbeit Zunächst im vertraulichen Zweiergespräch solche Sätze austauschen Im Plenum solche Sätze sammeln: • Du schaffst das! • Ich glaub an dich! • Du bist toll! • Ich traue dir das zu! • Du darfst Fehler machen! • Ich stehe zu dir – bedingungslos! • Du tust mir gut! ...	Flipchart

DAUER	ZIELE	INHALTE	METHODEN/DIDAKTISCHE HINWEISE	MATERIAL
5'		Impuls »Irrtum«		VK 7.4
30'	**PAUSE**			
INFORMATION				
30'	TN setzen sich mit der letzten Grenze auseinander	Film »Erlösung« (Alumbramiento)	*(6) Zum Film*	DVD VK 7.5
(30')		**ALTERNATIVE 1:** Bild: Munch: »Die tote Mutter«	*(7) Zu Alternative 1* TN betrachten das Bild »Tod im Krankenzimmer« von Edvard Munch und stellen es nach	VK 7.6
(30')		**ALTERNATIVE 2:** Textarbeit: »Die Hälfte des Himmels gehört Bo« Wie reagieren die einzelnen Familienmitglieder auf die Nachricht »Unser Kind ist austherapiert«?	*(8) Zu Alternative 2* Arbeit in Kleingruppen Zustimmung – Widerspruch – Fragen	VK 7.7
15'		Eindrücke, Austausch ...	Plenum	
15'	TN lernen zu verstehen, dass sich Leben in der Spannung zwischen dem Anerkennen und dem Überschreiten von Grenzen vollzieht	Aufgaben von EA im Hospizdienst	*(9) Zu Grenzen der Aufgaben von EA* Die TN stellen sich anhand der Beispielgeschichte auf einer Skala von 1-10 auf	VK 7. 8
ABSCHLUSS				
15'	Befindlichkeitsrunde	Schlussrunde Impuls zur Talking Stone-Runde: Elisabeth Kübler Ross sagt, dass die Auseinandersetzung mit der letzten Grenze zu einem Reifen zum Tode hin führt. Wie blicken Sie jetzt auf Grenzen und Wachstum?	Talking Stone-Runde (rechts herum)	Stein
5'	Ausklang, Abschluss	Tanz, Symbol, Musik	*(10) Zum Abschluss*	

Hinweise zum Verlauf

(1) Zur Ankommensrunde
Bei der einleitenden Talking Stone-Runde kann zum Thema »wachsen« statt eines Steines ein Wachstumssymbol, etwa ein Blatt, verwendet werden. Die einleitende Frage könnte lauten: Was wächst in Ihnen? Oder: Fühlen Sie (gegen Ende des Kurses) etwas in sich wachsen?

(2) Zu Chancen und Grenzen im Gruppenprozess
Die Aufgabe ist, sich über Chancen und Hindernisse in der Gruppe klar zu werden.
Einzelarbeit/Plenum – Kartenabfrage
Zunächst in Einzelarbeit überlegen die TN, wie und/oder woran sie und die Gruppe gewachsen sind/ist. *Wie/wodurch sind wir zusammengewachsen?*
Die TN schreiben je ein Stichwort auf eine Karte, die dann im Plenum vorgelesen und zugeordnet wird.

Ebenso zur Frage: *Wo gab es/gibt es auch Grenzen im Gruppenprozess?*
Damit ist gleichzeitig eine Einladung zur Kritik gegeben – an der Leitung, aber auch an anderen Gruppenmitgliedern. Es ist wichtig, dass solche kritischen Punkte ausgesprochen werden, damit der Gruppenprozess weitergehen kann. Kritik stehenzulassen, sich vielleicht auf eine spätere Fortführung des Gespräches zu einigen, kann für alle Beteiligten eine Übung im angemessenen Umgang mit Grenzen und Störungen bedeuten.

(3) Zu Alternative 1
Die Leitung bereitet auf Tischen eine große Malfläche vor (z.B. Pinnwandpapier). Die TN erhalten die Aufgabe, schweigend gemeinsam ein Bild zu malen.
Alle TN malen (gleichzeitig). Es gibt keine verbale Verständigung über ein Thema oder sonstige Absprachen.
Die TN machen die Erfahrung, dass manche TN sich vorsichtig »anschließen«, dann manche gefragt oder ungefragt ergänzen oder dass TN übermalen, reinmalen.
Es sollte ausreichend Zeit gegeben werden.
Im Anschluss werden die Erfahrungen besprochen.

(4) Zu Alternative 2
Die folgenden Übungen machen Grenzen spürbar. Dabei gibt es jeweils zwei Rollen. In der einen versucht jemand, Kontakt herzustellen und sich zu nähern. In der anderen Rolle reagiert eine Person auf diese Annäherung.
Die Übungen werden von den Paaren zweimal durchgeführt, so dass jede Person jede Rolle einmal übernimmt. Während der Übung bleiben alle Paare im Raum. Es folgen ein Austausch zu zweit und anschließend eine Rückmeldung ins Plenum.

Partnerübung Variante A:
Eine Person steht dabei mit dem Rücken zur Wand.
Die andere Person nähert sich.
Welche Signale gibt die erste Person?

Partnerübung Variante B:
Zwei Personen stehen im Abstand von ca. 1 Meter einander frei im Raum gegenüber.
Beide gehen aufeinander zu.
Achten Sie auf die Signale bei sich und Ihrem Gegenüber, die Grenzen markieren.

An dieser Stelle könnte auch die Übung »Gelähmt und stumm« aus GK 6 (»bleiben«), Hinweis (2) eingesetzt werden, falls sie noch nicht vorgekommen ist.

(5) Zum Partnergespräch
Die TN sollen sich vergegenwärtigen, welche stärkenden (Glaubens-)Sätze sie im Leben geprägt haben.
Zunächst geht es darum, im vertraulichen Zweiergespräch solche Sätze auszutauschen und dann im Plenum solche Sätze zu sammeln.
Du schaffst das! Ich glaub an dich! Du bist toll! Ich traue dir das zu! Du darfst Fehler machen! Ich stehe zu dir – bedingungslos! Du tust mir gut! ...

(6) Zum Film
In der Sterbebegleitung sind wir immer auch mit dem Tod konfrontiert. Es ist unabdingbar, dass wir uns als Hospizbegleiter*innen mit dieser letzten Grenze auseinandersetzen. In der Auseinandersetzung damit können wir wachsen. Im Angesicht des Todes wird vielen Menschen bewusst, dass es auch ein Leben vor dem Tod gibt. Solange jemand nicht tot ist, lebt er noch!

Kurzfilm
Die TN schauen gemeinsam den Kurzfilm »Erlösung« (Alumbramiento) von Eduardo Chapero-Jackson an.
(Spanien 2007, 16 Minuten, Produktion: Prosopopeya Producciones, Pepe Jordana, empfohlen ab 14 Jahren – Katholisches Filmwerk GmbH, Ludwigstr. 33, 60327 Frankfurt a.M.)

Kurzcharakteristik
Eine Familie versammelt sich am Sterbebett der Mutter. Im Angesicht des herannahenden Todes geht jedes der erwachsenen Kinder anders mit der Angst vor dem Verlust um: Der älteste Bruder, ein Mediziner, hofft, die Medikamente mögen ein Wunder bewirken; die jüngere Schwester möchte die Tatsachen verdrängen. Schließlich ist die Schwiegertochter diejenige, die, geleitet von Mitgefühl für die leidende Frau, dieser liebevoll auf den letzten Weg helfen kann. Der bewegende Kurzfilm zeigt, wie einfühlsame Sterbebegleitung aussehen kann.

»Dem Tod Leben geben. LIGHTBORNE [Alumbramiento] ist die Synthese aller Dinge, die ich wahrgenommen habe, als die älteren Mitglieder meiner Familie gegangen sind.« (Regisseur Eduardo Chapero-Jackson)

(7) Zu Alternative 1
Die TN betrachten das Bild »Tod im Krankenzimmer« von Edvard Munch und stellen es nach. Sie versetzen sich damit in die verschiedenen Rollen der Anwesenden. Die TN müssen am Ende wieder gut aus der Rolle in die Wirklichkeit geholt werden.

(8) Zu Alternative 2
Jeder TN liest den Text. Er/sie vermerkt Zustimmung, Ablehnung und Fragen. Zunächst gibt es einen Austausch in Kleingruppen, die ihre wichtigsten Ergebnisse ins Plenum einbringen.
Anhand des Textes aus dem Buch »Die Hälfte des Himmels gehört Bo« kann auch die besondere Problematik der Wahrheitsfrage und der Ungleichzeitigkeiten oder der Sprachlosigkeiten thematisiert werden.
Jeder Betroffene, alle Angehörigen, betroffene Familien mit einem lebensverkürzend erkrankten Kind oder Erwachsenen wird/werden sich der Wahrheit stellen müssen, wenn die Diagnose endgültig ist. Es ist die Lebensendphase eingeleitet, eine Person leidet an einer Erkrankung, die nicht heilbar ist, oder jemand hat keine Möglichkeit mehr auf eine kurative Therapie. Er/sie wird sterben.
Alle Familienmitglieder müssen lernen, mit dieser Wahrheit zu leben. Jede/r entwickelt seine eigene Strategie, wie er/sie im Moment am besten damit klarkommt.
In der Auseinandersetzung mit dem Text VK 7.7 können unterschiedliche Strategien kennengelernt werden. Die Akzeptanz dieser unterschiedlichen Strategien kann geübt werden.
Die Leitung stellt die Familie von Bo vor und liest dann den Text vor. Die TN erhalten die Anweisung, darauf zu achten, wie die einzelnen Familienmitglieder reagieren. Dabei können die Familienmitglieder auf einzelne Kleingruppen verteilt werden, so dass jeder während des Vorlesens nur eine Person im Blick haben muss.
An dieser Stelle kann die Leitung einen kurzen Einblick in die Thematik geben, dass die Erziehungs-/Sorgeberechtigten darüber entscheiden können, wann, durch wen, wie und wie umfassend Kinder und Jugendliche über Diagnosen und Prognosen unterrichtet werden.
Auch wenn kranke Kinder selbst um ihrem Zustand wissen oder diesen ahnen und wir als Begleiter das wissen, sind uns rechtlich »die Hände gebunden«. Es gibt andere Möglichkeiten, den Kindern Fragen zu beantworten oder Dinge zu signalisieren. Dies veranschaulicht die Geschichte von Oskar und der Dame in Rosa. Insbesondere Seite 17-19: »Aber warum sagen sie mir nicht ganz einfach, dass ich sterben werde ... schon geschworen.« (Eric-Emmanuel Schmitt, Oskar und die Dame in Rosa, S. Fischer Verlag, Frankfurt/M. 2005)
Die Leitung kann darauf hinweisen, aber auch die Seiten den TN in Kopie mitgeben.

(9) Zu Grenzen der Aufgaben von EA

Sollte die Ampel (VK 3.8) des ehrenamtlichen Helfens noch nicht in der Einheit 3 behandelt worden sein, könnte sie hier eingesetzt und das Thema im Anschluss an den Film aufgegriffen werden.

Die TN stellen sich anhand der Beispielgeschichte (VK 7.8) auf einer Skala von 1-10 auf. Würde ich das machen, was ein Sterbender/eine Sterbende wünscht?

Wichtig ist der Grundsatz, dass die Begleiter*innen mit Personen, die sie begleiten, keine wesentliche Ausweitung des Auftrags ohne die Koordinatorin des Dienstes vornehmen.

(10) Zum Abschluss

Besonders günstig ist ein Wechsel der Methode – z.B. Singen, Musik-Hören oder Tanz.

Als Lied wäre hier geeignet: Herman van Veen: Ich tanze mit dem Tod.

Eine Möglichkeit ist hier auch der Schreittanz, der in der Einheit GK 6 beschrieben wird.

Liste der Materialien

VK 7.1 Einführung – wachsen
VK 7.2 Verlaufsplan – wachsen
VK 7.3 Die Geschichte von der Steinpalme
VK 7.4 Petra Stuttkewitz: Irrtum
VK 7.5 Sachinformation zum Film »Erlösung«
VK 7.6 Munch: Die tote Mutter
VK 7.7 Auszug: »Die Hälfte des Himmels gehört Bo«
VK 7.8 Fallbeispiel

EINHEIT 8: HOFFEN

Einführung

In der Geschichte von der Heilung aus Lähmung begegnet Jesus Menschen, die aus einer tiefen Hoffnung motiviert handeln. Ausdrücklich wird erwähnt, dass Jesus den Glauben, die Hoffnung der vier bzw. fünf Männer sah. Aus der Hoffnung, dass Jesus helfen kann, landet der Gelähmte vor Jesus.

Die Menschen konnten dann miterleben, dass Jesus wirkmächtig ist, dass er Menschen innerlich und äußerlich bewegen kann. Der Gelähmte steht tatsächlich auf. Damit ist die Kraft der Worte Jesu, damit ist seine Vollmacht vor aller Augen sichtbar geworden. Die Hoffnung der Vier und des Gelähmten ist bestätigt/erfüllt worden. Dies bewegt alle Umstehenden, die Kritiker ebenso wie die Freunde. Sie staunen. Das drückt Bestürzung und Freude, Unverständnis und Einverständnis zugleich aus. Niemand wird so nach Hause gehen, wie er oder sie gekommen ist.

Die Heilung aus Lähmung weckt die Hoffnung, dass andere – gegebenenfalls auch ich – geheilt werden können. Sie weckt die Hoffnung auf einen wohlwollenden, unterstützenden Gott. Jesus zeigt ein neues Bild von Gott und damit vom Menschen.

Die Heilung aus Lähmung weckt aber auch Unverständnis und Widerstand: Wie kann Jesus so etwas tun? Das passt nicht mit dem damaligen Gottes- und Menschenbild zusammen.

Auch heute haben Menschen ein Bild von der Welt, vom Menschen, von Gott. Letzteres auch, wenn sie an die Existenz eines Gottes nicht glauben (können). Diese Bilder beeinflussen auch heute, wie wir den Ereignissen unseres Lebens, den Menschen, mit denen wir zu tun haben, begegnen. Diese Bilder begründen unsere Hoffnungen. Was wir hoffen, ist eng verbunden mit dem, was wir glauben.

In dieser Einheit fragen wir nach unseren religiösen, spirituellen Prägungen, also nach unserem Gottes-, Menschen- und Weltbild. Nach dem, was im Leben trägt und uns gestärkt hat oder geholfen hat, gut zu leben; nach dem, was unsere Hoffnungen sind.

Wer Menschen in schwierigsten Lebenssituationen begleiten möchte, braucht das Wissen darum, dass er im Leben selbst getragen wurde und wird, gegebenenfalls auch, um sich selbst stärken zu können. Es bedarf der Vergewisserung der eigenen Hoffnung und dessen, dass das Leben, das Wirken und auch das Leiden Sinn machen. Es gilt, dies zu entdecken – wiederzuentdecken oder sogar neu zu entdecken.

Vielleicht ist mir »Glaube« fremd, vielleicht verbinde ich damit schwierige Erfahrungen mit kirchlichen Vertretern, mit Eltern, vielleicht ist »Glaube« aber auch das Selbstverständlichste von der Welt! Vielleicht habe ich mehr Zugang zu diesem Thema, zu dieser »Welt« über den scheinbar neutraleren Begriff Spiritualität. Ist es Frömmigkeit, mit der ich Schwierigkeiten habe, ist es der Glaube, der mir zu eng ist, ist es kirchliche Moral, sind es kirchliche Mitarbeiter*innen, oder sind es gerade meine Frömmigkeit und mein Glaube, die mir helfen und geholfen haben?

Möglicherweise ist die Sache gar nicht so schwierig, wenn wir uns nicht bemühen, jemandem etwas zu erklären, sondern schlicht von den Dingen reden, von denen wir zutiefst überzeugt sind, von unserem Gottes- und Menschenbild und davon, wie beides unser Weltverständnis bestimmt; wenn wir von unseren Zweifeln sprechen, davon, was Glaube für uns bedeutet. Wenn wir von unseren Hoffnungen reden. Und auch, wenn wir von unserem Nicht-Glauben-Können sprechen.

Fragen und Suchen, Finden und neues Ringen: Das kennzeichnet Spiritualität, das kennzeichnet Glauben, das kennzeichnet Hoffnung. Kann ich sie bei meinem Gegenüber wahrnehmen? Kann ich davon sprechen? Situationen, die solches Reden ermöglichen, setzen ein gewisses Maß an Vertrauen voraus. Ob sich dieses einstellt, ist oft keine Frage langen oder kurzen Bekanntseins.

Vertrauen stellt sich da ein, wo Menschen jede Verstellung aufgeben und sich dem Gegenüber öffnen. Wo einer fragt: Was ist der Sinn meines Lebens? Wo gehe ich hin?

Ganz konkret begegnen wir in der Hospizarbeit vielen Hoffnungen. Der Hoffnung auf einen »guten Tod«, auf eine »gute Sterbestunde«, also auf keine bzw. eine kurze Leidenszeit. Wir begegnen der Hoffnung auf ein Sterben in Würde und in der Kinder- und Jugendhospizarbeit auch immer wieder der Hoffnung auf das Wunder, dass ein Kind, ein Jugendlicher, ein junger Mensch gesund wird. Wir begegnen der Hoffnung auf ein Wiedersehen mit den Gestorbenen.
Begleitung heißt hier, einen Standpunkt zu haben – nicht diesen Standpunkt anderen aufdrängen zu müssen, aber anfragbar zu sein.

Hinweise für die Leitung

Diese Einheit geht von der Erkenntnis aus, dass mit dem, was wir »Glauben« oder »Spiritualität« nennen, ganz unterschiedliche Erfahrungen und Wege von Menschen gemeint sein können.
Einige sind stark von ihrer kirchlichen Sozialisation geprägt und fühlen ihre christliche Überzeugung als Hilfe und Verpflichtung. Andere sehen sich eher in Distanz zur Kirche; ihre Grundüberzeugungen und Hoffnungen basieren auf humanistischen Ideen. Immer mehr Menschen leiten ihre Spiritualität, ihren Glauben, ihre Hoffnungen von den großen Religionen des Ostens bzw. von ihren Meditationserfahrungen her.
Indem wir anerkennen, dass niemand die Wahrheit »hat«, können wir die Überzeugungen anderer als wertvolle Gesprächsimpulse erleben, die unsere eigene Suche nach Lebenssinn lebendiger und farbiger machen, und drängen umgekehrt unsere Gedanken anderen nicht auf, sondern stellen sie zur Verfügung.

Ziele

Die TN

- *erkennen und respektieren eigene und fremde Glaubensvorstellungen*
- *setzen sich mit dem, was sie erhoffen, auseinander und mit dem, worauf sie hoffen*

Verlauf der Einheit

DAUER	ZIELE	INHALTE	METHODEN/DIDAKTISCHE HINWEISE	MATERIAL
BLICK IN DIE GRUPPE				
10'	Wie bin ich jetzt hier?	»Ankommen« der TN	Talking Stone-Runde	Stein
5'		Einführung	*(1) Zur Einführung* Rose von Jericho mitgeben	Rose Wasserschüssel VK 8.1 VK 8.3

DAUER	ZIELE	INHALTE	METHODEN/DIDAKTISCHE HINWEISE	MATERIAL
BESINNUNG/ÜBUNG				
15'	TN setzen sich mit dem, was sie erhoffen, und mit dem, worauf sie hoffen, auseinander	Wie stehe ich zu verschiedenen Aussagen?	*(2) Zur soziometrischen Aufstellung* Soziometrische Aufstellung Welchem der auf dem Boden liegenden Begriffe würden Sie sich am ehesten zuordnen? Austausch mit denen, die sich für dieselbe Aussage entschieden haben	Flipchartpapiere Eddings
30'		Schreibgespräch zu meinen Hoffnungen, meinem Glauben: Was haben Sie sich erhofft? Was hat Sie im Leben getragen? Was hat Sie im Leben gestärkt? Was hat Ihnen gut getan?	*(3) Zum Schreibgespräch* Hoffnung ist ...	Plakate/große Papierbögen
15'		Austausch: Was war mir wichtig?	Plenum VK 8.5 Tausch-Flammer mitgeben	VK 8.5
(30')		**ALTERNATIVE 1:** Grundhaltungen: Ich hoffe ... Austausch zum Erlebten	*(4) Zu Alternative 1* Blatt weitergeben Ich ergänze den Satz: Ich hoffe ... (reihum) Anschließend Austausch im Plenum. Mitgeben: VK 8.6 Glaubensbekenntnisse VK 8.8 Williamson: Antrittsrede Nelson Mandela	VK 8.6 VK 8.8
15'	**PAUSE**			
45'	TN • erkennen und respektieren eigene und fremde Glaubensvorstellungen • setzen sich mit dem, was sie erhoffen, und mit dem, worauf sie hoffen, auseinander	Collage erstellen zum Thema der eigenen Hoffnung, des eigenen Glaubens/der eigenen Spiritualität	*(5) Meine Hoffnung, meinen Glauben ausdrücken* Collage erstellen zum Thema der eigenen Hoffnung, des eigenen Glaubens/der eigenen Spiritualität (es sollen die Mut machenden, stärkenden Botschaften, die	Papier Farben Bilder

DAUER	ZIELE	INHALTE	METHODEN/DIDAKTISCHE HINWEISE	MATERIAL
			wir im Leben mitbekommen haben, im Vordergrund stehen) *Variante 1:* Töpfern von Hoffnungen	Ton
(45')		**ALTERNATIVE 1:** Ein eigenes Totentuch entwerfen	Malen von Totentüchern (siehe VK 8.7) Auf der Basis des Textes; unter Verwendung religiöser Symbolik (Entwurf auf Papier) Ggf. Elemente/Texte aus dem gesamten Kurs mit einbeziehen und als Andenken an den Kurs gestalten.	VK 8.7 Farben Stoffe
30'		Vernissage Zusammenfassende Würdigung durch die Leitung	Fertige Bilder werden an einer Wäscheleine im Raum aufgehängt. Fertige getöpferte Arbeiten werden aufgestellt. Vernissage mit oder ohne freiwilligen Kommentar der Künstler Siehe Einheit 2 »sich entschließen«, Hinweis *(4)*	
ABSCHLUSS				
5'	Abschluss	Blitzlichtrunde: Gibt es noch Reste, etwas, was mir auf dem Herzen/auf der Zunge liegt, was gesagt sein will, bevor wir auseinandergehen?	*(6) Zum Abschluss* Vereinbarungen für die letzte Einheit	VK 8.8

Hinweise zum Verlauf

(1) Zur Einführung

In der Geschichte von der Heilung aus Lähmung begegnet Jesus Menschen, die aus ihrer Hoffnung, dass er helfen und heilen kann, motiviert handeln. Ausdrücklich wird erwähnt, dass Jesus den Glauben, die Hoffnung der vier bzw. fünf Männer sah.

Die Heilung aus Lähmung weckt die Hoffnung, dass andere – gegebenenfalls auch ich – geheilt werden können. Sie weckt die Hoffnung auf einen wohlwollenden, unterstützenden Gott. Jesus zeigt damit ein neues Bild von Gott, einem wohlwollenden Gott, und damit auch vom Menschen.

Die Heilung aus Lähmung weckt aber auch Unverständnis und Widerstand: Wie kann Jesus so etwas tun? Das passt nicht mit dem bisherigen Gottes- und Menschenbild zusammen. Das ist ungeheuerlich und unerhört.
Auch heute haben Menschen ein Bild von der Welt, vom Menschen, von Gott. Letzteres auch, wenn sie die Existenz eines Gottes nicht glauben (können). Diese Bilder beeinflussen auch heute, wie wir den Ereignissen unseres Lebens, den Menschen, mit denen wir zu tun haben, begegnen. Diese Bilder begründen unsere Hoffnungen.
In dieser Einheit fragen wir nach unseren religiösen, spirituellen Prägungen, also nach unserem Gottes-, Menschen- und Weltbild. Nach dem, was im Leben trägt und uns gestärkt hat, geholfen hat, gut zu leben; nach dem, was unsere Hoffnungen sind.
Indem wir anerkennen, dass niemand die Wahrheit »hat«, können wir die Überzeugungen anderer als wertvolle Gesprächsimpulse erleben, die unsere eigene Suche nach Lebenssinn lebendiger und farbiger macht, und drängen umgekehrt unsere Gedanken anderen nicht auf, sondern stellen sie zur Verfügung. Spiritualität, Glaube, Hoffnung: Es geht um eine Kraft, die im Verborgenen steckt, die uns aufblühen lässt. Manchmal schlummert sie und muss bzw. kann reaktiviert werden.
Ein anschauliches Symbol dafür ist die Rose von Jericho. Was bringt uns zum Aufblühen, was ist unser Wasser?

(2) Zur soziometrischen Aufstellung
Die soziometrische Aufstellung eignet sich gut dazu, am Beginn der Arbeit an einem Thema die Standorte deutlich zu machen, die die TN im Verhältnis zum Thema einnehmen. Sie gibt die Standpunkte optisch wieder.

Anleitung
In die Mitte des Raumes wird ein Blatt gelegt, auf dem das Thema notiert ist, zu dem die TN sich positionieren sollen (hier etwa: Hoffnung).
Die TN werden gebeten: Suchen Sie sich im Verhältnis zu dem ausliegenden Blatt – also in Nähe und Distanz – zugewendet, abgewendet usw. Ihren Standort. Dabei stellen sich alle TN gleichzeitig auf. Die Leitung lässt etwas Zeit, damit alle das Gesamtbild der Gruppe wahrnehmen können. Dann jeden/jede mit einem Satz den Standort begründen lassen.

Varianten sind möglich:
- *TN stellen sich nacheinander auf (das ist jedoch weniger spontan)*
- *TN erklären sich nicht*
- *TN können in einer zweiten Runde ihren Standort verändern. Frage dazu: Wohin möchten Sie sich gern verändern? Dies könnte auch am Ende der Einheit noch einmal gemacht werden: Hat sich etwas verändert?*

Die TN können sich aber auch zu verschiedenen Aussagen stellen, sich kurz in der jeweiligen Gruppe unterhalten und von der Leitung interviewt werden:

Ich gestehe es: ich
Habe keine Hoffnung.

Die Blinden reden von einem Ausweg.
Ich
Sehe.
Wenn die Irrtümer verbraucht sind
Sitzt als letzter Gesellschafter
Uns das Nichts gegenüber.
Bertold Brecht

Meine Hoffnung und meine Freude, meine Stärke, mein Licht,
Christus, meine Zuversicht, auf dich vertrau' ich und fürcht' mich nicht.
Taizé

Die Hoffnung stirbt zuletzt.
Redensart

Hoffen und Harren macht manchen zum Narren.
Sprichwort

Was wäre das Leben ohne Hoffnung.
Friedrich Hölderlin

Hoffnung lässt nicht zuschanden werden.
Römer 5,5

Hier bildet sich in einem Moment ab, wie unterschiedlich Menschen eingestellt sind. Dies zu entdecken, anzuerkennen, damit zu rechnen und umzugehen durchzieht unser Miteinander und das Lernen in diesem Kurs immer wieder.

(3) Zum Schreibgespräch
Die TN verteilen sich an zwei Tischen. Auf dem einen großen Plakat steht: Hoffnung ist:
Auf dem anderen großen Plakat steht:

- *Was habe ich mir erhofft?*
- *Was hat mich im Leben getragen?*

- *Was hat mich im Leben gestärkt?*
- *Was hat mir gut getan?*
- *Was hat mir Sinn gegeben?*

Die TN schreiben ihre Antworten, Assoziationen … auf die Plakate.

Kurze Begriffsdefinitionen:
Frömmigkeit bezeichnet eine respektvolle Haltung im Sinne einer Ehrfurcht vor unlösbaren Rätseln wie auch vor vorgestellten Ordnungsmustern von Leben und Kosmos.

Glaube: »Es ist aber der Glaube eine gewisse Zuversicht des, das man hofft, und ein Nichtzweifeln an dem, das man nicht sieht.« (Hebr 11,1) »Grundelement des religiösen Lebens; Bindeglied des Menschen zu dem als heilig verehrten und erlebten Numinosen«. (Meyers Großes Taschenlexikon 1998)

Spiritualität (von lat. spiritus »Geist, Hauch« bzw. spiro »ich atme« – wie altgr. ψύχω bzw. ψυχή, siehe Psyche) bedeutet im weitesten Sinne Geistigkeit und kann eine auf Geistiges aller Art oder im engeren Sinn auf Geistliches im spezifisch religiösen Sinn ausgerichtete Haltung meinen. Spiritualität im spezifisch religiösen Sinn steht dann auch immer für die Vorstellung einer geistigen Verbindung zum Transzendenten, dem Jenseits oder der Unendlichkeit. Im Grundkurs hatten wir das Thema »Hoffnungsbilder – was kommt nach dem Tod?«

Hoffnung: »Seid stets bereit, jedem Rede und Antwort zu stehen, der von euch Rechenschaft fordert über die Hoffnung, die euch erfüllt.« (1 Petr 3,15) »Hoffnung ist mehr als Optimismus. Nicht die Überzeugung, dass etwas gut ausgeht, sondern die Gewissheit, dass etwas Sinn hat, egal wie es ausgeht.« (Vaclav Havel)

Im Umgang mit Sterbenden und dem Tod bin ich immer konfrontiert mit und werde gefragt nach dem Sinn des Lebens, nach meinen Vorstellungen, meinen Prägungen, meinem Weltbild/Menschbild – was gibt mir Halt?

(4) Zu Alternative 1
Jeder TN hat ein leeres Blatt. Darauf schreibt er/sie: Ich glaube:
Jeder TN ergänzt auf seinem Blatt eine Aussage und gibt das Blatt dann an seinen rechten Nachbarn weiter. Jeder schreibt wieder eine Assoziation, eine Bemerkung auf das Blatt und gibt es an den rechten Nachbarn weiter. So lange, bis das Blatt wieder zurück beim Ausgangspunkt ist.
Die Texte VK 8.5 Cicely Saunders: »Der Gott der zweiten Chance« und VK 8.6 Hug: »Glaubensbekenntnisse« können, wenn Zeit ist, besprochen, ansonsten den TN mitgegeben werden.

(5) Meine Hoffnung, meinen Glauben ausdrücken
An dieser Stelle soll mit kreativen Methoden der Hoffnung Ausdruck gegeben werden. Wenn dabei Dauerhaftes entstehen soll, dann könnte es hilfreich und wichtig sein, eine Person einzubeziehen, die professionell beim Malen oder Töpfern anleiten kann. Dann werden auch entsprechende Materialien benötigt.

Eine weniger aufwändige Möglichkeit ist, dass die TN eine Collage zum Thema der eigenen Hoffnung, des eigenen Glaubens/der eigenen Spiritualität erstellen. Es sollen dabei die Mut machenden, stärkenden Botschaften, die wir im Leben mitbekommen haben, im Vordergrund stehen.
Dies geht auch mit der Verarbeitung von Ton, im Sinne einer Momentaufnahme. Den TN wird ein Klumpen Ton zur Verfügung gestellt. Es stehen Schalen mit Wasser und verschiedene Holzstäbe für die Bearbeitung des Tones zur Verfügung. Ton und Bearbeitungsgeräte sind in Bastelgeschäften zu erwerben.
Die TN bekommen als Impuls eine Anweisung wie: »Gestalte, was deinem Leben Hoffnung gibt« oder: »Worauf kannst du in deinem Leben bauen ...?«
Während die TN für sich an ihrem Werk arbeiten, kann leise meditative Musik im Raum gespielt werden. Es sollte genügend Zeit zur Verfügung stehen, dass alle TN ihren Prozess des Gestaltens abschließen können.
Die entstandenen Werke werden dann im Rahmen einer Vernissage betrachtet, vorgestellt und gewürdigt.
Wenn es die Möglichkeit dazu gibt und die Kunstwerke die entsprechenden Voraussetzungen erfüllen, kann angeboten werden, die Werke brennen zu lassen. Das macht sie zu einem dauerhaften Andenken an den Kurs.

Malen von Totentüchern (entsprechend dem Text VK 8.7)
In vielen afrikanischen Gemeinden werden die Verstorbenen nicht in einem Sarg, sondern in einem speziellen Totentuch begraben. Diese Tücher werden den Jungen in Westafrika anlässlich einer Feier an der Schwelle zum Erwachsenenleben gegeben. Jeder bekommt sein Totentuch vom ältesten Familienmitglied überreicht. Diese Tücher werden oft ein Jahr im Voraus beim Dorfweber bestellt, denn es ist viel Arbeit, diese herzustellen. Schmale Bänder werden am einfachen Webstuhl hergestellt und zu einem großen Tuch zusammengenäht. Alle gewöhnlichen Tücher für den täglichen Gebrauch bestehen aus zwölf Bändern, das Totentuch jedoch aus dreizehn. Zwölf ist die Zahl des Ganzen, Vollen (zwölf Monaten, zwölf Stunden etc.), dreizehn jedoch eines zu viel, das bedeutet den Tod.
Es empfiehlt sich, zunächst einen Entwurf auf Papier zu machen. Es wäre auch möglich, in der Einheit nur den Entwurf zu erstellen und es den TN selbst zu überlassen, diesen dann auf ein Tuch zu übertragen. Gegebenenfalls können Elemente/Texte aus dem gesamten Kurs mit einbezogen werden. So könnte das Totentuch auch als Andenken an den Kurs gestaltet werden.

(6) Zum Abschluss
Am Ende von Einheit 8 steht nur noch Einheit 9 des Vertiefungskurses aus. In Einheit 9 werden keine neuen Inhalte mehr besprochen; dort wird der Kurs abgeschlossen.
In der Abschlussrunde können die TN gebeten werden, zu Hause für jeden TN der Gruppe eine Karte zu schreiben. Auf die Karte sollen drei Begabungen geschrieben werden: »Ich schätze an dir ...« Es ist wichtig, den TN zu sagen, dass die Karten später (Einheit 9) gegenseitig ausgetauscht werden.

Fragen könnten sein:
- *Was hat mich am anderen bewegt?*
- *Welche Begabungen habe ich am anderen wahrgenommen?*
- *Oder: »Etwas, das ich an dir schätze …«*

Alternativ können die Karten auch im Rahmen von VK 9 beschriftet werden (s. dort).

Gegebenenfalls werden weitere Vereinbarungen für die letzte Einheit getroffen.

Liste der Materialien

VK 8.1 Einführung – hoffen
VK 8.2 Verlaufsplan – hoffen
VK 8.3 Vaclav Havel: Hoffnung
VK 8.4 Daniela Tausch-Flammer: Woher wir kamen …
VK 8.5 Cicely Saunders: Der Gott der zweiten Chance
VK 8.6 Glaubensbekenntnisse
VK 8.7 Von den Totentüchern
VK 8.8 Marianne Williamson (Nelson Mandela): Unsere tiefste Angst ist nicht …

Weitere Materialien

VK 8.9 Michael Nüchtern: Spiritualität – ein Zauberwort
VK 8.10 Ulrich Schaffer: Ewiges Leben
VK 8.11 Andreas Ebert: Nicht fromm sein, sondern fromm werden …
VK 8.12 Rainer Maria Rilke: Ich will nicht sagen

Weiterführende Literatur

Willigis Jäger: Die Welle ist das Meer, Verlag Herder, Freiburg/Br. 2000.
Auf dem Weg in ein fernes Land – Seelsorge an Sterbenden, in: Diakonisches Werk der EKD (Hg.): Hospizarbeit in Diakonie und Kirche, Stuttgart 2002, S. 89ff.
Monika Müller: Dem Sterben Leben geben – Die Begleitung sterbender und trauernde Menschen als spiritueller Weg, Gütersloher Verlagshaus, Gütersloh 2018.

EINHEIT 9: LOSGEHEN

Einführung

Am Ende der Geschichte von der Heilung aus Lähmung nimmt der ehemals Gelähmte seine Trage und geht los.
Die Umstehenden sind Zeugen dieses außergewöhnlichen Ereignisses. Möglicherweise haben sie sich in ihrer Haltung, in ihren Einstellungen bewegt. Auch sie gehen los zurück in ihr Leben.
Am Ende einer Begleitung, aber auch am Ende des Kurses hat sich viel bewegt. Die Beteiligten haben miteinander viel erlebt. Niemand ist unberührt und unverändert geblieben. Die Reaktionen werden verschieden sein. Die nächsten Schritte sind für jede und jeden andere.
Das sterbende Kind, der sterbende Jugendliche, der sterbende Erwachsene muss seinen Weg finden. Wie wird er/sie ihn gehen? Im Unterschied zur Geschichte wird er/sie allerdings nicht von der Krankheit geheilt. Da hat die Geschichte ihre Grenze. Aber das »Nachhausegehen« inspiriert, zumindest über die Frage nachzudenken, ob das Leben nach dem Tod weitergeht. Es ist bedeutsam, sich als Hospizbegleiter*in mit dieser Frage zu beschäftigen. Sie taucht in Sterbebegleitungen immer wieder auf. Die Zurückbleibenden haben andere Schritte vor sich. Sie alle müssen den nächsten Schritt ihres Lebens gehen. Auch die Kursteilnehmer*innen haben den nächsten Schritt vor sich. Es gilt für alle loszugehen.
Für die Kursteilnehmer*innen besteht die begründete Hoffnung, dass sie gut vorbereitet in die Begleitungen losgehen können; in die aktive Mitarbeit in der (Kinder- und Jugend-)Hospizarbeit. Unter Umständen bedeutet diese letzte Kurseinheit für einige aber auch, Abschied zu nehmen.

Hinweise für die Leitung

Nun heißt es, den gegangenen Weg zu einem Abschluss zu bringen. In dieser letzten Einheit des Vertiefungskurses soll dieser Abschluss Gestalt finden. Zwei Schwerpunkte bestimmen diese letzte Einheit:
Einerseits gibt sie Gelegenheit zur Rückschau auf die Vorbereitungszeit: Was hat meinen Weg durch die Vorbereitungszeit geprägt? Was hat mich berührt, und was ist mir fremd geblieben? Wie habe ich die Gruppe, die Themen und Menschen während der Praxisphase, insbesondere im Praktikum, die Inhalte der beiden Kursblöcke erlebt? Die Rückschau gibt Anlass, Gedanken und Erfahrungen zu bündeln. Andererseits ist diese letzte Einheit aber auch eine gute Gelegenheit, um ein kleines Fest miteinander zu feiern, in dem die Gemeinschaft und die Hoffnungen aller TN zum Ausdruck kommen können. Die Leitung sollte darüber hinaus einen konkreten Ausblick geben, was die nächsten Schritte, Termine und Verabredungen sind.

Ziele

Die TN

- *reflektieren die Vorbereitungszeit und ihre persönliche Entwicklung (Auswertung Kurs)*
- *geben einander Feedback*
- *kennen zukünftige Arbeits- und Einsatzmöglichkeiten*
- *schließen den Kurs für sich ab*
- *feiern ein Fest miteinander (»Leichen-Schmaus«) (kann sein/muss nicht sein)*

Verlauf der Einheit

DAUER	ZIELE	INHALTE	METHODEN/DIDAKTISCHE HINWEISE	MATERIAL
BLICK IN DIE GRUPPE				
15'	Befindlichkeit	»Ankommen« der TN	*(1) Zum Blick in die Gruppe* Talking Stone-Runde	Stein
5'		Einführung	*(2) Zum Überblick über den Abschluss des Kurses* Leitung	VK 9.1
BESINNUNG/ÜBUNG				
10'	TN reflektieren die Vorbereitungszeit und ihre persönliche Entwicklung	Rückblick	*(3) Zum Rückblick* *(4) Zur Fantasiereise* Fantasiereise zurück bis zum Anfang Zusammenfassung Kursinhalte/Schritte	
		Kursauswertung	*(5) Zur Auswertung* Gegliederte Auswertung (schriftlich/mündlich)	
45'			*Variante 1:* • meine Entwicklung • der Kurs • die Inhalte • die Gruppe Kann ich mir vorstellen, jetzt in die Begleitung zu gehen?	Blatt mit Fragen Zettel, Stifte für TN
(30')			*Variante 2:* symbolische Darstellung • Was ging mir zu Herzen? • Was nehme ich mit? • Was lasse ich hier?	leerer Koffer Herz (gemalt oder Deko) Papierkorb Karten in 3 Farben für alle TN Stifte
(30')			*Variante 3:* Abschlussrunde Plenum • Das war gut so: ... • Wovon hätte ich gerne mehr gehabt? • Wovon hätte ich weniger gebraucht?	

DAUER	ZIELE	INHALTE	METHODEN/DIDAKTISCHE HINWEISE	MATERIAL
(20')			*Variante 4:* (Eine Kurzform, die am wenigsten Zeit braucht.) Die Leitung legt DIN-A4-Blätter mit verschiedenen Auswertungsfragen in der Mitte aus. Im Plenum äußern sich die TN nur zu zwei der möglichen Fragen. Diese könnten z.B. lauten: • Was hat mir am meisten genützt? • Worauf hätte ich gut verzichten können?	Blätter mit Auswertungsfragen
30'	**PAUSE**			
INFORMATION				
15'	TN kennen zukünftige Arbeits- und Einsatzmöglichkeiten	Notwendige Informationen über die Weiterarbeit in der (Kinder- und Jugend-)Hospizarbeit; Verabredungen	*(6) Zu Informationen zur Weiterarbeit* Leitung gibt einen Überblick über die Arbeits- und Einsatzmöglichkeiten im Dienst. Leitung gibt Informationen – auch schriftlich Ausblick auf die Entscheidung und Verweis auf das Abschlussgespräch	Informationsblatt
(15')			Eventuell kann eine erfahrene/r EA berichten: • Was brauche ich für meinen Weg? • Was kann ich schultern?	
ABSCHLUSS				
30'	TN • schließen den Kurs für sich ab • geben einander Feedback	Begabungen erfahren/zusprechen, gegenseitige Würdigung	*(7) Zur gegenseitigen Würdigung* Begabungen erfahren/zusprechen, gegenseitige Würdigung Übergabe der Karten: »Ich schätze an dir ...« (Hausaufgabe aus VK 8)	(mitgebrachte) Karten

DAUER	ZIELE	INHALTE	METHODEN/DIDAKTISCHE HINWEISE	MATERIAL
			Variante 1: Jede/r schreibt einer/m anderen 1-3 Begabungen auf eine Karte und gibt sie ihr/ihm, indem sie/er die Worte laut liest.	
5´	TN schließen den Kurs für sich ab	Impuls: Die Geschichte von einem Lebenskünstler	Vorlesen	VK 9.3
10'		Meditativer Impuls	*(8) Zur Lichtmeditation* Meditativer Impuls/Kerzen anzünden Lichtmeditation: Verabschiedung der Zeit der Vorbereitung, es beginnt etwas Neues, es gibt ein schönes Ritual dafür. Sterben, Tod und Trauer haben viel mit Dingen zu tun, die nicht mit Kopf erklärt werden können.	VK 9.4 Teelichter, Teelichthalter
(10')		**ALTERNATIVE 1:** Tanz Segen	*(9) Zu Alternative 1* »Pilgerschritt« oder ein anderer Tanz	VK 9.8
(60')		**ALTERNATIVE 2:** Ein Fest mit vielen Elementen Die Gruppe erleben und miteinander feiern.	*(10) Zu Alternative 2* TN schließen den Kurs mit einem gemeinsamen Fest ab (»Leichen-Schmaus«) Gemeinsames Essen Kreative Elemente (je nach Gruppe)	Material je nach Gruppe VK 9.5 Rezepte Trauerspeisen aus verschiedenen Kulturen
(60')		**ALTERNATIVE 3:** Liturgischer Abschluss TN werden gesegnet und ausgesandt Anschließend gemeinsames Essen (wenn möglich)	*(11) Zu Alternative 3*	VK 9.6a/b VK 9.7 VK 9.8

Hinweise zum Verlauf

(1) Zum Blick in die Gruppe

Die Talking Stone-Runde sollte kurz sein und nur eine Frage beinhalten: *»Gibt es noch Reste, etwas, was mir auf dem Herzen/auf der Zunge liegt, was gesagt sein will, bevor wir auseinandergehen?«*

(2) Zum Überblick über den Abschluss des Kurses

Am Ende einer Begleitung, aber auch am Ende des Kurses hat sich viel bewegt. Die Beteiligten haben miteinander viel erlebt. Niemand ist unberührt und unverändert geblieben. Die Reaktionen werden verschieden sein. Die nächsten Schritte sind für jede und jeden andere.

Das sterbende Kind, der sterbende Jugendliche, der sterbende Erwachsene muss seinen Weg finden. Wie wird er/sie ihn gehen? Im Unterschied zur Geschichte wird er/sie allerdings nicht von der Krankheit geheilt. Da hat die Geschichte ihre Grenze. Aber das »Nachhausegehen« inspiriert, zumindest über die Frage nachzudenken, ob das Leben nach dem Tod weitergeht. Es ist bedeutsam, sich als Hospizbegleiter*in mit dieser Frage zu beschäftigen. Sie taucht in Sterbebegleitungen immer wieder auf. Die Zurückbleibenden haben andere Schritte vor sich. Sie alle müssen den nächsten Schritt ihres Lebens gehen.

Auch die Kursteilnehmer und Kursteilnehmerinnen haben den nächsten Schritt vor sich. Es gilt für alle loszugehen.

In der letzten Einheit wird der bisher als Vorbereitungsgruppe gegangene Weg beendet. Es gilt zurückzublicken, Entwicklungen anzuschauen und zu würdigen und einen Ausblick auf die Mitarbeit im Dienst zu geben.

Das Ende des Kurses sollte feierlich gewürdigt und abgeschlossen werden.

(3) Zum Rückblick

Der Rückblick fasst die gesamte Vorbereitungszeit noch einmal ins Auge. Diese hat sich über einen längeren Zeitraum erstreckt. Es braucht Unterstützung, damit die TN sich diese gesamte Etappe vergegenwärtigen können. Die Leitung gibt eine Einführung:

Wir sind mit bestimmten Erwartungen, Hoffnungen und Absichten zur Vorbereitungsgruppe gekommen. Nun ist diese Zeit zu Ende, und es wird einigen so vorkommen, als sei sie im Fluge vergangen. Beim Bedenken kann klar werden, wie viel in der Gruppe zur Sprache gekommen ist und wie viel die Einzelnen in den Blick genommen haben. Auch Störungen können noch einmal benannt werden.

Hier können noch einmal die Übersichten zum Kursverlauf aus den jeweiligen Einführungseinheiten hinzugenommen werden.

(4) Zur Fantasiereise

Eine Hilfe, um den gesamten Weg der Vorbereitungszeit noch einmal zu vergegenwärtigen, könnte eine Fantasiereise sein.

Die TN sitzen entspannt auf ihren Stühlen, haben die Augen geschlossen oder offen. Sie sind eingestimmt, ruhig zu atmen und den Weg noch einmal mitzugehen. Die Leitung »meditiert« in ruhiger Weise den Weg von der Erstbegegnung der Gruppe bis zu dieser letzten Einheit. Wichtig ist, dass dabei ein Raum entsteht, in den die TN ihre Erinnerungen und Bilder einfügen können.

(5) Zur Auswertung

Erlebtes zu reflektieren, Erlebnisse zu sortieren, sich klar zu werden über Positives wie Negatives und es auszusprechen, ist hilfreich für das Weitergehen. Dabei sollte jede/r überlegen, was für die eigenen Gedanken, was für die Gruppe und was für die Leitung bestimmt ist (»selektive Offenheit«).

Drei Möglichkeiten für den Rückblick sind hier angeboten:

Variante 1:
Dass das Feedback gegliedert ist, soll nicht zu einem Aufsatz verleiten; es geht nur darum, die eigenen Stichworte übersichtlich vor sich zu haben. Was war für mich (vielleicht entscheidend) wichtig?

- *Gut sichtbar für alle wird ein Bogen mit den Fragen aufgehängt oder in die Mitte gelegt.*
- *Die TN haben Zeit, sich Notizen zu den Fragen zu machen.*
- *Im Plenum liest dann jeder/jede sein Feedback vor. Dabei gilt die Freiheit, zu sagen, was man sagen will, und nicht zu sagen, was man nicht sagen möchte.*

Variante 2:
Diese Form macht die Äußerungen aller sehr sinnenfällig und betont gleichzeitig jede/n Einzelne/n und die Gemeinschaft in der Gruppe.
Innerhalb des Stuhlkreises werden ein leerer, aufgeklappter Koffer, ein Papierkorb und ein Herz ausgelegt.

Mit den drei Elementen verbinden sich drei Fragen:
Koffer – Was möchte ich mitnehmen?
Papierkorb – Was möchte ich hier lassen?
Herz – Was ist mir zu Herzen gegangen?

- *Alle TN bekommen Karten in drei Farben (Anzahl pro Person begrenzen! – Je eine Karte, maximal drei pro Farbe).*
- *Diese Karten werden den drei Fragen und Symbolen zugeordnet.*
- *Die TN haben Zeit, ihre Karten nun mit je einem Stichwort zu beschriften (Notwendigkeit der Auswahl und Entscheidung).*
- *Im Plenum werden dann die Karten vorgelesen.*
  (Je nach Zeitraum können alle Karten vorgelesen werden, oder es wird ausgewählt: Je eine Karte einer Farbe. Die anderen Karten werden aber an der entsprechenden Stelle abgelegt und bleiben bei der Leitung.)

Variante 3:
Die TN nehmen sich Karten, am besten in unterschiedlichen Farben, und notieren in Einzelarbeit Rückmeldungen zum Kurs nach folgenden Gesichtspunkten (je einer pro Karte):

- *Davon hätte ich gern mehr gehabt* — *Symbol: +*
- *Davon hätte mir weniger genügt* — *Symbol: -*
- *Das war für mich stimmig* — *Symbol: = oder ok*

Die TN kommen im Plenum zusammen und einzeln nach vorn, lesen ihre Rückmeldungen zu den drei Themen vor, erläutern sie gegebenenfalls und heften sie an der Pinnwand an.

Die Leitung bedankt sich für die Rückmeldungen. Sie kann auf einzelne Punkte der Auswertung eingehen, vielleicht auch die eine oder andere Erklärung abgeben.
Aber Vorsicht: keine Bewertung der Rückmeldungen, keine Rechtfertigung!

Variante 4:
Eine Form, die am wenigsten Zeit braucht.

- *Die Leitung legt DIN-A4-Blätter mit verschiedenen Feedbackfragen in der Mitte aus.*
- *Im Plenum äußern sich die TN nur zu zwei der möglichen Fragen. Diese könnten z.B. lauten:*
  - *Was hat mir am meisten genützt?*
  - *Worauf hätte ich gut verzichten können?*

(6) Zu Informationen zur Weiterarbeit
Dieser Abend bedeutet vor allem die Beendigung der qualifizierenden Vorbereitungszeit. Dies ist noch allen Gruppenmitgliedern gemeinsam. Ob aber alle und in welcher Form weitermachen, ob der Übergang in eine Gesamthospizgruppe erfolgen muss oder die Gruppe als solche bestehen bleibt, wird unterschiedlich sein. Wann und wie die Abschlussgespräche mit den einzelnen TN stattfinden werden oder ob sie schon stattgefunden haben, ist zu berücksichtigen. Wann jemand zum ersten Mal eine Begleitung machen wird/will, ob es künftig regelmäßige Treffen der Gruppe oder Supervision geben wird, ob es eine Art Initiation als Hospizhelfer gibt, wer künftig die Gruppe leiten wird usw. – in allen diesen Fragen unterscheiden sich die Situationen der Gruppen und Personen erheblich.
Über diese Fragen muss am Ende der Vorbereitungszeit Klarheit herrschen, und die TN müssen entsprechend informiert werden. Für einen möglichst reibungslosen Übergang in die Arbeit muss gesorgt sein. D.h., die Leitung muss bereits vorher die notwendigen Klärungen herbeigeführt haben.
Orte und Inhalte sollten auf einem Blatt schriftlich festgehalten sein und an diesem Abend verteilt werden.
U.a. sind Hinweise und Klarheit über folgende Fragen notwendig:

- *Abschlussgespräche mit den Einzelnen*
- *Wann ist die Aufnahme in den Kinder- und Jugendhospizdienst oder den Erwachsenenhospizdienst vor Ort?*
- *Übergang in die praktische Arbeit*
- *Zukünftige Treffen mit Koordinatorin*
  Etc. – Wann findet das alles statt?

(7) Zur gegenseitigen Würdigung
Die aus Einheit 8 mitgebrachten Karten werden der jeweiligen Person vorgelesen und übergeben. Das passiert im Plenum gleichzeitig – »halböffentlich«.

Variante 1:
Jede/r TN schreibt für jede/n andere/n TN bis zu drei Karten, auf denen eine Eigenschaft, eine Begabung besonders benannt wird. Es ist auch möglich, drei Eigenschaften auf eine Karte zu schreiben. Jede/r TN spricht ein Mitglied der Gruppe an, liest die entsprechende Karte vor und übergibt sie dann dem/der TN. Das passiert im Plenum gleichzeitig – »halböffentlich«.

(8) Zur Lichtmeditation
In einem meditativen Impuls kann die Zeit der Vorbereitung beendet werden. Der Impuls mit den 9 Kerzen, die jeweils nach dem vorgelesenen Text entzündet werden, hat auch noch Dimensionen, die nicht mit Kopf erklärt werden können.

(9) Zu Alternative 1
Wenn die Einheit nicht mit dem meditativen Impuls beendet wird, sollte sie anders gemeinsam beendet werden, so dass die Gruppe nicht am Schluss einfach auseinanderläuft.
Zum »Pilgerschritt« siehe: Grundkurs Einheit 6

Weitere Alternativen sind ein liturgischer Abschluss/Gottesdienst und/oder ein gemeinsames Fest.
Diese bedürfen aber einer größeren Vorbereitung und erheblich mehr Zeit, ist aber eine Würdigung der TN und der gemeinsamen Wegstrecke, die gegangen wurde.

(10) Zu Alternative 2
Und zum Schluss ein Fest!
Feste feiern wir Menschen an allen Übergängen im Leben: weltliche und religiöse, besinnliche und rauschhafte Feste, im kleinen Kreis oder in einer großen Menge.
In manchen Hospizgruppen ist es üblich, zum Abschluss des Kurses miteinander zu essen. Dieses Essen kann als »Leichenschmaus« gestaltet und dadurch thematisch in den Kurs eingebunden werden. Die TN bringen Speisen mit, die in unterschiedlichen Kulturen bei Todesfällen und Bestattungen verwendet werden: Pan de Muertos, mexikanisches Totenbrot etwa, Pfannkuchen aus Russland oder den altägyptischen Schokoladenkuchen. In Norddeutschland gehört zu jedem feierlichen oder traurigen Anlass traditionellerweise der Butterkuchen, in Schwaben ist es der Hefezopf. Dem entspricht in Bolivien und anderen Ländern Südamerikas die Empanada, eine gefüllte Teigtasche …
Ähnliches gilt für die Musik.
Ein Fest im Rahmen der Gruppe sollte von einigen vorbereitet sein und die kreativen Begabungen aller TN nutzen. Also wird es sehr unterschiedlich ge-

staltet werden, je nach den vorhandenen Möglichkeiten. In der relativ kurzen Pausenzeit können nur noch letzte Vorbereitungen getroffen werden. Das meiste sollte bereitstehen, so dass der Raum ggf. nur etwas umgestaltet werden muss (Beleuchtung, Musik, Essen und Trinken etc.).

Einander Wegzehrung gewähren

Sicher werden Erlebnisse der vergangenen Monate, besondere Talente Einzelner, der Ort und vielleicht auch die Jahreszeit eine Rolle bei dieser Feier spielen. Die Beziehungen, die unterwegs entstanden sind, können ausgedrückt, gute Wünsche einander mitgegeben werden – als Wegzehrung. Gemeinsames Essen, Musik und das zwanglose Gespräch eignen sich, um eine entspannte Atmosphäre zu schaffen, die Abschied und Neubeginn ermöglicht. Am Ende stehen vielleicht ein Tanz und ein Segen – auch dafür gibt es verschiedene Formen, religiöse und säkulare.

Je nach spiritueller Haltung der Gruppe können hier Dank und Bitte, Abschluss und Zukunft der Arbeit in die Perspektive Gottes gestellt werden.

(11) Zu Alternative 3

Wenn eine Gruppe eine religiös-spirituelle Dimension für diesen Abschluss wünscht, könnte diese wie eine kleine Liturgie gestaltet werden.

Sie kann gesondert am Ende stehen oder auch die Elemente der letzten Einheit mit einbeziehen. Nach der Fantasiereise und dem Feedback wenden wir uns einander und Gott zu. Einander sprechen wir zu, was wir aneinander als Gabe entdeckt haben. Diese Gaben wiederum stellen wir in den Horizont Gottes, der sie uns anvertraut hat und uns in unserer Unterschiedlichkeit verbindet.

Anleitung

In einem Korb sind besonders geschmückte leere Karten oder Zettel vorbereitet. Jede/r TN füllt eine Karte/ein Blatt für jedes Mitglied der Gruppe aus. Leitfrage: »Ich habe an dir diese Gabe/Begabung entdeckt …«

Während die Karten beschriftet werden, läuft Musik im Hintergrund. Zeitbedarf ca. 20 Minuten für das Beschriften.

(Die Karten könnten von den TN auch zu Hause vorbereitet werden – siehe Ende Einheit 8.)

- *Alle TN stellen sich in einen Kreis, dessen Mitte mit einer Kerze und einem Symbol für Gottes Gegenwart geschmückt ist.*
  »Wir erinnern uns Gottes, der uns mit Begabungen ausstattet. Gaben haben wir aneinander entdeckt. Bevor wir sie einander zusprechen und nennen, wollen wir hören, was es mit den Gaben auf sich hat.«
- *Lesung: 1 Korinther 12, 4-11 (VK 9.6 a/b)*
- *Gebet über den Karten:*
  »Guter Gott, du hast uns reich begabt,
  beschenkt mit Eigenschaften und Fähigkeiten, mit der Gabe, füreinander Wohltat zu sein.
  Wir bitten dich: Fülle uns mit deinem Geist,
  dass wir mit unseren Gaben und unseren Grenzen einander zum Segen werden.
  Amen«
- *Jede/r TN spricht nun ein Mitglied der Gruppe an, liest die entsprechende Karte vor und übergibt sie dann dem/der TN.*

- *Kanon: Ausgang und Eingang (VK 9.7)*
- *Segen (möglichst ohne viele ausgeschmückte Formulierungen) (VK 9.8)*
- *Abschied (Gruppe steht im Kreis)*
  »Mehr können wir nicht empfangen. So lasst es uns annehmen, aufnehmen und mitnehmen – einander Dank sagen (wir fassen uns an den Händen) und gehen – als Begabte, Gesandte und Gesegnete unseres Gottes.«

Nun kann der Abend mit dem festlichen Essen oder einer einfachen Mahlzeit und lockerem Beisammensein fortgeführt werden.

Liste der Materialien

VK 9.1 Einführung – losgehen
VK 9.2 Verlaufsplan – losgehen
VK 9.3 Geschichte Bohnen
VK 9.4 Lichtmeditation
VK 9.5 »Leichenschmaus«
VK 9.6a Bibeltext: 1 Korinther 12,4-11 (Luthertext)
VK 9.6b Bibeltext: 1 Korinther 12,4-11 (Einheitsübersetzung)
VK 9.7 Kanon: Ausgang und Eingang
VK 9.8 Segenstexte

Kapitel 3

Planung einer qualifizierenden Vorbereitung Ehrenamtlicher in der Hospizarbeit

Ein Kurs zur qualifizierenden Vorbereitung Ehrenamtlicher in der Hospizarbeit kann ganz am Anfang der Aufbauphase eines Hospizdienstes stehen, ist aber in jedem Fall ein notwendiger fortlaufender Bestandteil der Arbeit.
Die Begleitung von Familien mit lebensverkürzend erkrankten Kindern und Jugendlichen, von Abschied nehmenden Kindern und Jugendlichen, aber auch sterbenden Erwachsenen fordert die EA in ihren persönlichen Kompetenzen besonders heraus. Darum bedarf es einer gründlichen qualifizierenden Vorbereitung und später einer kontinuierlichen (Praxis-)Begleitung.
Was in Hinblick auf die EA für die spätere Begleitungspraxis gilt, ist auch im Hinblick auf die Leitungskompetenz der Kursleitungen zu beachten. Neben äußeren Rahmenbedingungen zur Durchführungen ist seitens des Hospizdienstes auf die Qualifizierung der Kursleitung Wert zu legen.

In der qualifizierenden Vorbereitung geht es um das Entwickeln einer hilfreichen hospizlichen Haltung, die Herausbildung von Kompetenzen und Bestärkung von Fähigkeiten für den Umgang mit schwer kranken, sterbenden und trauernden Kindern, Jugendlichen und Erwachsenen. Insbesondere aushalten zu können, im Gespräch unterstützend zu sein, Ressourcen bei den Schwerkranken und den Zugehörigen wahrzunehmen und zu stärken, aber auch spirituelle Fragen aufzunehmen, gilt es als Begleitungskompetenz bei den zukünftigen EA zu verankern. Dies ergänzt das berufliche Spektrum der Hospizarbeit und Palliativversorgung und ist damit ein eigenständiger, unverzichtbarer Beitrag im multidisziplinären Team.

1. DAS LEITUNGSTEAM

Das *Celler Modell* setzt voraus, dass der Kurs grundsätzlich von einem Team und nicht von einer Einzelperson geleitet wird. Dies ist ein wichtiges Qualitätsmerkmal und hat sich in der Praxis bewährt. Die qualifizierende Vorbereitungszeit ist als ein prozesshaftes Lernen angelegt, in dem die Einzelnen je für sich, aber auch die Gruppe als Ganze in einen Entwicklungsprozess eintreten. Dieser Prozess muss angeleitet und zugleich beobachtet werden. Allein dies macht die Beteiligung zweier Personen in der Leitung erforderlich.
Im Leitungsteam sollten möglichst verschiedene Kompetenzen, z.B. unterschiedliche berufliche Qualifikationen, aber auch reflektierte Felderfahrung vorhanden sein, die sich auf die Leitungspersonen verteilen können, u.a.:

- *Erfahrung in der Leitung von (ehrenamtlichen) Gruppen, insbesondere in der Erwachsenenpädagogik*
- *Gesprächsführung und Kommunikation*
- *methodische und didaktische Fähigkeiten*
- *kreative Fähigkeiten*
- *eigene reflektierte Erfahrungen in der Begleitung von Familien mit lebensverkürzend erkrankten Kindern und Jugendlichen oder mit sterbenden Erwachsenen*
- *biblisch-theologische Kenntnisse*
- *Bereitschaft zur eigenen Auseinandersetzung mit existenziellen Fragen*
- *Teilnahme an einem Training für Kursleitungsteams des Celler Modells*

In der Regel sollten zwei Personen das Leitungsteam bilden. Je nach Größe der Vorbereitungsgruppe kann es erdrückend wirken, wenn durch ein zu großes Leitungsteam die Beobachterrollen zu gewichtig werden. Da das Leitungsteam nicht an Selbsterfahrungsübungen teilnimmt, ist immer das Verhältnis zwischen »aktiv beteiligten TN« und den begleitenden Teamern sowohl bei der Durchführung als auch bei der Auswertung solcher Einheiten zu berücksichtigen. Daneben ist zu bedenken, dass, je mehr Personen eine Gruppe leiten, desto mehr Absprachen nötig sind, gerade auch im Blick auf die Durchführung einer Einheit.

2. DIE TEILNEHMENDEN AN EINEM QUALIFIZIERENDEN VORBEREITUNGSKURS

Wenn das Leitungsteam feststeht, muss die Gruppe der TN gewonnen werden. Presseaufrufe in den kommunalen und kirchlichen Medien, Informationsveranstaltungen und Mund-zu-Mund-Propaganda werben für das Vorhaben.
Wenn sich ein Kreis von Interessierten gefunden hat, hat es sich bewährt, mit jeder einzelnen Person ein Auswahlgespräch zu führen. Dieses Gespräch sollte mindestens von einer Kursleitung aus dem Leitungsteam unter Beteiligung einer Fachkraft des Hospizdienstes, d.h. in der Regel zu zweit, geführt werden. Die Erfahrung bestätigt, dass sich Klarheit und Verbindlichkeit bei den Kriterien zur Teilnahme auf Seiten der Auswählenden positiv auf den gesamten Kursverlauf auswirken.

2.1 Auswahlgespräche

Das Gespräch dient zur Darstellung des Kurses, der notwendigen Verbindlichkeit sowie der Klärung der Motivation des potentiellen TN, eine solche Arbeit übernehmen zu wollen. Dabei geht es darum, verständlich zu machen, dass die Bewerber*in wie auch die Kursleitung Verantwortung übernehmen. Nicht nur die Kursleitung, sondern auch die Bewerber*in soll nach diesem Gespräch entscheiden können, ob sie sich aufeinander und auf den Kurs einlassen können. Es muss deutlich werden, dass es sich um ein Auswahlgespräch handelt. Das heißt, dass die Einladung zum Gespräch – zumal wenn es mehr Bewerber*innen als Plätze in der Gruppe gibt – nicht schon als Zusage der Teilnahme am Kurs zu verstehen ist. Wenn in einem das Gespräch abschließenden Satz darauf hingewiesen wird, dass die Bewerber*in nach Abschluss aller Gespräche (schriftlich) über eine Zu- oder Absage informiert wird, wird die nötige Klarheit geschaffen. Es ist ein Akt der Fairness, den ungefähren Zeitpunkt (»spätestens in zwei Wochen«) zu nennen. Hier gilt es unbedingt, Missverständnisse vermeiden.
Inhalte des Gespräches sollten sein:

*2.1.1 Persönliche Aspekte der Bewerber*innen*

Motivationsklärung

- *Was motiviert jemanden, Familien mit lebensverkürzend erkrankten Kindern und Jugendlichen bzw. sterbende Menschen begleiten zu wollen?*
- *Was bewegt sie/ihn, sich in der Freizeit mit Sterben/Leid/Not auseinanderzusetzen?*

Eigene Begegnung mit Krankheit, Sterben und Tod

- *Ist oder war die Bewerber*in selbst vom Tod eines Kindes oder eines Nahestehenden betroffen?*
- *Gab es eigene Verluste in der letzten Zeit? (Hier ist nicht nur an das Sterben von Menschen zu denken. Dazu gehören auch: Scheidung, Arbeitsplatzverlust etc.)*

- *Wie aktuell (und damit möglicherweise: wie besetzend) ist der Verlust?*
- *Wie ist die Selbstwahrnehmung zu der Verlusterfahrung und dem damit verbundenen Bedürfnis nach Orientierung? (Manchmal interessieren sich Menschen für einen Kurs, um einen Verlust besser bearbeiten zu können. Doch der Kurs ist keine Trauergruppe!)*
- *Ist eine Bewerber*in selbst oder eine nahestehende Person (terminal) erkrankt?*
- *Wie geht jemand mit Belastung um? (Es ist wichtig zu hören, welche Mechanismen des Umgangs mit Belastungen die Bewerber*in für sich gefunden hat, um Last auch auf sich nehmen zu können.)*
- *Achten Sie auf den Gesamteindruck der Person.*

Eingebunden sein/Akzeptanz in Familie/Freundeskreis

- *Den Interessenten am Vorbereitungskurs muss deutlich werden, dass ihr Engagement sich auf ihr sonstiges Umfeld (z.B. die Familie) auswirkt. Wird das Engagement mitgetragen? (Zuweilen kommt es zu belastenden Erfahrungen, die ggf. mit nach Hause genommen werden. Dann ist es wichtig, dass es ein stabiles soziales Umfeld gibt. Bei fehlender Akzeptanz liefe man Gefahr, auf fehlendes Verständnis zu stoßen und die Last noch stärker zu empfinden (»Ich habe dir gleich gesagt, dass das nichts für dich ist!« »Warum hast du Zeit für andere und für uns nicht?«).*

Engagement in Beruf und Freizeit

- *Es ist wichtig, auf mögliche Problematiken hinzuweisen, wenn Bewerber*innen aus einem »helfenden Beruf« kommen (häufig bewerben sich Krankenpflegekräfte). Was ist das Motiv für den Wunsch, der Zeit, die jemand ohnehin schon mit Menschen in Krisen zubringt, nun auch noch die Freizeit hinzuzufügen? Liegt bei diesen Bewerber*innen ein Interesse an Fortbildung vor, dann könnte dies z.B. bedeuten, dass diese nicht als EA zur Verfügung stehen. Die berufliche Rolle ist von dem ehrenamtlichen Begleitungsrahmen zu trennen. Hier sollte auf mögliche Enttäuschungen in Bezug auf diesbezügliche Erwartungen hingewiesen werden.*

Persönliche Ressourcen und Grenzen

- *Wo sind eigene Kraftquellen? Welches Gegengewicht an lebendigen Anteilen im eigenen Leben kann in die eine Waagschale gegenüber dem erwarteten Leid in den Sterbebegleitungssituationen hineingelegt werden?*
- *Eigene Grenzen kennenlernen zu wollen ist eine Voraussetzung, um kompetent arbeiten zu können. Nicht alles Wünschenswerte und Denkbare wird die EA selbst leisten können. Die TN müssen bereit sein, selbst um Hilfe zu bitten bzw. andere weiterführende Hilfe für Betroffene anzubieten.*

Nicht alle Aspekte sind gleichermaßen deutlich im Gespräch herauszuarbeiten. Dennoch hat sich gezeigt, dass die Erwähnung der verschiedenen Punkte dem persönlichen Entscheidungsprozess der Bewerber*in hilft. Es gibt zudem der Kursleitung Anhaltspunkte, worauf in der Zeit der Vorbereitung geachtet werden sollte.

2.1.2 Zeitlicher Aufwand

Es ist fair, über den zeitlichen Aufwand sowohl der qualifizierenden Vorbereitung als auch den Zeitrahmen für Begleitung und Praxisreflexion zu informieren.

- *Es sollte hellhörig machen, wenn eine Bewerber*in vom eigenen vielfältigen Engagement berichtet, sei es in der Kirchengemeinde, in anderen Initiativen, in Kindergarten und Schule, bei der Volkshochschule usw. Auch familiäre Verpflichtungen können hier eine Rolle spielen. Wichtig ist, dass jemand sowohl die zeitlichen als auch kräftemäßigen Ressourcen, aber auch den Freiraum hat, sich auf die Hospizarbeit einzulassen.*
- *Es sollte nachgefragt werden, wie der zeitliche Aufwand eingeschätzt wird bzw. wie viel »freie« Zeit (im Moment) absehbar ist.*
- *Generell gilt: Es sollte eine Bereitschaft bestehen, für mindestens zwei Jahre nach Abschluss der Vorbereitungszeit für ca. 2-4 Stunden in der Woche zur Verfügung zu stehen.*
- *Es ist sinnvoll, zum Auswahlgespräch einen Plan über alle Termine während der Vorbereitungszeit vorzulegen. Wer schon beim Durchgehen der Termine um erhebliche Fehlzeiten weiß, sollte an diesem Kurs nicht teilnehmen.*

2.1.3 Voraussetzungen zur Teilnahme

Die Bewerber*in sollte die Bereitschaft mitbringen,

- *sich auf den Vorbereitungskurs einzulassen*
- *sich mit sich selbst auseinanderzusetzen*
- *sich auf das Lernen in einer Gruppe einzulassen*
- *selbst Eigenes (Erfahrungen, Kenntnisse usw.) zum Gelingen beizutragen*
- *sich einer die Praxis begleitenden Reflexion zu stellen*

Im gemeinsamen Austausch schon auf dem Weg des Lernens werden die eigenen Vorstellungen vom Umgang mit sterbenden Menschen überprüft, diese hinterfragt und zur Diskussion gestellt. Die Gruppe ist als der Ort schätzen zu lernen, an dem die TN in geschütztem Raum die eigene Auseinandersetzung mit Sterben, Tod und Trauer führen können und Zugang zu den eigenen Grenzen und Schwächen gewinnen. Das, was später gefordert wird – Wahrnehmen, Zuhören, einfühlsames Sprechen –, kann und muss hier eingeübt werden.
Der Tod trifft alle Menschen, aber sie haben unterschiedliche Wertvorstellungen, Lebensprinzipien und religiöse wie spirituelle Zugänge zu ihm. Angesichts des Todes braucht es die Bereitschaft, andere Menschen vorurteilsfrei anzunehmen und diese auf ihrem Weg zu begleiten.
Es ist eine hospizliche Grundhaltung, Schmerzen, Leiden und Trauer als existenziellen Teil des Lebens anzunehmen. Wer vor dieser Lebenswirklichkeit flieht, sollte prüfen, ob er oder sie für die Sterbebegleitung geeignet ist.

2.1.4 Formalia

Für den Gruppenprozess wie für das eigene Lernen ist eine regelmäßige Teilnahme an den Kursterminen unerlässlich. In der Regel hat sich bewährt, darauf hinzuweisen, dass mindestens an 90 Prozent der Vorbereitungszeit teilgenommen werden muss.

- *Für die Teilnahme am Kurs und insbesondere in der Praxisphase im Rahmen des Praktikums gilt die Verschwiegenheit. Es empfiehlt sich, dies für die Kurszeit in Verbindung mit einer Selbstverpflichtung zur Teilnahme an den Kursterminen schriftlich festzuhalten. Dabei gilt die Verschwiegenheit über die Teilnahme am Kurs hinaus, unabhängig von der weiteren Mitarbeit.*
- *Für Mitarbeitende in der Kinder- und Jugendhospizarbeit gilt das Vorlegen eines erweiterten Führungszeugnisses bzw. die Teilnahme an einer Präventionsschulung als Voraussetzung für die Begleitungstätigkeit. (Für die Malteser gilt dies grundsätzlich für alle EA, die begleiten wollen.)*
- *Zwischen- und Abschlussgespräch: Es kann nötig sein, sich in bestimmten Abständen (z.B. nach dem Grundkurs, nach dem Praktikum und ggf. nach Bedarf) durch Gespräche darüber zu vergewissern, wo die Kursteilnehmenden stehen. Es geht darum, dass die TN zu einer Einschätzung darüber kommen, welcher Aufgabe sie sich (zunächst) widmen wollen. Das Leitungsteam sollte auch eine eigene Einschätzung vornehmen und diese auch kommunizieren. Dieses Gespräch muss in gegenseitiger Offenheit geführt werden. Ein Abschlussgespräch nach Abschluss des Vorbereitungskurses (also nach Ende des Vertiefungskurses) ist verpflichtend.*
- *Sollte sich im Gespräch herausstellen, dass eine Teilnahme am Vorbereitungskurs (noch) nicht in Frage kommt, kann auf andere Möglichkeiten der Mitarbeit im Hospizdienst verwiesen werden.*
- *Am Ende des Vorbereitungskurses findet ein Abschlussgespräch zwischen der Kursleitung und den einzelnen TN statt. Inhalt dieses Gesprächs ist die beiderseitige Klärung der Weiterarbeit. Es kann sein, dass nach Abschluss der Vorbereitungszeit entweder jemand sich selber nicht imstande zur Begleitung sieht oder die Leitung jemanden nicht für geeignet hält. In diesem Falle kann nach anderen Einsatzmöglichkeiten gesucht werden, oder es kommt zu einer Trennung. Auch ein Ausscheiden »in Ehren« ist zu diesem Zeitpunkt möglich. Wenn eine Weiterarbeit gewünscht wird, wird darüber eine schriftliche Vereinbarung geschlossen!*

2.1.5 Ausschlusskriterien

Es ist hilfreich, sich auch über Ausschlusskriterien im Hospizdienst Klarheit zu verschaffen. In der Regel haben sich folgende Ausschlusskriterien durchgesetzt:

- *die Mitgliedschaft in einer Organisation, die sich für die aktive Sterbehilfe oder assistierten Suizid einsetzt*
- *die Mitgliedschaft in einer Sekte oder sektenähnlichen Gemeinschaft*
- *ein auffälliges Missionierungsverhalten*
- *Suchtverhalten, das sich auf die Begleitungen auswirken kann*
- *zeitgleiche Teilnahme an einer Psychotherapie*
- *aktuelle bzw. akute Trauer- oder Verlustsituation*

Die Ausschlusskriterien sollten im Auswahlgespräch benannt werden, auch wenn zu diesem Zeitpunkt kein direkter Anhaltspunkt gegeben ist. Es zeigt sich, dass im Kursverlauf die Notwendigkeit bestehen kann, darauf zurückzukommen, da entweder ein bestimmtes Verhalten dann erst auffällig wird bzw. nicht mehr zu überdecken ist. Die frühe Klarheit der Leitung erleichtert die Kommunikation in der Gruppe, aber auch nach außen. Dabei sind eine akute Trauersituation oder eine Psychotherapie keine grundsätzlichen Ausschlussgründe, sondern sollten eher bei der Bewerber*in und der Kursleitung für eine besondere Achtsamkeit sensibilisieren, sich der gegenseitig sich verstärkenden Wechselwirkung durch die Auseinandersetzung im Kurs bewusst zu sein. Im Zweifel ist ein zum gegebenen Zeitpunkt »Noch-nicht« für alle Beteiligten die bessere Lösung.

3. RAHMENBEDINGUNGEN DER QUALIFIZIERENDEN VORBEREITUNG

Die Durchführung des Vorbereitungskurses braucht einen klar strukturierten Rahmen, für den das Leitungsteam – am besten gemeinsam mit der Leitung des Hospizdienstes – verantwortlich ist. Dieser Rahmen sollte geklärt und festgelegt sein, ehe die Auswahlgespräche geführt werden.

3.1 Zeitstruktur

Die Empfehlungen des DHPV e.V. sehen mindestens 100 Unterrichtseinheiten vor.
Es muss eine Zeitstruktur gewählt werden, die die persönliche Reifung und Verinnerlichung gemachter Erfahrungen ermöglicht. Hierfür hat sich ein Zeitraum von mindestens 6 Monaten bewährt. Die Zeitstruktur des Kurses sollte den regionalen Möglichkeiten Rechnung tragen. Bewährt hat sich Folgendes:

- *Für die zusammenhängenden Kursblöcke Grund- und Vertiefungskurs sollten zwischen den einzelnen Schritten nicht mehr als 14 Tage liegen. Oft hat sich ein wöchentlicher Rhythmus bewährt. Um auf die Mindeststundenanzahl für den Vorbereitungskurs zu kommen, hängt die Dauer der Vorbereitungszeit sowohl vom gewählten Rhythmus als auch vom zeitlichen Beginn ab.*
- *Neben der Variante, Einzelschritte zu gehen, werden vielfach auch Blocktage bzw. -Wochenenden mit mehreren Schritten und einem größeren Abstand bis zu einem Monat zwischen den Einheiten bevorzugt. Der Erfahrungsaustausch muss dann in einer Eingangsphase mehr Raum haben und mit vorbereiteten Einstiegsimpulsen in Gang gebracht werden.*
- *Die genannten Varianten lassen sich miteinander verbinden, so dass vielfältige Möglichkeiten der Durchführung bestehen. Allen Varianten zu eigen ist, dass selbst bei Blöcken mit mehreren Schritten die Abstände zwischen den Blöcken bzw. Kursabschnitten so gewählt sind, dass das Gelernte nachwirken und für sich reflektiert werden kann.*
- *Zwischen beiden Kursteilen ist die Praxisphase von zentraler Bedeutung.*
- *Insbesondere die Organisation der Praxisphase bedarf einer Vorplanung, über die die Bewerber*innen wenigstens im Grundsatz informiert werden müssen (vgl. dazu Kapitel Praxisphase).*

3.2 Der Veranstaltungsort

Wichtig ist auch die Ortswahl für die Veranstaltungen des Vorbereitungskurses:

- *Die Gruppe sollte sich immer in denselben Räumlichkeiten treffen.*
- *Der Raum sollte von der Leitung gestaltet werden (Gestaltung der Mitte, Stuhlkreis, Moderationsmaterialien).*
- *Es sollten Räume für Kleingruppenarbeit zur Verfügung stehen.*
- *Für die Pause sollten Möglichkeiten für Getränke, evtl. auch einen Imbiss bestehen.*
- *Die nötigen technischen Hilfsmittel müssen beschafft werden können (z.B. Beamer, CD-Player usw.)*

Kapitel 4

Anhang –
1. Methodenkompendium

Im Folgenden werden die während des Kurses verwendeten Methoden aufgelistet und benannt, an welcher Stelle im Buch dazu eine Beschreibung gefunden werden kann. Methoden, die immer wieder im Laufe des Kurses vorkommen, werden hier noch einmal getitelt und z.T. beschrieben.

Abschied nehmen, Übung
Anleitung dazu siehe: GK 8, S. 76f.

Aufeinander zugehen – Wahrnehmungsübung
Anleitung dazu siehe: GK 2, S. 30

Aufstellungen
- siehe Genogramm, GK 5.13, S. 57
- siehe Soziometrische Aufstellung, VK 6, S. 148f.
- siehe Rollenspiel als Aufstellung, GK 5, S. 56; Methodenkompendium, S. 197

Baum-Übung
Anleitung dazu siehe: GK 5.14

Befindlichkeitsklärung
- siehe Bilderpool, VK 1, (2), S. 99
- siehe Blitzlicht, Methodenkompendium, S. 192
- siehe Talking Stone, Methodenkompendium, S. 198f.

Bibel begehen
siehe Emmausgeschichte GK 1, (7) , S. 25

Bibelteilen
Bibelteilen ist eine aus Südafrika stammende Methode, um in einer Gruppe gemeinsam und gleichberechtigt einen Bibeltext zu erschließen. Dabei hat jede/r den Text in der Hand. Folgende Schritte gehören u.a. dazu:
- *(wir bitten Gott um seine Gegenwart und seinen Geist)*
- *Wir lesen den Text:*
  Reihum wird der Text gelesen. Jede/r TN liest, soweit er/sie will (ein paar Worte, einen Satz, einen Vers, bis der gesamte Text mindestens einmal gelesen ist und jede/r einmal an der Reihe war).

- *Wir verweilen beim Text:*
  Jede/r stellt das Wort, den Satz in den Raum, an dem er/sie hängen geblieben ist.
- *Wir hören den Text noch einmal:*
  Eine Person liest den Text im Zusammenhang.
- *Wir schweigen:*
  Jede/r bedenkt den Text in Stille (2-3 Minuten).
- *Wir tauschen uns aus:*
  In Kleingruppen (3-4 Personen) teilen wir einander mit, was uns bewegt und beschäftigt.
- *Abschluss:*
  (Wir beten und halten gemeinsam Fürbitte für das, was uns nun für die Zukunft leiten soll.)

Bildbetrachtung
- *Das Bild wird gezeigt.*
- *Die TN sehen sich für ein bis zwei Minuten in das Bild ein.*
- *TN tragen eine Beschreibung des Bildes zusammen (noch keine Deutung). Stichworte dafür sind: Aufteilung des Bildes, Farben, Formen, Linien …*
- *TN versuchen eine Deutung der Elemente und des Gesamten.*

Bildbetrachtungen
- Thomas Zacharias: Gang nach Emmaus, GK 1.4, S. 25
- Hodler-Bilder, GK 2.10, S. 32-34
- Chiara, GK 2.11, S. 34f.
- Edvard Munch: Der Schrei, GK 5.3, S. 53
- Hodler-Bild Nr. 7, GK 2.10, S. 33

Bilderpool
Anleitung dazu siehe: VK 1, S. 99

Blick in die Gruppe
- siehe »Blitzlicht«, Methodenkompendium, S. 192
- siehe »Talking Stone«, Methodenkompendium, S. 198f.
- siehe »Bilderpool«, VK 1, S. 99

Blitzlicht

Die Blitzlichtrunde erlaubt jedem TN, einen Satz zur eigenen Befindlichkeit zu sagen. Anders als bei der Talking Stone-Runde geht es hier nicht darum, sich auszusprechen. Die Runde wird auch nicht zweimal gemacht. (Anm.: Die Reihenfolge ist beliebig, Stichwort »Blitzlichtgewitter«.)
Klassischerweise wird das Blitzlicht eingesetzt, wenn eine Gesprächs- oder Diskussionsrunde unübersichtlich, diffus geworden ist. Dann bittet die Leitung die TN um ein Blitzlicht: »Wo stehen Sie gerade?« oder: »Was beschäftigt Sie im Augenblick?« oder: »Worum geht es (Ihnen) im Moment?«

Drama-Dreieck

Anleitung dazu siehe: GK 6.5 und GK 6.6

Emmausgeschichte

Anleitung, die Emmauserzählung über eine Bildbetrachtung kennenzulernen bzw. diese zu begehen findet sich in GK 1, S. 25

Fallbeispiele

GK 5.7-5.12: verschiedene Familiensituationen

Fallbesprechung (Praxisphase)

Eine mögliche Struktur für solch ein Treffen könnte wie folgt aussehen: Blick in die Gruppe – Organisatorisches – Fallbesprechung (90 Minuten) – Abschlussritual.

- *Die Fallbesprechung selbst folgt innerhalb der 90 Minuten einer klaren Gliederung:*
- *Frage: Wer möchte einen »Fall« einbringen?*
- *Klärung in der Gruppe*
- *Darstellung des Falles (10-15 Minuten)*
- *sachliche Rückfragen durch die anderen TN (noch keine Deutung) (5-10 Minuten)*
- *Gespräch der Gruppe über den Fall – Einbringer*in hört aufmerksam zu, beteiligt sich aber nicht (30-40 Minuten)*
- *Rückmeldung des/der Einbringer*in auf das Gehörte (5-10 Minuten)*
- *Rundgespräch über neu gewonnene Einsichten (aber kein Anhängen eines weiteren Falles)*
- *Feedback auf die gesamte Fallbesprechung (kann schon ein Teil des Abschlussrituals sein)*

Die Leitung ermutigt die TN, Situationen, »Fälle«, in die Gruppe einzubringen. Dabei muss es nicht um besonders auffällige oder schwierige Erlebnisse gehen. Gegenstand der Reflexion können auch scheinbar unauffällige Momente der Begleitung sein (der Beginn eines Gesprächs, das Ende einer Begegnung, Irritationen vor, während oder nach dem Besuch, Fragen, Erkenntnisse ...). Ist ein/e TN bereit, einen Fall einzubringen, sind die Rollen klar verteilt. Es geht dann im Folgenden nur um diesen Fall, nicht um ähnliche Situationen der anderen TN. Ziel ist, die Interaktion zwischen Begleiter*in und begleiteter Person wahrzunehmen, zu verstehen und zu deuten. Die Gruppe macht »Verstehens-Angebote«, die der einbringenden Person ein vertieftes Verständnis der Situation und der eigenen Anteile an der entstandenen Situation ermöglichen. Das Verstehen geschieht hier auf dem Wege der Assoziation, mit Hilfe der Fantasie, der Deutung. Es geht nicht darum, die »Wahrheit« einer Situation zu ermitteln, sondern darum, Fährten für das Verständnis zu legen. Der/die Einbringer*in hört dem Gespräch der anderen TN über den eingebrachten Fall aufmerksam zu. Eine eigene Beteiligung am Gespräch ist in dieser Zeit nicht möglich. Stattdessen beobachtet der/die Einbringer*in, auf welche Resonanzen die Beiträge der Anderen in der eigenen Person stoßen. Genau diese äußert der/die Einbringer*in im Anschluss an das Gespräch der Gruppe über den Fall. Im Anschluss an diese Rückmeldung treten alle in ein freies Gespräch ein. Dabei geht es um die Schlussfolgerungen, den »Lerneffekt«, der sich für alle aus dieser Fallbesprechung ergeben hat. Das abschließende Feedback bezieht sich auf das gesamte Treffen. Dabei kommt die Kursgruppe in ihrer Dynamik wieder in den Blick. Die Impulsfrage könnte lauten: Wie geht es mir am Ende dieses Treffens?

Gelähmt und stumm, Partnerübung
Anleitung dazu siehe: GK 7, S. 67f.

Genogramm als familienorientierte Technik
Anleitung dazu siehe: GK 5.13

Gespräch
- siehe »Regeln für das Gespräch«, GK 3, S. 39; Methodenkompendium, S. 195
- siehe »Kontrollierter Dialog«, GK 4, S. 46

Gestalterisches Arbeiten
Anleitung dazu siehe: VK 8, S. 168

Hodler-Bilder
Anleitung zur Betrachtung der Bilder siehe: GK 2, S. 32-34

Hoffnungsbilder der Religionen
Anleitung dazu siehe: GK 9, S. 82

Hoffnungsbilder malen
Anleitung dazu siehe: GK 9, S. 82f.

Kontrollierter Dialog
Anleitung dazu siehe: GK 4, S. 46

Körperübung/Körperentspannung nach Jacobson
Anleitung dazu siehe GK 8, S. 73-75

Körperübung/Meinen Körper, meine Befindlichkeit wahrnehmen
Anleitung dazu siehe: GK 2, (4), S. 30f.

Weitere Körperübungen

- siehe »Baum-Übung«, GK 5.14
- siehe »Vertraue«, GK 8, S. 75f.

Malen

- siehe »Gestalterisches Arbeiten«, VK 8, S. 168
- siehe »Hoffnungsbilder«, GK 9, S. 82f.

Murmelgruppen
siehe VK 4, S. 192

Partneraustausch

- siehe »Gegenseitige Vorstellung«, GK 1, S. 23
- siehe »Namen – Austausch zu zweit«, GK 1, S. 23f.

Partnerübungen

- siehe »Aufeinander zugehen«, GK 2, S. 30
- siehe »Gelähmt und stumm«, GK 7, S. 67f.
- siehe »Kontrollierter Dialog«, GK 4, S. 46

Pilgertanz

- siehe »Tänze«, Methodenkompendium, S. 198

Progressive Muskelentspannung nach Jacobson
Anleitung dazu siehe: GK 8, S. 73-75

Regeln für das Gespräch (GK 3, S. 39)
Wenn eine Gruppe gemeinsam einen Weg geht, braucht sie dafür eine verlässliche Struktur. Leitung und einige elementare Regeln für das Gespräch befördern das Vorangehen auf dem gemeinsamen Weg.
Die Regeln werden gemeinsam mit den TN erarbeitet und vereinbart. Beispiele für eine Vereinbarung über Gesprächsregeln können sein:

- *Bestimme selbst, wann du reden oder schweigen willst und was du sagst. Versuche, in dieser Sitzung das zu geben und zu empfangen, was du selber geben und erhalten möchtest.*
- *Sprich nicht per »man« oder »wir«, sondern per »ich«.*
- *Wenn mehrere Gruppenmitglieder gleichzeitig sprechen bzw. sprechen wollen, ist es empfehlenswert, zunächst eine Einigung über den Gesprächsverlauf herbeizuführen.*
- *Wenn du nicht wirklich dabei sein kannst, d.h., wenn du gelangweilt oder ärgerlich bist oder aus einem anderen Grund dich nicht konzentrieren kannst, unterbrich das Gespräch.*
- *Sei zurückhaltend mit Interpretationen anderer. Sprich stattdessen mehr von deinen persönlichen Reaktionen auf das Verhalten des Anderen.*
- *Beobachte Signale aus deiner Körpersphäre und beachte Signale dieser Art auch bei den anderen TN.*

Wenn die Gesprächsregeln sichtbar im Raum aufgehängt sind, braucht die Leitung auch bei den folgenden Treffen nur jeweils kurz daran zu erinnern. Das aber sollte sie auch tun!

Rituale, wenn jemand gestorben ist
Anleitung dazu siehe: GK 8, S. 77f.

Rollenspiel
Folgende Schritte gehören zu jedem Rollenspiel:

- *Den Inhalt/die Konstellation des Situation, der Geschichte, des Märchens usw. erinnern, vergegenwärtigen*
- *Die Rollen verteilen*
- *Spielerinnen/Spielern einen Moment der Einstimmung auf die eigene Rolle gewähren*
- *Spielen*
- *Die Spielenden aus ihrer Rolle befreien:*
    - *auf die ursprünglichen Plätze im Raum zurückgehen*
    - *mögliche (Verkleidungs-) Utensilien ablegen*

   - *einen Moment Pause machen*
- *Auswerten:*
   - *Beobachter berichten lassen*
   - *Jeden/jede das Erleben in der eigenen Rolle berichten lassen*
   - *Diskussionen und Austausch erst, wenn alle berichtet haben.*

Im Rahmen der Kurse kann das Rollenspiel dazu dienen, Situationen in der Begleitung nachzustellen, vor allem aber, sie zu antizipieren, zu proben.
Beispiel: Rollenspiel zur Warum-Frage (VK 6)
Rollenspiele können beispielsweise zur Vorbereitung der einzelnen Phasen des Praktikums eingesetzt werden:
- *Vorstellung bei der Einrichtungsleitung (Kernsatz: »Ich komme vom Ambulanten Hospizdienst und möchte hier ein Praktikum machen …«)*
- *Erster Besuch (»Mein Name ist A, ich möchte Sie in den nächsten Wochen regelmäßig besuchen …«)*
- *Letzter Besuch (»Ich komme heute zum letzten Mal …«)*

Die ausführliche Form eines Rollenspiels kann so aussehen:
Zeit: Vorbereitung ca. 45 Minuten, Spiel 10-15 Minuten, Auswertung ca. 60 Minuten, d.h. die Auswertung benötigt etwa ebenso viel Zeit wie Vorbereitung und Spiel zusammen!
Etwa 1/3 Beobachter (auch die Beobachter übernehmen eine »Rolle«)
- *Formelle Fragen*
- *Annäherung (Kopf): Ängste, Befürchtungen*
  z.B. schriftlich:
  »Ich möchte heute …«
  »Ich möchte heute nicht …«
- *Annäherung (Körper)*
   - *Raum (mit den Augen oder tatsächlich durchwandern)*
   - *Ich selbst (Körperübung)*
   - *Die anderen (z.B.: durch den Raum gehen, jedem begegnen)*
- *Übung (Standbild oder Spielszene)*
   - *Standbild oder Spielszene erklären: (ca. 45 min)*
      - *Text in Skulptur oder Spielszene umsetzen*
      - *Beratung der Beobachter: Beobachter für Einzelne (maximal 3 Einzelne) und Beobachter für den Zusammenhang bzw. den Prozess*
      - *Probieren – einordnen*
   - *Standbild oder Spielszene (ca.10-15 min)*

- *Auswertung (etwa 60 Min)*
  - *»Ent-rollen« (z.B. durch Berührung)*
  - *Die Beobachter*
  - *Die Spieler*

Rollenspiel als Aufstellung (GK 5, S. 56)
Im Rollenspiel in der Form einer Aufstellung geht es zunächst um eine Annäherung an die Situation einer Familie, über welche die Themen schwere Erkrankung, Sterben, Tod und Trauer hereingebrochen sind. In den Materialien sind verschiedene Familiensituationen beschrieben, aus denen je nach Zusammensetzung der Gruppe eine Auswahl getroffen werden kann. Die Aufstellung ermöglicht einen Zugang auf der Gefühlsebene und setzt auf die nonverbale Kraft der Ordnung der einzelnen Rolleninhaber zueinander.
Die Methode erfordert Erfahrung und einen sehr sensiblen Umgang mit den TN, die bereit sind mitzumachen. Im Material finden sich in GK 5.8 bis GK 5.12 Familiensituationen, die mit Anweisungen für die Aufstellung versehen sind. Sollte die Leitung keinerlei Erfahrung besitzen, empfiehlt es sich, die Familiensituationen mit den TN als Textarbeit zu erarbeiten.
Die TN fühlen sich in die unterschiedlichen Rollen gemäß Anweisung ein und stellen sich als Familien zueinander auf. Je nach Fortgang der Erkrankungssituation verändern sie ihre Position zu einander – immer so lange, bis es sich für alle Beteiligten stimmig anfühlt. Dazwischen werden sie von der Leitung des Stellens interviewt – keine Kommentare, keine Wertungen, keine Äußerungen der »Zuschauer«.
Die Familie wird aufgestellt, bevor ein EA dazukommt.
Dann werden die anderen TN in der Gruppe aufgefordert, sich zu überlegen, wie sie sich als EA dazu stellen würden. Wer mag, kann es ausprobieren und dem nachspüren, was sie/er dabei empfindet. Sie/er muss nicht agieren, nichts sagen, sondern sich nur hinstellen. Dann werden die anderen Familienmitglieder eingeladen, ihre Position zu verändern, so lange bis es sich wieder okay anfühlt. Danach werden sie wieder interviewt und geben der EA ein Feedback, was ihr sich Hinstellen bei ihnen ausgelöst hat. Ggf. können auch weitere TN aus der Runde eine andere Position ausprobieren, wenn sie dazu eine Idee haben.
Das Aha-Erlebnis für die zukünftigen EA ist, dass allein schon das Dasein und Kontaktaufnehmen eine Wirkung auf alle Beteiligten des Familiensystems haben. Dabei hat sie/er noch nichts gesagt und nichts getan – sie/er ist nur da, und das wirkt sich aus.
Wichtig:
Die TN, die sich bereit erklärt haben mitzumachen, dürfen zu jeder Zeit sagen, dass sie nicht mehr mitmachen möchten/können. Sie dürfen die Situation dann sofort verlassen.
Die Leitung sorgt nach dem Stellen dafür, dass jede/r sich wieder gut von seiner/ihrer angenommenen Rolle löst. Dabei helfen Ausschütteln des Körpers und eine bewusste Ansprache mit dem Vornamen durch die Leitung.

Roter Punkt
Anleitung dazu siehe: GK 2, S. 29

Soziometrische Aufstellung
Anleitung dazu siehe: VK 6, S. 148f. und VK 8, S. 165f.

Standbild
(vgl. Methodenkompendium, Anleitung *Rollenspiel 2, Standbild*, S. 196f.)
Der Weg über den Abgrund, GK 3, S. 38f.

Tänze

- Pilgertanz
  Der Pilgerschritt ist ein ruhiger Schreittanz im 4/4 Takt und wird im Kreis getanzt. Jede/r legt der vor ihm gehenden Person die rechte Hand auf die linke Schulter. Der rechte Fuß beginnt – man geht drei Schritt vor – einen zurück.
  Ein nachdenkliches Gehen – wie auf einem Pilgerweg eben; die Musik sollte dieser Stimmung entsprechen. (Anm.: Es ist möglich, den Pilgertanz zu singen, etwa mit dem Kanon GK 6: Ausgang und Eingang.)
- Schreittanz GK 6, S. 63 (Eine Form des Pilgertanzes)
  Die TN tanzen einen »Schreittanz« um die brennende Kerze und den Blumenstrauß herum. Sie hören auf die Musik des Kanons D-Dur von Johann Pachelbel. Die linke Hand ist mit der offenen Handfläche zur Mitte ausgestreckt und nimmt die Kraft des Lichtes auf. Diese Kraft wird bewusst als Wärmestrom durch den eigenen Körper geleitet und mit der rechten Hand in den Rücken des Nächsten weitergegeben. Die so im Kreis Stehenden gehen im Rhythmus der Musik (rechts beginnend) jeweils drei Schritte vor und einen (wiegenden) Schritt zurück.
  Durch diesen Schreittanz wird deutlich: Wir setzen bewusst und behutsam Schritte nach vorn und nehmen uns zwischendurch immer wieder zurück. Aber die Progression (das Weitergehen) überwiegt die Regression.

Talking Stone (GK 1)
Der Talking Stone ist eine gute Möglichkeit, zu Beginn oder Abschluss einer Einheit allen TN die Möglichkeit für eine Äußerung zu geben. Jeder Schritt des Kurses wird mit einer solchen Runde begonnen bzw. beendet. Gelegentlich wird die Leitung hier eine konkrete Frage vorgeben. Es ist aber auch sehr sinnvoll, zu Beginn eines Schrittes allgemein nach der Befindlichkeit der TN zu fragen. Die TN werden je für sich entscheiden, was sie dann sagen. (Anm.: Die Leitung beteiligt sich nicht an dieser Runde. Es geht um die Befindlichkeit der TN und die Arbeitsfähigkeit der Gruppe; die Befindlichkeit der Leitung ist dafür nicht von Belang).
Die Regeln:

- *Der Stein wird von TN zu TN weitergegeben.*
- *Solange jemand den Stein hat, kann er/sie sprechen.*
- *Jede/r TN übernimmt die Verantwortung dafür, was er/sie den anderen mitteilt.*
- *Alle anderen hören aufmerksam zu.*

- *Es wird nicht diskutiert, kommentiert, nachgefragt.*
- *Der Stein wird an den/die nächste TN weitergegeben.*
- *Der Hüter des Talking Stone (Leitung) kann/muss dann eingreifen, wenn die Regeln verletzt werden.*

Grundsätzlich wird der Stein zweimal herumgegeben. Wer in der ersten Runde nichts gesagt oder etwas vergessen hat, hat in der zweiten Runde noch eine Chance, dies zu äußern. Die Leitung kann jedoch auch entscheiden, auf diese zweite Runde zu verzichten, muss dies aber vorher den TN ankündigen. Zu Beginn einer Einheit wird der Stein links herum (vom Herzen weg) gegeben – die Runde wird eröffnet. Wenn am Ende einer Einheit eine erneute Talking Stone-Runde erfolgt, wird er rechts herum (zum Herzen zurück) geführt, um den Kreis nun zu schließen.
Es ist gut, wenn tatsächlich ein schöner Stein vorhanden ist und herumgegeben wird; notfalls tut es auch ein anderes Symbol.

Beispiele für andere Symbole:

- *Schneckenhaus (VK 4 »innehalten«):*
  Manchmal muss man innehalten, um festzustellen, ob die Seele schon »nachgekommen« ist. Beim Blick in die Runde kann deshalb statt eines Talking Stone eine Talking Snail verwendet werden, eine sprechende Schnecke. Die Seele trägt, wie die Schnecke, alles mit sich herum. Sie kommt deshalb nur langsam voran. Und wird sie erschreckt, so zieht sie sich schnell in ihr Haus zurück. Die Eingangsfrage könnte lauten: Wie weit ist bzw. wo befindet sich im Moment meine Seele?
- *Blatt oder anderes Wachstumssymbol (VK 7 »wachsen«):*
  Die einleitende Frage könnte lauten: Was wächst in Ihnen? Oder: Fühlen Sie (gegen Ende des Kurses) etwas in sich wachsen?

Textarbeit

Für die Arbeit an längeren Texten bestehen grundsätzlich mehrere Möglichkeiten:

- *Stillarbeit: TN lesen den Text in Ruhe. Beim Lesen können sie die Texte mit Zeichen versehen, um Zustimmung (+), Widerspruch (-) oder Fragen (?) zu markieren. Anschließend Austausch in Gruppen oder im Plenum*
- *Vortrag durch die Leitung (evtl. Kernsätze austeilen)*
- *Texte in Kleingruppen erarbeiten lassen (evtl. auch arbeitsteilig siehe GK 5: Piper)*
- *Impulse für Kleingruppenarbeit schriftlich festhalten und mitgeben*
- *Nur Vortrag, Texte mit nach Hause geben*

Töpfern als Methode des kreativen Ausdrucks

Anleitung dazu siehe: VK 8, S. 166-168

Vernissage

Im Plenum werden die Bilder (beispielsweise die Hoffnungsbilder GK 9) ausgestellt oder in der Mitte ausgelegt (achten Sie auf die Freiwilligkeit der TN).

Alle nehmen alle Bilder wahr. Dann wird das erste Bild besprochen. Die TN geben ihre Eindrücke wieder. Der »Künstler«, die »Künstlerin« spricht zuletzt. (s. auch Bildbetrachtung, Methodenkompendium, S. 191)

Vertraue – Übung
Anleitung dazu siehe: GK 8, S. 75f.

Vorstellungsrunde
Anleitung dazu siehe: GK 1, S. 22-24

Waage meines ehrenamtlichen Engagements
Anleitung dazu siehe VK 3.7, S. 120f.

Wahrnehmen mit allen Sinnen
Anleitung dazu siehe: GK 2, S. 31

Wahrnehmungsübungen (GK 2)
- siehe »Roter Punkt«, S. 29
- siehe »Aufeinander zugehen«, S. 30
- siehe »Körperübung«, S. 30f.
- siehe »Wahrnehmen mit allen Sinnen«, S. 31

Weg über den Abgrund
Anleitung dazu siehe: GK 3, S. 38f.

Anhang –
2. Wichtige Anschriften und Ansprechpartner

Deutscher Hospiz- und PalliativVerband e.V.
Aachener Str. 5
10713 Berlin
Tel.: 030-8200758
www.dhpv.de

Der Deutsche Hospiz- und PalliativVerband vertritt die Anliegen der Hospizarbeit und der Palliativversorgung auf Bundesebene in der Gesellschaft und gegenüber der Politik und den Kostenträgern. Seine Mitglieder sind die 16 Hospiz- und Palliativ-Landesverbände sowie überregionale Organisationen wie die Malteser und der Deutsche Kinderhospizverein.

Deutscher Kinderhospizverein e.V.
In der Trift 13
57462 Olpe
Tel.: 02761-941290
www.deutscher-kinderhospizverein.de

Der Deutsche Kinderhospizverein wurde 1990 von betroffenen Eltern gegründet. Er ist Träger einer großen Anzahl ambulanter Kinder- und Jugendhospizdienste, bietet in seiner Akademie ein breites Fortbildungsangebot auch für MA in der Kinder- und Jugendhospizarbeit sowie ein umfangreiches Beratungs- und Unterstützungsangebot für betroffene Familien an.

Deutscher Caritasverband e.V.
Karlsstr. 40
79104 Freiburg
Tel.: 0761-200-0
www.caritas.de

Der Deutsche Caritasverband ist der Dachverband der katholischen Diözesan-Caritasverbände und unterhält – wie auch die Diakonie Deutschland – ein Referat Hospizarbeit und Palliativversorgung auf Bundesebene.

Diakonie Deutschland
Fachbereich Hospizarbeit und Palliativversorgung
Caroline-Michaelis-Str. 1
10115 Berlin
Tel.: 030-652110
www.diakonie.de

Das Diakonische Werk der EKD ist die zentrale institutionelle Stelle für Hospizarbeit und Palliativversorgung der Evangelischen Kirche in Deutschland.

Malteser
Fachstelle Hospizarbeit, Palliativmedizin und Trauerbegleitung
Erna-Scheffler-Str. 2
51103 Köln
Tel.: 0221-9822-2633
www.malteser-hospizarbeit.de

Die Malteser unterhalten eine Vielzahl ambulanter Hospizdienste, dazu kommen stationäre Hospize, Palliativstationen und Fortbildungsinstitute. Die Fachstelle bietet ein umfangreiches Fort- und Ausbildungsangebot zu allen für die Hospizarbeit relevanten Themen an.

ANBIETER VON KURSLEITERTRAININGS:

Bundesakademie für Kirche und Diakonie
Heinrich-Mann-Str. 29
13156 Berlin
www.ba-kd.de

Malteser Akademie
Ehreshoven 23
51766 Engelskirchen
www.malteser-akademie.de

Notizen

Notizen

Notizen

Notizen

MIX
Papier | Fördert gute Waldnutzung
FSC® C004378

Penguin Random House Verlagsgruppe FSC® N001967

2. Auflage der vollständig überarbeiteten und aktualisierten Neuausgabe, 2025

in der Penguin Random House Verlagsgruppe GmbH,
Neumarkter Str. 28, 81673 München
produktsicherheit@penguinrandomhouse.de
(Vorstehende Angaben sind zugleich
Pflichtinformationen nach GPSR)

Umschlagmotiv: www.pixabay.com
Druck und Bindung: PB Tisk, a.s., Pribram
Printed in Czech Republic
ISBN 978-3-579-07314-9
www.gtvh.de